清华大学
TSINGHUA University

世界著名大学校长
清华访谈录

Global University Presidents:
Tsinghua Interviews

清华大学教育研究院｜组编

［澳］寇海明（Hamish Coates）　谢喆平　文　雯｜主编

人民出版社

图 1   法国巴黎政治大学校长弗雷德里克·弥雍教授（Frédéric Mion）和谢喆平副研究员

图 2   英国埃克塞特大学校长史蒂夫·史密斯爵士（Sir Steve Smith）和寇海明教授

图 3　美国莱斯大学校长大卫·利布朗教授（David Leebron）和寇海明教授

图 4　澳大利亚昆士兰大学校长彼得·霍伊教授（Peter Høj）和文雯副教授

图 5　英国曼彻斯特大学校长南希·罗斯韦尔教授（Nancy Rothwell）和寇海明教授

图 6　德国亚琛工业大学校长乌尔里希·吕迪格教授（Ulrich Rüdiger）和谢喆平副研究员

图 7　美国伍斯特理工学院校长劳瑞·莱森教授（Laurie Leshin）和谢喆平副研究员

图 8　加拿大阿尔伯塔大学校长大卫·图宾教授（David Turpin）和寇海明教授

图 9　南非斯泰伦博斯大学校长维姆·德·维利尔斯教授（Wim de Villiers）和寇海明教授

图 10　斯里兰卡科伦坡大学校长莱克什曼·迪萨纳亚克教授（Lakshman Dissanayake）和寇海明教授

图 11　意大利都灵理工大学校长吉多·萨拉科教授（Guido Saracco）和寇海明教授

图 12　日本早稻田大学校长田中爱治教授（Aiji Tanaka）和罗燕副教授

图 13　美国芝加哥大学校长司马博教授（Robert J. Zimmer）和谢喆平副研究员

图 14　韩国延世大学校长金永和教授（Yong-Hak Kim）和谢梦雨博士

图 15　哈萨克斯坦纳扎尔巴耶夫大学校长胜茂夫博士（Shigeo Katsu）和刘路博士后

图 16　比利时鲁汶大学校长吕克·塞尔斯教授（Luc Sels）和寇海明教授

图 17　新加坡管理大学校长江莉莉教授（Lily Kong）和寇海明教授

图 18　加拿大滑铁卢大学校长费里敦·汉杜拉普教授（Feridun Hamdullahpur）和刘路博士后

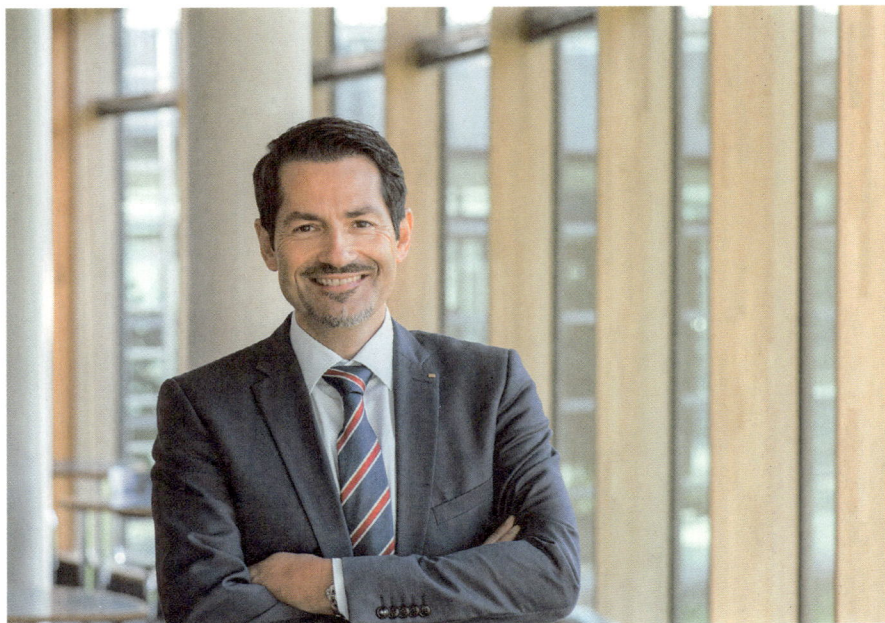

图 19　德国慕尼黑工业大学校长托马斯·霍夫曼教授（Thomas Hofmann, CR: Astrid Eckert/TUM）

序　用教育的力量塑造未来

清华大学校长、中国科学院院士　邱勇

　　大学对人类的发展至关重要，大学共同的目标是让世界变得更加美好。为深入了解和把握高等教育的发展趋势，清华大学于 2019 年启动了"世界一流大学的发展战略及校长领导特质研究"项目，在清华园对世界著名大学校长进行了深度访谈。由于新冠肺炎疫情的暴发，2020 年的校长访谈转为在线方式进行。本书是该项目的阶段性成果，共收录 19 位世界著名大学校长的访谈。

　　教育决定国家的未来，大学引领人类社会的发展。作为领导者，校长对大学的治理和发展负有重要的责任。尽管来自不同国家，各校风格不同，但受访校长在工作中面临相似的挑战，比如全球竞争、资源分配、师资聘任、人才培养、学科发展，等等。本书采用校长自述的方式，揭示了大学治理的挑战，深入挖掘了领导力等大学核心问题。校长们在书中所表达的对高等教育现状、问题和趋势的分析与思考，对认识和把握全球高等教育发展具有重要的价值。同时，本书也收入了校长们对中国高等教育发展的观察和评价，这对中国大学的进一步发展极具借鉴意义。

2020年暴发的全球新冠肺炎疫情对教育系统和传统教育模式造成了严重破坏。根据联合国教科文组织的统计，超过190个国家和地区的15亿学生受到疫情影响。但是，疫情促使在线教育第一次在全球范围内实现了大规模的应用。清华大学2020年春季学期开展了前所未有的全校性在线教学，4000多门次课程按照教学日历如期开课，和国内外大学一起参与和见证了高等教育教学模式的变革，再一次深刻感受到教育对人类的意义和价值。

教育是面向未来的事业，大学是人类文明的重要机构。1088年，博洛尼亚大学在意大利诞生。从此，大学便深深地植根于人类社会发展的深厚土壤中，不断发展壮大，不断肩负新的使命。在战争失败、工业发展提出新需求和新人文主义思潮涌现的多重背景下，德国教育家洪堡在1810年创办柏林大学，将科学研究引入大学，从而赋予大学新的使命。1904年，美国威斯康星大学校长范海斯提出了"威斯康星计划"，帮助州政府在全州开展农业技术推广和函授教育。从此，大学更加积极地主动面向经济社会发展，在教学、科研之外承担起服务社会的职能。进入21世纪，大学日益走到社会的中心，发挥着越来越重要的作用，又被赋予了促进文化传承创新和国际交流合作的使命。

随着全球化的发展和第四次工业革命的到来，大学也面临着越来越多的挑战。大学发展史是一个不断走向开放的过程，开放与创新是21世纪最大的两个时代特征。大学要顺应时代潮流不断开放创新，担负起推动社会进步和人类文明发展的重大责任。在全球化深入发展的今天，大学的影响是超越国界的，大学作为教育和文化机构，在推动国家关系的健康稳定发展方面可以发挥重要的作用。大学要走向更开放、更融合、更有韧性。更开放意味着突破物理上的边界、技术上的限制、身份上的制约，也意味着更包容的人文情怀和更宽广的办学视野。技术进步与知识传授的不断融合，推动了教育形态和学习生态的创新。更融合意味着充分满足更加多元的学习需求，更科学地设计教与学的个性化策略，更好地推进因材施教、创新学习范式、提升教育质量。韧性是大学可贵的气质和坚毅的品格，更有韧性意味着有更强的抗干扰能力和抗打击能力，也意味着面对危机挑战时能有更多的选择。在外部环境发生重大变革时，我们不只是要具备成功应对的能力，更要能够始终坚守大学的职责，守住人类的精神家园，守望人类的明天。

大学的发展不能脱离所处的时代与社会。清华大学诞生于 1911 年，坚持进德修业、自强不息、志在培植全才、增进国力。抗日烽火中，西南联大师生刚毅坚卓、弦歌不辍，守护知识火种、传承文化血脉。新中国成立后，清华人爱国奉献、追求卓越，在祖国最需要的地方奉献青春、挥洒汗水。迈入新时代，清华大学以更加开放的姿态加快迈向世界一流。世界一流大学都是在服务自己国家发展中成长起来的，大学只有在服务国家的伟大进程中才能成就一流的高度。

诺贝尔文学奖获得者萧伯纳曾说："人生不是一支短短的蜡烛，而是一支暂时由我们拿着的火炬。我们一定要把它燃得十分光明灿烂，然后交给下一代的人们。"千百年来，人类经历了各种挑战，但总是守望相助、共克时艰，最终战胜困难。一代一代求知的心灵汇聚在大学校园，传承经典、探索新知，共同塑造了大学珍贵的传统。大学是照耀人类前进方向的火炬，我们有责任让手中的火炬燃得更加灿烂，并让这明亮的光辉照耀人类美好的未来。

进入 2021 年，对世界高等教育而言，变化已经发生，而更深层次的变化正在持续酝酿之中。未来将是一片崭新的空间。在 2021 年充满希望的春天里，清华迎来建校 110 周年。我们期待与世界各地的同仁们一起探讨、一起行动，共同开辟世界高等教育发展的新格局，用教育的力量塑造未来。

2021 年 4 月

目 录

全球大学校长声音

【关键词】

★ 大学校长

★ 领导力

★ 清华大学

★ 高等教育

【访谈背景】

一般而言，从全球顶尖大学的官网看，它们都有极为庞杂的组织机构图——领导这样的机构，需要校长有卓越的领导力。因顶尖大学校长的领导权威、专业学养和社会声望，对他们进行研究具有特别的价值与意义。但是，我们至今对全球大学校长这一群体知之甚少。虽然媒体时常有关于校长观点和大学新闻的报道，但鲜有相关学术研究深入分析这些具有全球影响力的人物。对校长以及他们的工作进行研究，具有巨大的学术价值。

有鉴于此，清华大学2019年启动了学校文科"双高"研究课题"世界一流大学的发展战略及校长领导特质研究"项目，这也是清华大学2011年百年校庆前启动的工作之一。项目的目的是收集和理解大学校长的经验和卓越实践，增进合作院校间的相互了解与交流合作，形成关于全球高等教育的普遍知识。该项目汇集了全球大学领导的思想、经验和实践，校长们对参与访谈态度非常积极。本书收录了对2019年访问清华大学的18位全球知名大学校长的深度访谈和2020年对慕尼黑工业大学校长的在线访谈。这些访谈不仅展现了校长们卓越的领导力，也呈现了他们对全球高等教育和中国大学发展等议题的看法与深入思考。这些校长在 2020 年对新冠肺炎疫情的应对不仅在本校和本国，也在全世界范围内发挥了极为重要的作用。阅读本书，有助于理解他们的决策。

作为一流大学（ARWU，2019；金名等，2020），清华大学每年接待包括"校长""副校长"等诸多全球大学领导前来访问。大学校长访谈项目邀请来访的大学校长参与时长为 1 小时的半结构式访谈，访谈提纲包括 20 个问题，内容涉及校长本人和管理团队、校长所在大学、清华大学、中国高等教育和全球高等教育等。访谈中并非所有的问题都会被问到，但是交谈中会出现许多丰富的信息，校长们谈话的发散性更为其观点赋予了鲜活的生命力。访谈前，校长签署同意书，访谈以英语进行，访谈结束后进行录音和转录，并被译为中文。项目组 2019 年完成 18 次线下访谈，2020 年在线完成了对慕尼黑工业大学校长的访谈。所有双语访谈整理稿均返送给各位受访校长审阅和修订。修订后的文稿呈送给清华大学领导作为决策参考，也为学术研究提供了定性分析资料。

倾听校长的声音

对大学校长及其领导力的研究具有重要的研究价值和实践意义。它把对大学校长的研究从未知经验领域转到了学术研究领域。此前的相关研究常见于英语文化圈（e.g. ACE, 2017; Scott, Coates & Anderson, 2008; Shattock, 2013; Bosetti & Walker, 2010; Bryman, 2007），但其他研究非常少（e.g. Sirat et al., 2012; Huang, 2015），对世界其他区域的研究则更为少见。本研究有助于校长们了解同行及其工作，有助于深化顶尖大学之间的国际交流与合作，有助于为未来的校长提供指引，也为未来的国际研究提供概念和实证基础。事实上，随着许多国家政治经济形势的变化，权力和责任的重心正从高等教育体系向高等教育机构转移，从而强化了大学领导者的工作，因此深入了解全球大学校长变得越来越重要（Shattock, 2013; Badillo-Vega, Krücken & Pineda, 2019）。当然，以所谓"后系统"（post-systemic）的方式运作的世界一流大学的领导者尤其如此。

本访谈的重要性在于可以在大学校长公开的信息之外收集资料进行深入的定性分析，因而具有重要的学术价值。校长特定的执行力和学术权威、突出的个人价值、卓越的社会地位，使其拥有独特的知识和见解。研究他们本人叙述的真实故事，价值远大于从大学网站或第三方分析中获得的信息，可从观察式研究转向领导特质和特征（Bolden, 2014）的研究。领导力通常分布在大型研究型大学，领导力的"伟人"视角研究存在局限性，有人甚至认为正式的领导力角色其实被夸大了或者是多余的（Hoffman et al., 2011; Davis & Jones, 2014; Bolden, Jones, Davis & Gentle, 2015），但是这并未减少研究全球高等教育领导者见解的意义。

访谈的焦点

审慎的研究设计是选择访谈主题的基础。本研究集中关注领导者、领导力、大学治理、清华大学历史、中国高等教育和全球发展等（Liu et al., 2020; Wen et al., 2019），涉及以下主题：

- 校长
- 大学领导力团队
- 校长所在大学
- 清华大学
- 中国高等教育
- 全球高等教育

关于校长个人的访谈问题是以校长作用的独特重要性为基础设计的。虽然一流大学的领导权力均高度下放和分散，但校长的个人特征仍很重要。尽管校长从竞聘中脱颖而出是基于其卓越成就，但他们的个人特征也极为重要。同时，校长对高等教育、所在大学和自身角色有独特见解。因此访谈设计了相关问题，即作为一名领导者，大学校长如何分配精力、其学科背景与领导力的关系、走向校长职位前的关键经历，等等。

没有任何一位校长可以独自完成领导大学的任务。近年来，领导力团队在大学治理中发挥着极其重要的作用。为了解这些重要但很少被研究的领导力团队，访谈设计了相关问题：如何建设和管理这样的团队，如何管理与表现、操作、人事和创新有关的具有竞争性的优先权利，如何兼顾内部和外部格局，何人管理大学的金融事务和学术事务，等等。

当然，校长们对其所在大学有许多独特见解，因此访谈专门设计了一些特定问题，比如大学的文化和传统、独特举措和正在计划中的改革、重大的制度挑战、重要的国家贡献、财政和非财政利益的平衡、创新和社会贡献，等等。校长们对这些问题的深刻见解非常重要，有助于揭示大学的日常运营、理想和担忧，发现隐藏在相关出版物或网站背后的重要信息。

　　校长们访问清华大学有不同的机缘，比如人际联络、校级会议以及更广泛的学术活动等。访谈提纲包括清华大学最具吸引力的地方、清华大学如何才能为全球高等教育作出更为卓越的贡献、清华大学的未来可能面临哪些挑战等问题。校长们对这些问题的回答为全面了解全球相关利益相关者如何看待清华大学提供了重要视角。

　　校长们到访清华大学的时间不同，他们到访中国的原因和与中国接触的历史也各有不同。近几十年来，中国高等教育发展迅速，一些来访校长积极参与了这一进程，而另一些校长很少有机会与中国大学直接接触。他们受邀在访谈中表达对中国高等教育的主要印象、对中国高等教育面临的重大挑战的看法，但因经历和背景不同而有相似的或者完全不同的看法。

　　尽管全球视角贯穿于整个访谈，但我们仍希望校长们站在更高的全球高度看待相关问题。他们被问及什么是全球性大学的独特性、未来三十年研究型大学的主要贡献、本科教育改革、促进大学创新和研究生产力的最佳策略、博士生教育的多种变化以及未来高校领导力的特征等诸多问题。

　　访谈的时机极为重要，也具有特别的价值与意义。这些访谈大多在 2019 年下半年进行。当时未曾料到 2020 年会因新冠肺炎疫情而成为近年来高等教育史上最为混乱的时期。因此，在疫情大流行前夕和高等教育高速发展时期进行的这些访谈，不但及时展现了全球一流大学领导者的见解，也涉及了他们在疫情全球暴发之前的关注重心和面临的机会，可在一定程度上作为分析当前挑战和未来发展的重要基础。

本书是大学校长访谈记录的整理，共收入 19 位校长的访谈。每章的内容包括校长个人简介、大学介绍、访谈摘要与访谈全文。需特别指出的是，访谈记录基本以原始形式呈现（仅经过一定编辑以提高可读性），力图呈现给读者最原汁原味的访谈和最具原创性的见解。本书的最后一章对全书的关键三题进行了提炼与概括。

第一章

法国巴黎政治大学校长
弗雷德里克·弥雍教授访谈

【关键词】

★ 大学校长

★ 全球领导力

★ 清华大学

★ 巴黎政治大学

★ 法国

【访谈背景】

巴黎政治大学（Sciences Po，以下简称"巴政"）校长弗雷德里克·弥雍（Frédéric Mion）于 2019 年 4 月访问了清华大学，就进一步加强合作与校党委书记陈旭进行了交流。2019 年 4 月 14 日，清华大学教育研究院谢喆平副研究员对弥雍校长进行了访谈。

弗雷德里克·弥雍先生现年 51 岁，于 2013 年 4 月被任命为巴政校长。弥雍校长同时在法国最高行政法院担任审查官（maître des requêtes）一职。他曾获得巴黎政治大学、巴黎高等师范学院、普林斯顿大学及法国国立行政学院学位。

他在公共领域及跨国集团都曾担任过高级管理职位。2007—2013 年，弥雍先生任法国最大的媒体集团 Canal+ 秘书长一职。此前，他是世界顶级律所 Allen & Overy LLP 的高级合伙人。2000 年他担任法国教育部部长杰克·朗（Jack Lang）的顾问，并担任教育部行政和公共服务总办公室副主任。他曾经在巴政教授公法，并于 1996—1999 年期间担任巴政公共行政系主任。

弥雍先生担任巴政校长后，发起并主持了多项重要的改革与项目，包括学校管理与行政地位的改革、外省本科校区的翻修、硕士阶段学院的整合、学校国际化及学术发展战略的延伸、巴黎本部新校区的地产购买项目以及外省本科校区的发展计划等。2014年他发布了关于巴政中期发展战略的报告（*Sciences Po 2022*），旨在进一步促进巴政作为世界著名大学的发展，同时保持巴政自1872年创立以来的成功因子与独特个性：学生团体的社会性与地域性的高度多元化，融合教授及各行业高管所教授的理论与实践高度结合的课程，领先的研究水平，以及高度的国际化。弥雍校长致力于推进校园里的性别平等，并于2016年获得了联合国妇女署发起的"他为她"项目的法国影响力冠军。

巴政创建于1872年，坐落于法国巴黎，是人文社科领域的世界著名学府。一百多年来，已为国际社会培养了大量精英。巴政涵盖本、硕、博阶段，传统支柱学科包括政治、经济、法律、历史和社会学。在2020年QS世界大学学科排名中，巴黎政治大学的政治学和国际关系学科位居全球第二，仅次于哈佛大学。此外，该校的公共政策与管理、社会学、法律等学科水平也位居欧洲乃至全球前列。巴黎政治大学在全球享有广泛的院校合作网络，包括哥伦比亚大学、牛津大学、普林斯顿大学等。该校的可持续发展与国际关系研究所目前与清华大学在绿色经济领域开展了深入合作，并与清华大学同为世界大学气候变化联盟（GAUC）成员学校。

【访谈要点】

访谈涉及校长及其个人背景、领导团队、校长所在大学、清华大学、中国高等教育和全球高等教育等层面。要点包括：

·我的工作时间是零散的，很多时候我都不能对时间进行自由支配，我需要参加很多会议和其他活动，但当我有自由支配的时间时，大部分时间我都用来倾听人们的意见，倾听老师、学生以及巴黎政治大学其他人的意见。

·在高等教育和科研领域面临空前激烈竞争的当下，作为校长面临的最大挑战是如何做出影响学校正确发展的关键决策。

·巴黎政治大学是一所充分国际化的大学，但我们不会选择新建国际分校，因为我们觉得不能把自己的办学模式强加给其他国家，或许我们通过与世界一流大学彼此互相学习、互相借鉴及合作会使我们获益更多。

·中国高等教育的发展速度让人惊叹，而像清华大学这样伟大的大学，未来能够为全球范围内关于伟大大学的讨论带来特别的视角。

【访谈记录】

访谈者：作为领导，您将大部分精力投入在哪里？

校长：我的时间是比较分散的，很多时间不是我可以自由分配的，因为我需要参加很多会议和其他活动。但是当我有更多回旋余地去做我能做的事时，我发现我大部分时间都在倾听巴政老师和学生们以及其他人的意见。我发现，从几个方面来看，倾听他人的意见很关键。

首先，事实证明，倾听是一个重要的灵感来源，能够启发我们思考需要去做什么。

举一个例子。我们都意识到，对所有大学来说，气候问题在很多方面很重要。这一直也是我非常关注的问题。但是，通过在过去几个月里与学生的交流我才意识到，对他们来说，气候问题不仅是迫切的，而且是绝对必要的。因此我决定，巴政要在所有与气候变化有关的事情上加快行动，这些事情涉及研究、培训以及机构的运行模式。所以，通过倾听大家的意见，可以得到启发，明白需要去做什么。

我认为倾听还有助于建立共识，这也是领导工作中非常重要的一部分。作为领导者，你必须要指明道路，但也要有能力去创造条件，让人们真切地被你的行动所鼓舞。这意味着领导者事先要做很多倾听工作。在我看来，这是一件非常必要的事。

访谈者：作为大学校长，对您来说最大的挑战是什么？

校长：当下，高等教育和研究领域的竞争空前激烈，最大的挑战显然是做出对学校有益的决策。

现在的竞争是全球竞争，所以人们会有一种感觉，即今天所做的决定不仅会影响到你的学生和同事，还可能影响到你的学校在这个竞争激烈的世界里的发展轨迹。因此，这增强了我对自己所肩负责任的认识。巴政5年乃至10年后的地位是由我们今天采取的行动和做出的决策所决定的，这一点让我觉得极具挑战性。

访谈者：提一个关于全球大学的问题。巴政的结构很特别。首先贵校在巴黎有一个中心校区，另外还有六个校区分布在法国各地。这种布局背后的逻辑是什么？如果在巴黎有足够的空间，您会考虑把六个校区搬回巴黎吗？

校长：这个问题问得很好，我会如实回答。我认为之所以建立那些校区是因为空间问题，因为巴黎缺少足够的空间。所以我认为我的前任很有远见，甚至是个天才。但公正地说，之所以建立这些校区，也是因为他希望学校能够壮大。他想招收更多的学生，招纳更多的员工，而这些明显不是巴黎有限的空间所能容纳的。这就形成了现在的校区结构，这是最初的情况。有意思的是，事实证明，这些因巴黎的空间有限而在外地建立的校区在其他方面对巴政非常有价值。

首先，这些校区使我们学校首次建立了与整个国家而不仅仅是与巴黎这个城市的联系渠道。我们都知道，至少在西方国家，政治、管理、经济等领域的领导正受到猛烈的批评和质疑。在法国，批评之一是太"巴黎化"了，与法国其他地区太过疏远。事实证明，对我们来说，在法国较小的城市拥有一批校区是非常重要的。

其次，如您所知，那些校区都是本科校区。对于那些来自世界各地、年龄很小的学生来说，这是一个很好的跳板或起点。因为他们是本科生，所以我们在他们十七八岁的时候就把他们招进来了。他们的家人对他们这么小就远离家门往往有点担心。而这些校区的规模可以让我们更靠近他们，在日常生活中更好地了解他们，还有助于我们为他们提供能够真正形成牢固纽带的课程。也就是说，这为学生们创造了一种真正的归属感。

根据这些校区近二十年的经验，我可以说，巴政从中受益匪浅。坦诚地说，这是我们在最初创建这些校区时所没有预见到的。因此，基于这一点，我可以告诉您，我们非常高兴拥有这些校区，我们不会出于任何原因想要撤销这些校区，哪怕巴黎突然变得更容易获得空间。

当然，在巴黎以外的地方开设校区是有代价的，因为在离中心校区很远的地方开设分校更复杂。但事实证明，这是对我们经验的宝贵补充。

访谈者：是啊，这是非常特别的安排，目前越来越多的大学拥有海外校区，而巴政的国内分校设置也是国际化取向的。

校长：这是一种很好的说法。我们有意选择不建国际分校，因为我们觉得我们不能把自己的模式强加给其他国家。像中国这样的国家，现在拥有大量的顶尖大学。在这种情况下，巴政在北京或者上海开设校区还有什么意义呢？您知道，这些地方所提供的选择已经很丰富了。而从与清华大学等大学的合作中，我们获益更多——世界一流大学彼此互相学习、互相借鉴。所以，我们不会考虑建设海外校区。

访谈者：非常感谢。现在回到问题列表上的问题：对巴政来说，最重要的文化传统是什么？

校长：在巴政的学校文化建设中有三点是至关重要的。

第一是所有层次培养中的多学科性。我们认为，跨学科观点很重要，能够让我们的学生去真正地理解世界的复杂性。

第二是向世界开放。20年甚至更长时间的国际化，使我们认识到必须向世界上其他地方学习，必须让我们的学生了解外面发生了什么。

第三是关于文化，是要时时记得进行结合。科学理论要和实践结合起来，因为我们的目标是培养年轻人。他们在未来的 5 年、10 年或 20 年后将担任领导者。我们希望他们不仅掌握知识，而且也能够根据知识采取行动。因此，在课堂上，我们尝试综合运用各种方法。授课的人中既有学者，也有从业者。

访谈者：这几点回答得非常好。您对中国高等教育的主要印象是什么？此外，您认为像清华大学这样的大学应该如何为全球高等教育作出贡献？

校长：首先，我要澄清一点：我对中国高等教育系统的理解可能有偏差，因为我只了解这个国家最好的大学。话虽如此，我对这些大学在过去 20 年里的变化速度感到惊叹，真的惊叹。

更让我惊叹的是，我上一次的中国之行是在五年前，这五年的变化足以让我震惊。在我看来，这些大学融入全球变革的惊人能力，超过世界上其他地方的任何大学。即使是美国等西方国家资金充足的大学，也没有能力如此迅速地自我变革。

我认为，像清华大学这样伟大的大学，能够为全球范围内关于伟大大学的讨论带来特别的视角。因为清华大学身处全球变化最快的国家，而且这个国家正逐步走上全球领导地位。所以，我认为对于我们来说，了解这种视角是非常有趣的。这种视角也只有位于北京这个经济、政治、文化中心的心脏部位的大学才可以为全球提供。

访谈者：最后一个问题。您认为研究型大学未来 30 年的持久性贡献是什么？

校长：我认为，我们有一种责任，这种责任比历史上任何时候都大。这个责任就是培养我们的年轻人。因为，我们第一次意识到地球的未来处于危机和危险之中，而这些年轻人未来将领导公共、私有以及所有行业领域的全球事务。

因此，我们必须要作的贡献关乎生死。如果我们做得好，如果我们把这些年轻人训练好，那么人类将有机会继续生活在这个让生命存在的星球上；如果我们决策错误，没能以应有的方式勇敢承担责任，那么我们不仅会让学生面临失败，也会让整个世界面临失败。

第二章
英国埃克塞特大学校长
史蒂夫·史密斯爵士访谈

【关键词】

★ 大学校长

★ 全球领导力

★ 清华大学

★ 埃克塞特大学

★ 英国

【访谈背景】

埃克塞特大学原校长史蒂夫·史密斯爵士（Sir Steve Smith）于2019年4月访问了清华大学，出席了首届中英高等教育人文联盟青年学生论坛。2019年4月18日，清华大学教育研究院寇海明教授对史蒂夫校长进行了访谈。

史蒂夫·史密斯爵士，男，英国人，1952年生，国际关系学家，博士毕业于南安普顿大学。作为著名国际关系学家，他曾撰写15本专著、发表学术论文100余篇，在22个国家的170多个大学进行过百余次演讲。史蒂夫爵士自2002—2020年间担任埃克塞特大学校长兼首席执行官。此外，他曾担任英国皇家艺术学会的研究员、专业招生计划支持委员会主席、英国大学联合会主席。2010年，他被阿伯里斯特威斯大学授予名誉院士。2012年，他被南佛罗里达大学授予全球领导力奖。

埃克塞特大学（University of Exeter）正式创建于1955年，主校区位于英国埃克塞特市，是英国罗素大学集团、欧洲大学协会、英联邦大学协会成员。该校现有学生二万余人，教师及科研人员二千余人。埃克塞特大学在社会科学、医疗研究、工程学、人类学和运动科学等众多学科领域有着世界顶尖的研究水平。在 2021 年 QS 世界大学排名中，埃克塞特大学排名第 164 位。埃克塞特大学与中国的多所高校建立了合作，其中，该校与清华大学地学系在地学学科领域一直保持着非常密切的合作关系，两校目前也成功开展了博士生联合培养项目。

【访谈要点】

访谈涉及校长及其个人背景、领导团队、校长所在大学、清华大学、中国高等教育和全球高等教育等层面。要点包括：

·大家都知道要在学校和学校之间建立良好的伙伴关系和信任，听起来似乎有些多余，但这正是大学所有国际关系的高度概括，而作为校长的一项重要工作就是与合作伙伴建立起良好的信任关系，通过找到共同的志趣然后一起采取行动。

·只有成为世界领头羊的口号并不能增加办学经费投入，大学的发展需要赢得民众的信任，还需要合理的资源竞争。

·没有人会教你怎么当校长，现在没有将来也不会有这样的培训，因此作为校长的一项基本条件就是具有敏锐的洞察力，而这些洞察力是可以通过实际工作不断习得的。

·清华大学的崛起和中国大学的崛起实际上代表一种根本性转变，这种改变意味着清华大学和其他中国顶尖大学将成为全球社会的一部分，为共同研究和解决世界性问题提供中国智慧。

【访谈记录】

访谈者：您认为您的专业背景对于您从事高等教育工作有何影响？您认为贵校目前发展如何，您作为学校领导有何感想？

校长：我本来研究的是国际关系领域，从未想过会成为大学校长，这并不是我的目标。我被选为所从事专业领域世界组织主席的当月，也被提名为埃克塞特大学校长，因此我必须做出选择。

作为一名国际关系研究者，我非常清楚政策是如何出台的。我的专业领域之一是研究外交政策的失误，包括英国政府的决策是如何出错的。我当时还提出一种称作"结构化决策"的模型。担任校长以后，我意识到管理工作需要广泛的个人关系。

众所周知，大学处理好国际关系的关键是建立良好的工作关系和信任关系，合作双方通过交流相互感兴趣的领域和事情，找到共同的兴趣，然后一起行动。通过学校管理工作，我对国际关系学科的结构有了更深入的了解，并深刻认识到，推进互动、了解差异、获得信誉都很重要，尤其需要懂得如何和政府部长打交道，如果得不到政府信任会遇到很多麻烦。

我在牛津大学出版社出版了三本书，但我不会说还在为出书做研究，那是撒谎，我只是一名编者。在英国，大部分校长的任期是4年左右，我已经做了17年。由于校长的工作需要处理各种繁杂的事务，你会发现担任校长期间几乎没有时间做科研。

访谈者：您是国际关系方面的学者，虽没有在政府中从事过与国际关系相关的工作，但您的工作是非常国际化的。对您来说，突然间让您管理一所大学，要在校长工作上花很多时间，您是怎么处理这种转换的?

校长: 这涉及两件事。作为研究国际关系的学者,我会意识到处理好大学的对外关系,不只是涉及上到国家、下到学校这样的社会联系,还要促进人与人之间、社会与社会之间的理解。一所大学不管好与不好,都切切实实存在于国际生态系统中。

英国大学校长一部分工作是在学校里,更重要的是和英国政府、伦敦政府保持联系,以及和来自不同国家文化的人打交道。现在大学竞争很激烈,我们生活在竞争激烈的国际研究环境中,对师生员工资源、科研突破、设备等的争夺都非常激烈,而我必须参与其中。

访谈者: 您在您的研究领域对政府有很深的了解,而且由于您担任校长,您在英国乃至国外也与政府有广泛交往。您认为大学领导是否应该加强对政府的理解?通常情况下,大学校领导是层层晋升上来的,而不是来自政府或企业部门,您觉得未来几年这一点会有变化吗?

校长: 是的,大学领导确实是层层晋升上来的,这是合理的,实际上这取决于我们看待它的方式。在英国及世界上任何一个国家,大学必须赢得民众信任。仅仅声称自己必须成为世界某一领域的"领头羊",并不意味着有人愿意提供资金。坦率地说,一切都是资源争夺之战。

访谈者: 那么认识到这些之后,对领导者培训、在职师资培训会有影响吗?您的做法会有什么不同?

校长: 我希望我能早点认识到运营大学中的残酷经济学。没有人会训练你当大学校长,现在没有此类培训,书架上也没有一本类似《学生抗议的危机》(第一卷)之类的校长手册。校长必须要有洞察力,而主要的洞见来自实际工作。

信任很重要，但信任不会通过培训产生。英国大学联合会是所有英国大学的代表，他们会对新任校长进行培训和指导，我们参加了其中部分领导力项目。但在实践中，校长还需要处理更多的诸如预算等问题，还有刚刚提及的世界范围内竞争的问题。在现在的竞争压力下，做到"还行"已经不够了。比如，如果你是一个水平"还行"的科学家，别人就没有理由资助你。大学领导就是要面对这样很有压力的选择，增加或缩减投入的重要决定。

访谈者：请您谈谈对清华大学的最初印象，这也许需要您回到多年前。还有，这种印象是如何改变的？

校长：我对清华大学的第一印象是声望高、地位高、英才教育。但当我第一次接触清华大学的时候，清华大学刚开始奋力开展国际研究和教育。但很大程度上，我认为清华大学的提升是内在发展的结果。

现在我们看到清华大学难以置信的成功，今年的 QS 排名上升了8位（QS 2019 年排名较之 QS 2018 排名），泰晤士高等教育的排名也上升了 8 位（泰晤士高等教育 2019 年排名较之泰晤士高等教育 2018 年排名），清华大学分别位列世界第 17 位和第 22 位，这种崛起是非同寻常的。当然这不是偶然的，也不仅是资金的问题——虽然与资金有些关系——这是一所大学学会分析和把握规律的结果。清华大学真正快速发展起来是在过去 15 年，不仅仅表现好、成果多，而且还在世界舞台上真正发挥了重要作用。可以说，清华大学的表现很突出。借用足球的比喻，如果在 20 年前，清华大学不会将自己定义为世界科研冠军联赛的重要一员，而现在绝对是。现在大家都来敲清华大学的门，如果你要在中国选一所大学合作，那就是清华大学，所以说清华大学有很好的位势。

顺便说一句，你如果去英国的大学看看，就能发现很多大学与清华大学有合作意向。这不仅是因为中英关系，更是大学意识到现在最好的国际研究是通过合作发表、联合出版等共同投入完成的。清华大学以前是属于中国、服务中国的大学，而现在也是属于世界、服务世界的大学。

访谈者： 作为校长，您把时间花在什么地方？您花多少时间在办公室，多少在外出差？

校长： 我的办公室会把所有这些都记录下来，然后以电子方式存储起来。基本上，我一周可能在伦敦停留一两个晚上，因为那是职权所在地，需要代表埃克塞特大学或整个高等教育行业开会讨论重要问题的所在地。例如，埃克塞特大学很多校友、政府部长、公务员、记者以及埃克塞特大学校务委员会主席等都在伦敦，罗素大学集团和英国大学联合会的办公室也在伦敦，因此我需要在伦敦会见他们，与他们共进晚餐，开会讨论问题。但是我不能远离大学，每天有 16 个小时通过电子邮件、电话与学校保持联系和沟通。坦白地说，大多数人都不知道我是在埃克塞特大学、在伦敦还是在别的地方。

我在尽力减少国际差旅，可能一年中有 4 次大的国际旅行。国际差旅往往需要一周，我无法参与太多，出访可能会让我脱离会议周期。我每周一早上八点半会和行政秘书长、教务长开会，然后十点和高层团队开两个小时会，这些会议非常重要。我做的另一件事，是每半年和学术人员开一次会，今年这样的会议已经开了 26 次。每年两次，我会约见每位学者、进行问答、参加开放会议等。我回去以后，还要在学校里召开 5 个大型午餐公开会，包括 20 分钟的大学发展现状介绍和 40 分钟的问答，学校的任何人都可以参加。我要到不同的教学楼、不同的校区去参加这些会议。

访谈者：所以学生们能看见您在校园里走动？

校长：是的，我经常和学生见面，埃克塞特大学学生会成员会深度参与大学治理。我们有两位主席，一位是康沃尔校区的，另一位是其他校区的，我可能一周和他们见一次。我们学校是一个完整的系统，校长办公室在平衡各方面的日程安排上做得很出色。

访谈者：您觉得埃克塞特大学面临着什么特殊挑战？

校长：最大的挑战是政府因为管理幅度所限，会有一系列的限制，我们就任何事都很难达成一致，做不出任何决定。

访谈者：在这种情况下，高等教育行业的领导力来自哪里？

校长：在这种情况下，高等教育领导者有很大一部分压力是应对媒体，可谓如履薄冰。多年以来，埃克塞特大学一直受到很大资助。英国在过去 10 年里遭遇困难，很多政府部门削减了约 30% 的经费，而大学经费却大幅增加，我们也得到很多资助，也因此获得回报。所以媒体上每天都充满了关于大学的内容。除了英国脱欧之外，我们最大的挑战是如何确保埃克塞特大学继续成为在世界舞台上、在英国大学群体中有竞争力的大学。我用一个词：科研力量。这是埃克塞特的准则。

访谈者：您是通过专业化还是通过控制大学收支平衡来做到这一点的？

校长：这其中一个关键因素是埃克塞特大学的科研能力。我们每年对研究能力和研究质量进行一次评估，把研究活动强度乘以研究活动质量，就可以对研究经费进行量化并给予补助。这样的评估我们已经持续了 7 年。英国共有 136 所大学，但全国 85% 的研究经费分配给了 25 所大学，经费倾斜度很高。我刚到埃克塞特大学的时候，埃克塞特的研究能力排在第 30 位，现在大约是第 20 位，进步很大，预计再过几年大约能排到第 16 的位置，这样就可以得到稳定的研究支持了。坦率地说，要达到这一结果，就必须不断把巨额资金投入非常昂贵的科学研究上。

访谈者：要投入核心领域很关键，但您之前也提到过撤销院系？

校长：是的，我们以此闻名。如果您在谷歌搜索埃克塞特大学，就会发现我们是英国第一所决定撤销不成功院系的大学，我们在 2005 年撤销了 3 个系。

访谈者：这些院系不成功是因为他们的科研做得不好，还是他们可以在英国其他地方再进行类似的研究？

校长：他们当然还可以研究那些东西。我们撤销的一个大系是化学系。虽然我们现在比以前有更多的化学家，但是他们是在医学系。化学系以前是数据导向，既不能吸引高质量的学生，研究也没有竞争力。如果要投入化学，在设备上就要花很多钱，因此我们必须确保产出是好的，但化学系没能做到这一点。

当时下议院派出两个委员会来专门质询撤系事宜。我们是英国第一所撤销大科学系的顶级大学，有人认为埃克塞特大学不留情面。当然从那时起，我们的研究收入增长了 11 倍。我们刚刚起飞，与其补贴化学系亏损的项目，不如投入其他非常强的领域。因此对我们来说最大的挑战是研究能力。

另一大挑战是，英国学生群体的心理健康确实让我们深感担忧，我认为这也是西方教育界的突出现象。我回去以后该担心的是考试季又要到了。

访谈者：学生出现心理问题是因为学习压力还是因为更广泛的社会因素？

校长：很明显，部分是由于学习压力，还有很多来自社交媒体压力。我们在英国遇到的最大问题是，过去，年轻人说过的话或做过的蠢事不会被录下来——我们很庆幸——但现在人们在 What's App 或其他媒体上交流或者在 Facebook 上交流，而交流内容永远存在于这些社交媒体上。这些内容可能会让人干傻事。我们收到很多案例，24000 名学生中，有 2606 人要到心理健康部门接受辅导。20 年前，这个问题远不如现在令人担忧。而且，这个问题不仅仅是在埃克塞特大学，已经遍及了整个英国。

访谈者：是的，不只是担心，这的确成了一个严峻的问题。

校长：是的，学生中有四分之一是带着心理健康问题来上大学的，社交媒体要承担部分责任。每个人都在说他们发自己的照片感觉很酷，和朋友一起出去感觉很好，但如果你是一个人又感觉孤独，就很容易出现心理问题。当然，我们也清醒地意识到，我们不是学生家长，不能事事代劳，但学生福利部门和大学层面的确对这种情况感到担忧。

访谈者：关于大学的研究能力，您觉得教育对世界的贡献是否大于研究？不从论文上看，而是从 50 年的收入回报等方面来看。英国在这方面率先采取了一些新措施。您认为我们是否会摆脱 20 年的文献计量，更加平衡地看待教育的贡献？

校长：您说得很对。当然，我们所做的了不起的事情不是研究产出，而是给学生带来的教育。

这里要谈到两条评论，一条是关于英国的，一条是全球的。在英国，政府已经开始通过"教学卓越框架"（Teaching Excellence Frame-work）来评估教学质量。问题是这个评估方式实际上并不衡量教学，而是衡量教学结果。公平地说，这可能与学生的社会阶层投入有关。

到底发生了什么变化呢？现在在英国，人们认识到必须要看教育质量。政府有一种观点认为，有些学生没有学到足够的东西。他们探索了一些措施，"教学卓越框架"是其中之一。接下来的另一大措施，是"纵向教育成果"（LEO），这是一项收入数据。如果学生的收入与税收记录连接，就能通过税收记录追踪收入。大家会思考，你在埃克塞特大学学习，花费巨大后获得学位，毕业后收入会如何。从数据中我们发现一个非常棘手的问题，那就是对 23 所大学来说，学生毕业后 10 年的收入要比有相同入学分数而没有去这些大学的学生收入少，财政部就会问"我们为什么要投资"。

《泰晤士高等教育》虽然想尝试开发一种测量教学质量的手段，但他们尚未做到。最大的问题实际上是难以比较不同背景学校和学生的教育，除非有一个共同的课程检测；而且还有文化差异问题。在学生上大学之前，社会阶层仍然是影响成绩的一个重要因素。我是英国高等院校招生服务中心的主席，我们对此进行跟踪，发现社会阶层很大程度上可以预测一个学生的入学成绩。政府现在正试图以您所描述的方式做出改变，但他们正在艰难地寻找实现的措施，因为学生最终得到的收入可能反映了其社会资本以及父母可以帮助他在银行或其他地方找到实习机会等情况。如果学生出身贫寒，他很可能不会拿到顶级大学的录取通知书。尽管如此，我们还在等政府出台关于高等教育资助报告，我们希望努力让一些不能受高等教育的学生接受高等教育。

访谈者：那么您认为英国大学怎样做能继续展示其公共价值？不仅仅对媒体，还有不了解高等教育的人。

校长：很有趣的问题。我会给您肯定的答案，也有一些担忧。肯定答案是我们都必须花费更多时间，确保我们对任何社会经济背景的人保持开放。埃克塞特大学每年花费1250万英镑用于发放助学金等，支持来自贫困家庭的学生。我们要做的第一件事，就是确保大学对每个人都开放。

第二，我们要认识到，埃克塞特大学是立足于所在城市和地区的机构。所以我们资助当地学校建立了一个多学院信托基金。我们运行着英国仅有的两所数学学校之一，投入很多。我们甚至资助了当地的剧院、庆祝中国新年活动等，有3000名当地人来到校园庆祝中国新年，这是社区的重要组成部分。

很难解决的问题是，我们被视为精英的一部分。虽然证据、事实、知识、研究被认为是中立的，但是现在出现一种反作用力，表现为英国脱欧，这是英国的一大问题。所有大学都赞成留在欧盟。大学被视为从这一制度中受益的自由派精英的一部分，是现行制度的受益者。现在大学是易受攻击的对象，而10年前是银行家。因为支持留在欧盟，埃克塞特大学最近上了《每日邮报》头版，被描绘成"留欧大学"，这并不是令人愉悦的事情，好像我们不在所处的群体中。

访谈者：我们回到清华大学的话题，也谈谈中国。您认为清华大学应为北京、中国、亚洲作出什么贡献？

校长：首先，我想可以回到前面的评论，但只是换个角度。清华大学的崛起和中国大学的崛起实际上代表一种根本性的转变。我认为清华大学和中国其他一流大学是中国未来的一部分，也是全球社会的一部分。就其参与程度而言，清华大学可以参与科学研究冠军联赛，并帮助设计解决世界问题的方案，为解决全球问题作贡献。换句话说，我认为这是一所恰巧位于北京的世界一流大学，而非一所北京的大学恰巧是世界一流。

访谈者: 您有问题要问清华大学吗?

校长: 我关心的问题是: 埃克塞特大学和英国大学同行怎样才能更有效地与清华大学建立联系，为我们两国的学生提供更好的教育，确保两校顶尖科研人员能够合作? 这对我来说是黄金法则。我们怎样才能消除合作障碍? 清华大学如何支持各个领域的拔尖人才和埃克塞特大学的优势领域进行合作?

访谈者: 您认为要让不同级别的员工，甚至包括后台职员，建立起您所说的那些深厚的人际关系，现在做得是否足够? 您认为可以采取哪些具体步骤?

校长: 埃克塞特大学和合作伙伴正在加强专业服务部门的互动，这样做非常明智。如果清华大学的同事和世界各地其他大学的同事看看埃克塞特大学是如何运作的，我们也来看看他们是如何运作的，那双方的连接就不只局限于领导者。如果领导者变了，关注点就会变，但更广泛的联系可以保持合作的稳定性。因此，我们正努力建立更多有机联系，不仅是学术人员和学生，而是整个系统。

第三章

美国莱斯大学校长
大卫·利布朗教授访谈

【关键词】

★ 大学校长

★ 全球领导力

★ 清华大学

★ 莱斯大学

★ 美国

【访谈背景】

莱斯大学校长大卫·利布朗（David Leebron）于 2019 年 5 月访问了清华大学，出席清华大学—莱斯大学人力资本与可持续创新联合研究中心成立签约仪式。2019 年 5 月 20 日，清华大学教育研究院寇海明教授对大卫校长进行了访谈。

大卫·利布朗，男，美国人，1955 年生，历史学家，博士毕业于哈佛大学。他于 2004 年成为莱斯大学的第七任校长，并制定了"第二个世纪愿景"（the Vision for the Second Century），旨在将莱斯大学发展成世界一流研究型大学。利布朗校长曾担任哥伦比亚大学法学院的院长，执教于加州大学洛杉矶分校和纽约大学法学院，还曾在德国汉堡的马克斯·普朗克比较法和国际司法学院担任客座研究员，并在比勒费尔德大学担任法学客座教授。他于 2008 年获得南开大学荣誉博士学位，于 2010 年被大休斯敦商会（Greater Houston Partnership）选为年度国际高管。

莱斯大学（Rice University）位于美国得克萨斯州休斯敦市，是世界著名的顶尖私立研究型大学，美国大学协会成员，与斯坦福大学、加州理工学院、麻省理工学院等 25 所高校被称为"新常春藤"院校。根据《美国新闻与世界报道》公布的 2021 美国大学综合排名，莱斯大学名列全美第 16 位。莱斯大学以工程、建筑等领域及其小而精的小班教学模式著称。2009 年，莱斯大学与清华大学签署了校级合作备忘录，并在师生互访、学术研讨等多方面开展了多项交流及合作项目。

【访谈要点】

访谈涉及校长及其个人背景、领导团队、校长所在大学、清华大学、中国高等教育和全球高等教育等层面。要点包括：

·我的工作时间主要分为两部分：一方面是为建立大学保持广泛的外部关系，如校友活动、政治活动还有媒体活动；另一方面是制定和实施我们大学的战略规划。

·莱斯大学面临的一项关键挑战是如何保持我们"小而精"的理念，并在国内和国际方面都能取得不断进步。

·很多大学在看待在线教育这件事上都持有可有可无的态度，但这对于莱斯大学而言却具有较高的价值，因此我们在制定最新战略计划时将把在线学位项目作为学校未来发展的一个优先事项。

·我认为大学排名在某些方面是很重要的，我们必须重视排名，但不是只重视量化的排名结果。一些质性的排名如《普林斯顿评论》所涉及的有关教育质量、学生互动以及学生学习体验等方面的评价同样重要，这些评价在许多方面帮助我们不断发展和完善。

【访谈记录】

访谈者: 作为领导，您将大部分的时间用在哪里？

校长: 我的工作很琐碎，但都属于学校里的事，比如处理荣誉顾问评审的事情，虽然不需要占用很多时间，但我认为，这是无论在哪所机构担任何职都必须要负的领导职责。我主要花时间做两件事，尽管不一定能顺利完成。一是建立大学广泛的外部关系，如开展校友活动参与政治活动还有媒体活动等。有些是州内的，有些是全国性的，比如校友活动就是全国性的。二是与别人进行战略合作，确定和实施我们大学的战略规划。

访谈者:（战略）是聚焦于学校建筑、项目、收入，还是……？

校长: 从某种意义上说，建筑只是大学的附属物，不会仅仅为了拥有大楼而去建造大楼。几年前我们建了一些楼，这是因为学校实行了大规模的学生扩招。我们也可能会因为支持某些学科建设而建造大楼，比如需要发展和扩大工程学科。我还会花很多时间和院长们一起工作。莱斯大学有许多优秀的院长，我初到莱斯大学的时候就曾担任过院长职务。院长在很多地方需要发挥作用，有人称其为中间管理层，但我尽量避免这样的说法。商学院本身就很独立。但莱斯大学总体并非如此。我认为一个组织的领导者，就像莱斯大学和大多数大学一样，最重要的事是聘请优秀的领导者并赋予他们权力，要在他们需要的时候支持他们，而不是对他们进行方方面面的管控。正如我今天早些时候开玩笑所说的那样，我希望自己能远离学校层面的事务。

访谈者: 刚刚谈了对内，对外您也努力开展人际关系和活动吗？

校长: 是的，我要为大学具有更广泛的影响力进行谋划。我们尝试让大学各个学院成为品牌传播出去，但这有时成功，有时失败。通常学院会和我们商量，但我们也曾遇到一些挑战。比如建筑学院希望在他们的品牌塑造中有自己的美感。我们的校色是蓝色和灰色，而有段时间他们宣传时选择了粉色，他们一定要突出自己。

访谈者：可能您已经发现，这一部分访谈是关于领导力。您曾担任过国际律师，那么这样的背景或者说这一领域是否影响到您的领导力？如果您是工程师或经济学家出身，您的领导方式会不同吗？

校长：我想您把律师和工程师单拿出来说有一定道理。商学院院长也能做校长，但商学院院长担任校长可能会受到一定的歧视。律师和工程师的共同之处是他们都需要在某种程度上与现实世界接轨。有句名言，据说是尤吉·贝拉说的——也可能他从来没有说过，那就是："理论上，实践和理论一样。实际上，它们不一样。"所以想要做什么，现实是什么，如何应对这些现实，如何建立程序与制度，如何找到不同的方法来做一件事情……这些都是律师该做的事情，是一种非常实用的取向。我认为学术界中的律师和工程师同时具有理论知识和非常良好的学术品质，他们在一定层面上具有自己的思想，并能将其与现实以及如何让人们一起工作联系起来。我是说，在学界，知名学者之间可能相互合作，但是他们却不能把理论与现实结合起来，而这正是律师、工程师或其他人从不同学科训练中能带来的。我认为律师和工程师当校长的比例很少，我想这也是你问这个问题的原因。在美国的情境下看美国高等教育的领导者，如果我们看美国顶尖大学，美国大学协会，并统计这个群体中律师数量和工程师数量，你会发现拥有人文学科专业背景的校长数量相对较少。再有，我想你会发现曾担任过商学院院长的校长数量也相对较少，我想这是因为人们对商学院有种怀疑，怀疑他们不崇尚学术。我认为这种怀疑是不对的，很多人没有意识到商学院、法学院和其他专业学院的学术、知识或理论气息是多么浓厚。

访谈者：莱斯大学现在面临哪些重要挑战？

校长：当提到莱斯大学面临的挑战时，首先会让人想到规模的问题。我们是美国小而精的研究型大学。我们的办学规模扩大了 30%，所以我不会说只扩大了"一点"。这是您能看到一所大学在短期内最大规模的扩张。对其他大学而言，学生人数增加一千不会被视为一个较大的变化，而实际上我们的本科生数量增长了一千人，研究生也增长了一千人左右，学生总数从大约五千增长到七千，这是一个重大的增长变化。未来我们的学生数量不知道会不会继续增长，但我们的目标就是要超越自我。另一个不利因素是我们没有医学院，这方面的研究知名度无法提升。所以您看到的很多与我们竞争的大学，如果将它们的医学院剥离出来，它们的研究经费并不会比莱斯更高。因此，我认为我们面临的另一项挑战是如何保持我们的相对地位，至少在国内和国际上都取得进展。所以，当谈及"广度"时，我们的规模比不上麻省理工学院、加州理工学院，甚至卡内基—梅隆大学，但我们有令人难以置信的音乐学院、了不起的建筑学院和商学院。这就是挑战：如何在一个相对较小的体量中完成这两件事情？我们是这样做的，举个例子：在工程领域，相对于传统工程领域，我们更关注前沿问题。所以在能源工程等方面，我们在应用纳米技术方面是最好的。即使我们在休斯敦，我们也没有在传统石油工程上花太多时间。我们谨慎地选择优先事项。我们的生师比大约是 6∶1，很多人认为这是因为我们想要非常亲密的课堂，而我认为是小规模做事促进了生师比的变化。

访谈者：所有教师都教学吗？正教授也教学吗？

校长：人人皆教。我们有着这样的历史传统。我们现在的使命是"成为一所致力于本科教育的顶尖研究型大学"。类似的还有普林斯顿大学。但是，普林斯顿大学的不同之处在于，他们现在有大约250亿美元的捐赠经费，而我们的捐赠经费大约是60亿美元，我们在试图用1/4的捐赠经费去做与普林斯顿类似的事情。其实不该抱怨，这些捐赠经费使我们成为一所相对富裕的大学，捐赠经费平均到每名学生身上大概可以排在全国第六或第七的位置。

访谈者：未来您会保持相同的学术模式吗？还是需要重新设计？

校长：我认为会依情况进行调整。其中一件就是有关在线教育，我想很多大学都认为这是可有可无的事，是一种边缘扩张。我的观点是，对我们来说，这是剩余价值最高的事情之一，因为我们的规模相对较小。我们现在已经进入莱斯大学的第二个战略计划阶段。在第一个战略计划中，当我们提出如何才能提高我们的影响力和可见度时，答案是增加30%学生规模，而且增加的学生大都来自德州以外，是扩大全美国和国际的招生人数。我们的国际学生从每年级20名增长到每年级100名，就我们的规模而言，增长幅度非常显著。现在，我们在制定最新的战略计划时，我们会环顾世界，实际上有不同的方法来扩大影响，所以，我们把发展在线学位项目作为一个优先事项。例如，我们现在在商学院里就有这样一个项目，第二个项目也将于秋季在计算机科学领域启动。该项目采用完全的在线教学模式，学生们虽然有机会来校园听课，但他们都需要在线上完成所有的教学内容。包括商学院的专业项目在内，两项目的学费都达到或接近住宿项目的学费水平，这源于莱斯大学的教师质量。教师们批准专业项目时，琼斯学院和整个大学想知道的都是"在线项目无论是参与的质量还是教育质量都要保证和线下一样才行"。如果在线学习非常被动，参与性差，只是坐着听讲座，然后参加考试，那就不是我们所期待的。

访谈者：那么，您这么做主要是为了扩大规模吗？是为了建立大学的品牌，还是为了扩大大学的政治足迹？

校长：我们希望它会扩大规模。部分原因是，当做这些事情的时候，很多正在发生的事情都与您之前问到的高等教育混乱的问题有关。高等教育正以各种方式被分拆。大学小心翼翼打包起来这些东西，其实就是要么"买"一个学位，要么什么都不"买"。但这种情况正在消失。无论是你想要课程就购买课程，想要序列就购买序列，或者买个证书，我认为你做这些事情的时候，就是正在生产以不同方式重新打包的专门知识和材料。如果看计算机科学学院和琼斯学院，你最终会发现学位可以被分解成不同的东西。有些学生不是冲着学位来的，他们就不会交学费，除非他们决定成为一名学位生，才会承担这一部分并申请学位。我们有 7000 名学生，这不算另外的 1 万名进行继续教育学习的学员，这些是年龄较大的非全日制的学生，我们期待这其中能有更多进行全日制学习的学生。我希望在全世界我们有超过 2 万或者 3 万名学生。商学院已经注意到其中一些学生渴望获得认同感和归属感。所以我认为这一点对我们这种规模小的大学而言更有价值。这将成为一个竞争非常激烈的环境。

访谈者：除了博士生，贵校传统上重点关注毕业生群体。所以您的眼光放得更远。

校长：我们大部分本科生都是在 17 岁至 19 岁之间入学，只有少数例外。我认为，本科教育受到的扰乱比研究生教育要小得多，但很多人认为世界上一切事情都被扰乱了从而忘记了这一点。事实不是这样的，并不是世界上的一切都被打乱了。奢侈品被扰乱的程度远不如大宗商品。一般而言，服务业和体验类产品受干扰的程度低于分销商品。一些服务是大宗商品，比如"优步"出租车或电梯，但是人们仍愿意为度假胜地买单。我们今天在教育中所看到的，在市场中已经看到。在我们对一些市场的观察中，发现一种对质量的追求。国际学生现在在美国面临困难，但实际上申请我们项目的国际学生人数是大幅上升的。我认为下降的是那些教育价值与居住机会密切相关的项目。但如果你再继续关注质量，就会看到申请成功率的下降。在我们所处的市场中，今年有 27000 名申请者去争取 945 个本科生入学名额。所以我们没有看到需求压力，但我认为人们关注大学质量是否降低成为大宗商品只是一方面的原因。人们也关心与低成本的在线项目相比，5 万美元学费是否值得支付。人们关心的其实是他们从像莱斯这样的大学受到的教育中得到的价值。就投资回报而言，还是值得的，这关乎个人的参与体验。

访谈者：所以在线项目更多的是为了扩大贵校的影响，而不是将服务商品化？

校长：是的，商品化会失去我们的优势，甚至致使失败。我初到莱斯时开始做一些改变，有人批评说我想把莱斯大学变成哈佛。我回答"我没那么蠢"。如果我认为要通过成为哈佛来与哈佛竞争，那对我们来说就是件蠢事。我们如何与哈佛或许多其他机构竞争？是通过建立与众不同的特色来同他们竞争。如果你是莱斯大学的本科生，你将感受到与哈佛完全不同的学习体验，感受到全体教师的奉献精神。

因为你的课是由全职教授教的，不仅如此，如果你还想与全职教授面谈，全职教授会很高兴地见你，这就是我们想要提供的。因此，像所有企业一样，我们必须认识到自己的竞争优势是什么，这样才能在与其他学校的竞争中获得更多优势。

访谈者：在我们谈论清华大学和中国以及全球高等教育的更大图景之前，我想问您，贵校是如何在全球化中作出贡献的，而不仅仅是得克萨斯市场或美国高等教育市场？还有，贵校是如何以独特方式来展示对全球不同社区的贡献的？

校长：我认为全球化是很难的。这也是我们喜欢中国的一个原因，我指的是中国的口碑。我们甚至不需要在中国做宣传，我们学生的各项与学习有关的体验信息已经在网络上传播了，不管学生来自北京、厦门还是西安，我们发现这里的信息传播比在其他地方都更有效率。这一方面是因为我们有很多中国学生，另一方面是因为社交网络在中国更普及，有些是通过微信这样的社交媒体传播的。然而，我认为在某些方面，排名是很重要的。我一直认为，排名相当于企业的每股收益，这个指标当然不是所有事情的完美预测者，但它是由其他公司的专家人员完成的，以我律师的从业经验来说每股收益是衡量业绩时首先考虑的因素。现在人们除了看其他方面，还是会看那些排名。所以如果我们在 U.S. News 美国大学综合排名中排名第 15 位左右，这对我们来说是个巨大的帮助。我们学校规模小，要在国际排名中竞争有点困难，也不像加州理工学院，我们关注的方向不同，我们还是需要关注排名的。我认为排名真正传递的是学生的体验。一些排名是质性的，比如《普林斯顿评论》谈到了教育的质量和学生的互动，以及学生的快乐等，这在许多方面帮助了我们。然后我们进行市场调研、网络调研，到其他学校参观等，这比 10 年前好多了。我们在中国特别成功，在美国也是如此。如果回到大约 15 年前，那时我们有大约 7500 份申请，其中至少有一半来自得克萨斯州。现在我们收到27000 份申请，只有 7000 份来自得州，2 万人来自州外。在许多方面来说，排名是最有效的资源。这主要是关于本科生。在美国，如果你的孩子到了上大学的年龄，家长和孩子都会被问到准备申请哪里的大学？所有的申请人都会放大信息。所以我说，这和企业没有什么不同，主要是看谁在消费你的商品，他们自然会把排名提出来。商学院的宣传往往比整个大学都多，您有没有发现顶尖大学很少做宣传，而商学院和继续教育学院往往例外。

访谈者：那么您对清华大学在中国的作用有何印象？您对清华大学现在有何看法？

校长：清华大学一直是中国最优秀的大学之一。特别是在过去五年左右的时间里，我认为清华大学已经成为世界顶尖大学中的一员。我认为很大程度上是因为清华大学即使已经成为一所综合性大学，仍有很多重点在工程和相关领域。我认为清华大学还有一种创新创业精神，与政府和企业都保持着非常紧密的联系，比如清华科技园为创业学生提供的支持。显然清华大学正在设法找出如何在学生中释放这种精神，并在培养、培育和鼓励这种精神方面做出了许多改变。我认为这确实让清华大学在很多方面都走在了前沿，这使它成为莱斯大学的理想合作伙伴。但我认为，无论确切的排名是什么，每当人们思考世界上最好的大学有哪些，清华大学都位列其中。所以自我第一次访问中国——第一次与中国的大学交流大概是在 1983 年——到现在的发展确实令我惊叹。我看到其中有几个阶段。当我第一次来到中国时，坦率地说，当时的大学不是很好。然后我认为中国经历了一段特殊时期，大学承认它们没有达到预期目标，并且开始通过借鉴其他国家经验学习如何建设优秀的大学。更重要的是，为了推动这些大学改革，政府给予了中国高校令人难以置信的支持。所以我们有点嫉妒中国政府对大学投入的经费数额。我认为这是个聪明并且很有竞争力的决定，美国应该对此感到担忧，虽然不能说美国的做法是错误的。中国将大量经费投入高等教育和科研是件了不起的事情。在我看来，在美国，当前是需重振高等教育和科研的时候了。我认为现在中国已经进入新的发展阶段，尽管高等教育还有需要不断改进的地方，但中国高等教育所取得的成就已经达到了一定的水平。但是，中国高等教育存在的问题是在推动大学发展的过程中，有段时间的激励方式是鼓励学术发表，对吧？不管什么渠道、什么质量，就是发表、发表、发表。这实际上不是最终提高大学水平的方法。我并未确切了解，但是我感觉中国大学现在对发表更慎重了。怎样才能获得真正的高质量研究成果？我认为中国大学已经明白，杰出人才至关重要，归根结底创造力最重要，拥有设施和设备特别是科学和工程方面的设施和设备至关重要，所以我们在这些地方看到很多资源。我认为甚至在 10 年或 15 年前，其中一些投资就真正开始了。现在大学的质量确实不同了。回到我们来到这里的使命，我们非常高兴有机会和清华大学建立联合研究中心。我个人希望将来我们还会成立更多的联合中心。

访谈者：您能告诉我们中心的一些情况吗？

校长：这是一个不同寻常的联合中心，专注于中国公司在中国商界的领导力。每当我看到这样的事情肇始，我总是希望从非常关键的地方开始，追求卓越与增强影响力。当你明白了这一点，就会想出下一步要做什么，这有点像公司。它聚焦于我们如何建设人力资本，如何能够训练和促进人力资本的创新和创造力，以及如何领导和管理企业才能提升促进这种可持续创新的质量。

访谈者：由此回到对大学的大量经费投入的问题上来，这些经费投入给清华大学带来了很多机会，会在未来持续几十年的时间中促成很好的新合作伙伴关系。不仅仅是对清华大学来说，也包括所有的大学，我们都处在现实商业世界和更广泛的挑战之中，这其中的挑战是什么？我们如何应对这些挑战？

校长：我认为，即使我们两国政府之间有分歧，但是大学在建立合作方面确实具有独特的地位和能力，大学就像是第五或第六等级，或是在创造全球思维模式中发挥独立作用的机构，这种思维模式能使我们一起解决和思考共同的问题，即使州立大学都被认为能在其中独立发挥作用。我确实认为国家出于政治需要有时会对此设置障碍，比如信息传递的障碍，在某些领域合作的障碍，抑或设置人员流动的障碍。这些是我担心的事情。正如我今天早些时候所指出的那样，莱斯学生中大约有25%是国际学生，我们的教职工中大约有1/3是国际教师，这还不包括在美国获得本科第一学位的人。因此，我们正逐渐成为国际化的高校。在某种意义上说这是使我们成为我们想成为的卓越高校的生命线。我想您的问题还有第二部分。

访谈者：您认为大学在展示领导力贡献方面做得够了吗？

校长：不，我认为还不够。我希望世界各地的大学都能对领导力的重要性进行广泛宣传。我认为有一些国家相对更难发声。但是我也担心在各方面设置的障碍越来越多，仍然还存在很多棘手的问题，例如关于知识产权的问题，尤其是国内知识产权的问题。我们必须让人们尊重知识产权，确定如何建立这些合作关系。如果我理解了您的问题，问题还有第二部分，那就是假设这了不起的工作都在大学里做，怎样才能对世界产生影响。在这方面我的担心比以前少了。现代大学是从中世纪模式中发展而来的，一部分是基于修道院，而修道院是孤立的实体，这里的人们远离社会关怀。这是以前的大学模式，而现在能更多地参与到现实了，这总体来说是好事。但也可能是件坏事。如果你看看行业里正在发生的事情，对人而言可投入的时间变少了。所以有些做基础研究的行业，现在基本上不做基础研究了，让行业做时间跨度超过十年的事情有些不可能。所以你不希望大学里发生的事情是：他们说我们所做的一切都要有所应用这样的话。我喜欢说，我们希望大学一定要建立在信念之上。有些大学是建立在宗教信仰之上的。但我认为所有大学都建立在知识进步是人类进步的基础这种信念之上，我们要在这方面继续投入力量。从长远来看，我在中国看到一件对我来说感觉是非常明智的事情。据我观察，中国并没有限制对大学的经费投入，而是增加了对大学的投入，对可应用的东西和短期内有竞争优势的东西增加了投入，也在基础研究方面投入了大量经费。我认为大学继续这样做是非常重要的。也就是说，这种从理念或思想形成到更快地用于为人类造福的能力对社会有真正价值的。我们看到，在一系列领域中，产学合作加快了想法到现实的转变。在这个过程中，我们必须小心，大学要继续完成检验、批判和发现人类知识的基本理念。如果我们停止这样做，我们就不会有产出。我有时会举下面的例子：几年前，我遭遇了一场严重的滑雪事故，我马上被送到了一家诊所，在那里他们给我做了核磁共振和CT，发现我的问题很严重，我需要更多的帮助。而核磁共振或CT的发现，并不是因为人们提出"我们如何发明一些能看到人体内部的东西",而是因为人们从根本上对自然、物理、分子、磁共振之类的东西感到好奇。随着知识的进步,有人问,这个理论的实际应用是什么?我们必须认识到这个世界是双向运动的。而大学也几乎只有大学,才会出于好奇而去研究问题,出于好奇而追问我们能用这些知识做什么。

访谈者:现阶段您会给清华大学提什么问题?

校长:我想我可能提的问题是,你们如何鼓励学生跳出框架,培养创新、树立雄心壮志?我之前讲过一个故事,中国有位教育部前副部长到我家里时对我说,不要试图在传授实质知识方面赶上我们中国,你们在浪费时间,因为你们赶不上我们,但我们正设法弄清楚如何向学生注入创造能力和创新精神。虽然今天可以看到中国取得了很大进步,但我认为我仍然会继续向清华大学提这个问题。

1983年,我第一次到一些大学里演讲,直到1996年,我成为院长之后,才真正开始和大学的领导会面。即便在20世纪90年代末,从现在来看,从现在与以前的不同来看,中国的大学领导层各方面的素质都是值得称道的。今天我在中国大学领导身上看到的国际化经验、创造力的雄心以及中国大学之间的竞争,我认为这是非常健康的,是中国定位得非常好的因素。我的理解是——也许不正确——即使大学在中央政府管辖之下,中国已找到一种鼓励大学内部竞争和创新的方法,又找到了一种能管理所有大学并在大学间分配责任的战略机制。我想说这对美国来说不一定是最好的制度,人们说美国大学制度最大的优点是没有制度。但是我想,中国大学领导者有真正的能力将他们丰富的国际经验带进中国的大学制度。

访谈者:回到开头,您希望自己在成为大学校长之前就了解的是什么?

校长: 大学很复杂。在我成为法学院院长之前,我曾希望我学到更多的东西。我认为人类的复杂性几乎可以成为联合中心的研究课题。如果你认为所有人都完全理性,受激励的驱动,你会犯很多错误。有必要设法了解每个人的动机,他们的恐惧和焦虑是什么,什么让他们感到成功,你如何帮他们增强能力?我认为这是我们工作中所做的重要工作。我想说,在法学院,战略大多是为了获得更好的师生,而从法学院到大学,特别是规模小的大学,你必须做出具有战略追求的抉择,而这些选择是由很多内外部的影响决定的。所以战略有点像和人打交道,必须尊重并处理现实。15 年前我试图在大学里推进一些事情,但当时做不到,因为没有领导说"这是我们想做的"。大约 12 年后,同样的事情又发生了,这次就有了准备承担这一责任的领导。所以你可能有好的主意,但是如果没有合适的人,特别是在你不能随便解雇你认为效率低下的人员的大学里,你必须找到让人才最大限度发挥才能的办法。特别是在法学院或是商学院都是差不多的情形,你要做研究的投入很有限,简直像玩笑,对吧?以一个普通教师为例,比如说人文学科的教授一年 1 万美元,这是一大笔。而如果你要招聘一流的纳米科学教授,在美国,一揽子启动资金起价是 200 万美元。因此,在这方面做出谨慎选择,如何在现有人才资源和新增人才资源之间做出战略规划,是最重要的事情之一。我有时会说,有两种人会来找我,做 90% 的事情要 10% 的支持的人和做 10% 的事情要 90% 的支持的人。通常做 10% 的事情要 90% 的支持的人会说"如果你去找到我需要的 90%,我会做 10% 的事"。我有整整一大学这样的人。我不能给他们资源,但是还有做 90% 的事情要 10% 的支持的人，他们会说，"如果你能帮我找到10%的支持，剩下的90%我来做"。这就是你想要投入的地方。这是我对你问题的一个长回答。

访谈者：我理解您是在说，需要正视和理解人的多元复杂，才能知道如何切入并且代表大学进行战略投资。

校长：还有，特别是在设有终身制和其他制度的大学，如何撬动现有的一切并把它转化为新的战略优势？我认为这是最重要的事情之一，无论是在学院还是在大学层面。当我找到做90%工作要10%支持的人时，每次我都想支持他们，因为这是稀缺的，这是人才。这就又回到联合中心的话题。什么是才能？大学里什么稀缺？归根结底，稀缺的是那些愿意投入时间和精力在学校事业上的人才，他们不仅仅为了自己，而是为了学院和大学的发展。

第四章

澳大利亚昆士兰大学校长
彼得·霍伊教授访谈

【关键词】

★ 大学校长

★ 全球领导力

★ 清华大学

★ 昆士兰大学

★ 澳大利亚

【访谈背景】

昆士兰大学原校长彼得·霍伊（Peter Høj）于 2019 年 7 月访问清华大学，就进一步深化两校合作与清华大学党委书记陈旭进行会谈。2019 年 7 月 2 日，清华大学教育研究院副教授文雯对彼得·霍伊校长进行了访谈。

彼得·霍伊，男，澳大利亚人，1957 年生，生物化学家、遗传科学家、植物学家，博士毕业于哥本哈根大学，2012—2020 年担任昆士兰大学校长。此前，霍伊教授曾先后担任阿德莱德大学葡萄栽培学基础教授、澳大利亚葡萄酒研究所常务董事、澳大利亚研究理事会（Australian Research Council）首席执行官、南澳大利亚大学副校长。他还于 2017 年担任澳洲八校联盟（Group of Eight）主席。彼得校长于 2015 年获得澳大利亚医学研究未来基金咨询委员会颁发的"年度杰出个人奖"。

昆士兰大学（The University of Queensland）创建于 1909 年，是澳大利亚昆士兰州第一所综合型大学，也是澳大利亚最大、最有声望的研究型大学之一，是澳大利亚八校联盟成员、环太平洋大学联盟成员、新工科教育国际联盟成员。该校现有学生 5 万余名，其中国际学生约占三分之一；教职员工 6000 余名。昆士兰大学在 2021 年 QS 世界大学排名和 2021 年 U.S. News 世界大学排名中分别位列第 46 名和第 36 名，且在生物、工程、商业等领域均为世界一流水平。该校与清华大学具有长期的合作历史，早在 1989 年已签署第一份校级合作协议。

【访谈要点】

访谈涉及校长及其个人背景、领导团队、校长所在大学、清华大学、中国高等教育和全球高等教育等层面。要点包括：

·生命科学学科是昆士兰大学的重点所在，但建设成为一所世界顶尖的综合性大学，还需确保所有学科排名都不低于世界平均水平。

·大学之所以要实现综合发展是因为如果一所大学真正想要给社会带来变革，那么就必须非常综合，学科种类必须齐全。

·建立世界顶尖的大学还需要寻求学科之间的合作关系，在外部建立起与其他大学的合作关系，以及大学与政府和行业之间的合作关系。

·学生只有在创造知识、提出难题的环境中接受教育才能获得成功。

在一所好的大学里，大学应该能使得学生掌握新技术，例如机器学习、人工智能、合成生物学、大数据，而不是因为技术而影响雄心。

·想在 21 世纪生存下去，学生必须更有创造力，仅仅重复别人传授的知识是不够的，因为它很快就会过时。

【访谈记录】

访谈者：非常高兴能够采访您这样一位世界顶尖大学的校长。我有三个问题，分别是关于您的大学、关于您自己以及关于清华大学或者更宽泛地讲关于中国高等教育。首先是关于您的大学的问题，据我所知，昆士兰大学是澳大利亚一流大学之一，也是综合性最强的大学之一，我们也知道，现在几乎所有大学都渴望成为世界级大学，不断提升自身的大学排名。所以我的问题是：您作为昆士兰大学的校长，要想让这所大学成为一流大学，成为顶尖大学，要在许多领域里的多个方面努力，所以您在工作中一定有顺序上的安排。那么您为昆士兰大学设定的优先事宜是什么？您如何决定是这个领域优先发展而不是其他的？

校长：昆士兰大学目前是澳大利亚排名前三的大学。对于大多数大学来说都希望可以全面卓越，但是大学也必须做出选择，大学真正希望在哪个领域达到世界顶尖水平。对于昆士兰大学来说，我们的生命科学学科在澳大利亚是最好的，也是我们目前十分注重的学科领域。

正如您刚才所说的，昆士兰大学也希望成为一所综合性大学。我认为对于综合性大学来说首要工作就是确保所有学科都不低于世界平均水平，同时绝大多数学科在世界水平之上。想要成为一所综合性大学，就要确保一切都是"世界级"的。在澳大利亚，政府每年都会对大学进行评估，评估结果分为五个等级：远高于世界平均水平、高于世界平均水平、世界平均水平、低于世界平均水平、远低于世界平均水平。昆士兰大学有97个学科参与排名，综合评估结果处于世界平均及以上水平，但是分开来看，大多数学科都远高于世界平均水平，只有 5 个学科处于世界平均水平，92 个学科是高于或远高于世界平均水平。我们的目标是，没有一个学科评级为世界平均水平，所有学科都必须高于或远高于世界平均水平。目前我们的学科中有 7% 处于世界平均水平，我们要将这 7% 提高到同其他 93% 学科一样远高于世界平均水平。所以要想打造一所真正的综合性大学，所有学科都必须达到非常高的水平，并且这种判断必须基于独立的排名系统得出，这是我对任何想办综合性大学的人的建议。

您也许接着要问为什么大学想实现综合发展，这是因为，今天的学生将要面对的世界非常复杂，在做不同的决策时必须同时依靠经济学、法律、技术和社会系统等多个方面的知识。当今世界的重大问题都是多因素复合性的，仅仅靠技术或者金钱都无法独立解决。如果一所大学真正想要实现社会变革，那么必须具有很强的综合性，所以需要将所有的学科纳入进来。举例来说，当社会规范不允许使用技术时，寻求解决问题的技术手段是没有意义的。在这样的情况下，我们必须首先明白，这些社会规范为何不接受技术解决方案，这实际上就是我们正在努力从事的工作之一。

我们所熟知的另一件事情是，世界上几乎没有一所大学能够离开国际合作。因为只有当优秀的人在一起合作时，事情才能更快完成。当今时代如果你不能迅速完成一项任务，你就会被打败。所以，要成为顶级大学，除了必须非常优秀之外，同时必须行动迅速。有时这就意味着你必须从外界选择在某一能力或某一方面比自身大学更优秀的伙伴参与合作。

要成为一所综合性大学，首先确保没有任何低于世界平均水平的学科，同时认识到对于一所世界级大学而言国际合作至关重要。

我认为正在改变的另一件事情，当然也是我们现在的运作方式，即我们具有强有力的战略规划。如果要用一个词来概括我们的战略规划的话，那么这个词就是"伙伴关系"，在大学内部学科之间的伙伴关系，在外部与其他大学之间建立的伙伴关系，当然同时也包括大学与政府之间、与行业之间的伙伴关系。

因为根据我的预测，在高等教育领域也会发生改变，比如以往由学者个人进行学术研究并期待产生实际效用的这个观点。现在这一情境正在发生改变，我们必须与大学以外的人合作共同解决面临的问题。一旦我们知道要解决的问题是什么，从大学的层面考虑，我们会说："我们不能解决这个问题，因为我们不具备某些基础知识，所以我们必须做基础研究。"例如在物理学的某些领域，在教育、法律的某个领域。这些学术研究仍然是基础研究，但它受到最终问题解决的启发和激励。最终目标成为学术研究首先要思考的事项。世界上所有待解决的问题中，我们想解决哪一个？是粮食安全问题还是气候变化问题？它们如何相互影响？确定要研究的问题之后，然后再去做基础研究。这就是我们面向未来学术研究的方式。

我们非常清楚的另一件事是，全世界在衡量大学质量时过于看重科研成果。我们还需要更好的标准来衡量毕业生的成功。我仍然相信大学最重要的成果是毕业生，大学教育是帮助他们在毕业后走向社会，为社会作出更大贡献的教育。只有保证学生接受的是创造性的知识、能够提出困难性问题的教育才是顶级的教育。只有在这样的环境中，学生才会看到人们是如何提出并解决宏大问题的。我们也相信学生应该越来越多地参与到这些活动当中来，成为解决问题的合作伙伴。

因此我认为许多大学必须思考的一个问题——这也是我们一直在思考的一个问题——就是在21世纪我们应该如何进行教学？在过去，毕业生毕业后进入的是非常稳定的社会和工作体系，所以许多人会顺理成章地认为自己毕业了会成为一名工程师，会有一个好的职业生涯。但是我们必须告诉学生的是，在21世纪永远不会有真正毕业的那一天。世界变化如此之快，你不得不一直学习新技能才能跟上时代步伐。如果我要用一句话说明这个问题，我们希望学生明白，他们不能停止学习，必须具备企业家精神，以便更好地掌控自己的命运。换句话说，一所非常好的大学应该有这样的雄心，它的学生应该成为技术的颠覆者，而不是被新技术所颠覆。

现在学生可以利用许多新的机会、新的技术——机器学习、人工智能、合成生物学、大数据等，所有这些新知识和新技术都给了他们前所未有的机会，他们会去思考创立优秀的公司及良好工作前景的新方法。不仅是我自己这样说，学生也是这样想的。我们对昆士兰大学的7000名学生进行了一项调查，结果显示：一半以上的学生未来的志向是创办自己的企业。我问其中一个学生："你为什么想创办自己的企业？"他回答说："世界充满了不确定性，如果我将来会失业，我选择自己解雇自己，而不想任由别人解雇我。"

因此我认为，必须非常仔细地审视之前的教学方式。因为在以往的经验中，学生非常被动，他们坐下来听教授讲课，做笔记，记住教授说的每一句话。而现在，我们正进入这样一种局面：学生有机会通过大学制作的在线课程做大量的预习，然后在学校以团组的形式进行合作学习并解决问题。要想在21世纪生存下去，在校生和毕业生必须更有创造力。仅仅重复别人传授的知识是不够的，因为它很快就会过时。

我认为，大学所面临的最大挑战之一，是检验教学方式能否让学生具有创造力。我们的大学正在转型，因为我们认为学生应该富有创造力，以多学科的方式从事工作，而过去的教学方式并不能够做到这一点。我希望我上面所说的能让您对我看待未来的方式有所了解。

访谈者：您刚才提到了科研、大学综合性学科建设以及综合性大学应该在科研和学科两方面都要非常优秀。您还提到了作为大学校长要考虑学生和学生的成功，也许国际化也是您要考虑的主要问题之一。我想还有其他一些方面，比如吸引最好的老师、最好的教授，还有改革治理体系等。作为世界一流大学的校长您有很多事情要考虑，那么您是如何决定这些事情的先后顺序的？因为不同的大学校长，会有不同的优先事宜。那么，有没有特别的机制来帮助您做决定？例如，您是一名科学家，还曾担任澳大利亚研究委员会首席执行官，这些背景或经历有没有起到什么作用？

校长：你必须首先确立愿景，然后通过制定一些强有力的组合策略及如何执行这些策略的方法对愿景进行分解。许多大学都有自身愿景和使命的表述，但是如果不去强调、落实，那么愿景和使命自然就会失效。因此我们决定在新战略规划中设立一个短期愿景，那就是"知识引领更美好世界的创造"。它是什么意思呢？这里至少有两个部分的含义：一是在前沿领域创造所需的新知识，即开展卓越的科研工作；二是开发一个能够运用上述新知识并在社会中发挥作用的人才库，也就是毕业生群体。在我看来，任何大学都不应该认为他们只能做一件事，除非是受资助以实现特别目的的大学。但如果大学有学生培养这项工作，那将被看作这所大学对社会的最大贡献——通过大学发展历程中教育过的成千上万的毕业生体现出来。

不同的大学处在不同的社会体系中，有不同的资金来源。在我们的社会中，我们非常清楚未来照料老龄人口所需的财政负担过重以至于政府很难获得顶尖大学运转所需的全部资金。因此，我们期待看到的局面是当我们的毕业生取得巨大成功时，他们会对大学说："大学很好地栽培了我，我也取得了很高的成就，现在我想帮助大学继续保持成功。"他们通过慈善事业资助大学，从而形成一个循环——你培养学生，使他们充分发挥自己的潜力，他们取得成功之日，会以直接与间接的方式帮助大学。这就是我想说明的生命周期。

当然，许多大学规模不够大，学科不够全面。它们不得不根据自己所处的宏观经济、环境和政治状况决定做什么。举例来说，我出生于斯堪的纳维亚半岛，那里非常寒冷，阳光不如昆士兰那样灿烂。昆士兰是世界上阳光最充沛的地区之一，患皮肤癌的人很多，因此我们致力于皮肤癌的研究，也许在挪威和瑞典的大学会从事冻伤研究，并在这一领域领先。因此，即使你在这两个领域都能做出出色的研究，你的选择也应该与你的国家和社区紧密相关。这一点大学校长应该永远牢记。

我们永远不能停止思考的是我们是否出色地完成了工作。我们得设定有意义的长远目标，然后不断衡量为实现这些目标我们做得怎样。如果在有的方面做得不够好，那么我们需要思考是否可以通过与他人交谈来改变现状，或者当这样做没有效果的时候是否应该找新的人才来做。同样，如果有人做得很好，很重要的一点是要对他们表示祝贺，因为其他人会注意并且了解"这些人做了哪些大学如此赞赏的事情"。此外，无论是作为校长还是作为部门领导，最重要的不是你说了什么，而是大家看到你都做了什么。根据我的经验，人们并不会十分认真地听你说的话，但他们一定会观察你的实际行动。你做的永远是自己相信的事情，也是人们会注意的事情，所以要确保你在做正确的事情。当然，要言行一致。如果你对别人说我们应该向北走，然后你却向南走，这样的话人们就会感到困惑。如果人们对大学发展的方向感到困惑，大学就不会有良好表现。

访谈者：我确实认为这也是清华大学的校训——行胜于言。您刚刚提到了大学的基本目标，这十分重要。您是如何定义基本目标的呢？

校长：在昆士兰大学，我们每隔三年会对战略规划做一次全面检查并加以更新。我们从所谓的"环境扫描"开始。通过环境扫描，实际上尽可能多地了解我们周围的世界。自上次制定规划以来，发生了哪些变化，然后我们会提出一些建议，我们该如何改变。接下来我们会走出去，同所有员工和其他利益相关人深入交谈。我们的所有员工都有机会说"我们认为我们应该这样做，我们应该那样做"。这并不是说他们能够决定我们该做什么，最终决策是我们做的，但是我们集思广益，这样做能改进我们的规划过程，因为好的大学里有很多聪明且能够预测和塑造未来的有能力的人才。你必须明白，有些事情你没有看到但是他们看到了，那么，应该非常尊重他们给你的新启发，并且加以思考。

有时你的想法很多，但力有未逮，你就得排出优先顺序，哪些优先，哪些排后，这往往是很艰难的抉择。在这些情况下，你得考察社会的需求，考察其他机构的职能或能力范围。例如，如果每个人都认为我们应该应对气候变化，但是没有人选择从事人口老龄化和痴呆症研究，这就是不对的。因此，如果另外两个非常好的机构希望致力于极为重要的气候变化研究，但没有人从事我们称之为健康生活和老龄化的研究，那么我们就应该去做，因为这些研究都是社会所需要的。所以，你不能说这是我的大学想要从事的研究，而不顾社会上的其他需求，也不顾其他人都在做些什么。可以想象一下，如果想造一辆车，但是每个人都说想造轮子，却没有人想造引擎，这样就不会有好的结果。所以事情的先后排序是个很复杂的决策问题，但这些是在选择中必须经历的思考过程。

访谈者：您有一群经常与他们交谈的人吗？

校长：是的，我们称之为大学高级管理小组。

访谈者：那么他们来自不同的院系？

校长：在昆士兰大学，我是校长，还有5个副校长（包括常务副校长）直接向我汇报工作。我们每个星期开校长副校长联席会议以及一对一的会议。昆士兰大学有6个大的院系，每个院系都由一位行政主任领导；有4个大的研究机构，每个研究机构由一位院长领导。这10位主任和院长向常务副校长汇报工作。另外，每位副校长下面都有一两位高级职员向他们汇报工作。所以，我们有一个25人的大学高层管理团队，每个月至少开半天会，讨论重大问题。然后我们再去和全校教职员工单独交流。

所以昆士兰大学采用的是一个分层的治理体系。我们发现，如果你不分享信息的话，那么就做不好事情。我们学到的另一件事是，仅仅直白地告诉下属你想做什么是不够的，因为有时他们可能会误解你，并传达给下面的人和你的想法不同的信息。所以，我们实际上会定期直接向下面两层或三层员工传达信息，每年召开一次全体员工大会，和所有员工沟通、交流。内部沟通对于组织朝着目标共同前进非常重要，在这一点上我们可以做得更好。

访谈者：所以您作为校长必须做很多沟通工作。

校长：其实沟通是我们还需要进一步加强的工作之一。我认为我们可以更好地利用技术在整个组织中传递信息，同时在不感到威胁的情况下，接收来自下面的信息。虽然有人说"我认为您做错了"听起来会让人很不舒服，但是飞机将要坠毁时有人提醒总比没人说话要好，最好有人说"啊，我想我们的燃料快用完了，应该现在着陆加油，别在到达目的地之前耗尽燃料"。这就是我们试图建立的文化。每个人都知道校长需要做出最终决策，但重要的是，校长在做出最终决策之前，应当尽可能听取多方意见，从而使决策越来越好，也会有更多的人满怀热情地工作以取得成功，这就需要大量的沟通。有时大学事务非常繁忙，要在哪些事情必须做、哪些事情能产生更为良好的效果之间做出权衡。许多决策必须迅速做出。

访谈者：根据我的了解，大多数校长的学术背景更像是自然科学家，所以您作为一名科学家，同社会科学家相比，也许您具有某种处理这类事情的才能。

校长：我认为学科背景并不能决定一个人是否会是一位优秀的校长。重要的是，你是否已经证明自己是一位世界级的学者，并且能够在复杂的、既有内部又有外部利益相关人的环境中，领导大量的人进行工作。

昆士兰大学曾有一位非常优秀的校长，他是英国文学教授，在成为我们大学校长之前，已经证明自己能成功地领导一所历史比昆士兰大学短、规模比昆士兰大学小的大学。墨尔本大学也有一位非常优秀的社会科学家当校长，他像我一样，在担任墨尔本大学校长之前，已经证明自己能够成功地领导一所历史比墨尔本大学短、规模比墨尔本大学小的大学。我认为，说到底，要想成为一名好校长，必须具备批判性和系统性思考的能力。自然科学家有一个非常大的优势，就是他们经常是与非常庞大的团队一起从事研究的。所以，他们可能要管理一百个人组成的团队，并为该团队从外界获取资助。科学家和工程师们的优势在于，他们在成长过程中总是需要管理团队成员和高额预算。所以我认为，这可能是自然科学背景出身的校长更多的一个原因。当然，不同国家之间也有差异。同历史悠久的欧洲大学相比，中国的许多大学更偏重于自然科学，因而更多的人接受自然科学教育，自然科学或工程背景出身的校长更多。但是正如我上面所说的那样，我见过一些来自非自然科学领域学术背景、非常出色的大学校长。

访谈者：您刚才还提到了科研，大学必须在科研方面做到最好，而且还要教好学生。很多时候我们感到同时在科研和教学都做到最好是非常困难的，二者之间也存在冲突。您是如何要求教授做到这一点的？

校长：我给你讲一下。我到昆士兰大学的第一个月，召集了100多名资深员工，并告诉他们，你们的确能够对自己取得的科研成果感到非常自豪，但是我们为学生做得还不够。所以，在过去的7年里，我一直试图改变这种局面，实际上，这种局面的确很难改变，你只能用奖励别人的办法去做出改变。我深信一句老话——"你只要告诉我如何奖励别人，我就能告诉你别人会如何表现"。这又回到了我以前说过的话。如果校长说"我们的教学应该做得好得多，让学生满意得多"，当大家做到了但不奖励的话，那就是没有用的。我们努力在这一点上改进，现在我们学校的员工调查结果显示，大家认为教学在昆士兰大学得到了更多的重视。

访谈者：您说的奖励是……？

校长：晋升。员工升职后会得到经济回报。职称改变（如从副教授晋升为正教授）也会帮助员工们得到同行的承认。所以我们决定在晋升标准上，将教学质量和创新的重要性与科研成就的重要性等同看待。现在要得到晋升，大多数情况下需要在两方面都很出色才行。我很自豪地说，在澳大利亚八所科研密集型大学（即澳洲八校联盟）当中，到目前为止，昆士兰大学无疑是学生满意度最高的大学。从这个意义上说，昆士兰大学是澳大利亚综合性程度最高的大学，因为我们在几乎所有的学科里，教学和科研都很优秀。

我们刚刚完成了一项员工调查。这是一项每三年进行一次的保密调查，员工需要回答约 150 个问题。今年有 6500 名教职工回答了问题。其中一个问题是，教学和学习是否在昆士兰大学受到奖励。与三年前相比，回答"是"的员工数目有显著增长，绝大多数都做了肯定回答。所以当你做某事的时候，必须衡量它的效果。在这个问题上，我们做的事情是有效果的。对我们来说，在 10 年、20 年、30 年之后，学生不断提高的满意度将成为大学的救星。因为那时候，我们的一些毕业生将成为成功的社会领袖，他们将制定决策，他们知道我们的大学给了他们好的教育并且与他们的成功密不可分。

访谈者：平衡科研和教学是件很困难的事，但是您做到了。

校长：重新回到我刚才所讲的，通过奖励人们的方式能够预测人们的表现。我认为，大学面临的危险就是不再重视通过教学培养最优秀的毕业生，所有的大学排名体系都非常注重科研是其中一个重要原因，而造成这一现象的主要原因在于科研成果比学生的成就要容易测量得多。学生的成就要等到 10 年、20 年后才能看到。

有一句古语，我不知道是谁说的，但我很喜欢：不要重视容易测量的东西，而是应该学会如何测量重要的东西。我认为，作为科研密集型大学，我们都绝对相信科研是极其重要的，正是科研创造了我们现在的社会——预期寿命越来越长、医疗保健状况大幅改善、绝对贫困人口大大减少、受教育人口逐渐增多。所有这些成果都是基于真正重要的科研以及科研引发的创新。但是，没有受过良好教育的人来应用这些科研和创新成果，社会便不可能取得如此多的进展。这就是为什么顶级科研与顶级教学都必须得到奖励。我的意思是：我们必须记住，注重最大限度地发挥有才华的学生的潜力，为他们提供人生中最好的机会，这一点同从事重大科研工作一样重要。在过去的 20 年里，我们面临忘掉这一点的危险。

访谈者：这对清华大学来说也是一种挑战，您知道，我们也在努力改进教学。

校长：不能只提一次改进教学的要求就作罢，必须一直重视这个方面。

访谈者：是的，必须这样做，给予教师一些实实在在的奖励。我昨天读到一则新闻，是关于拉姆齐课程的。拉姆齐课程是什么样的？是西方文明特色的课程吗？

校长：拉姆齐课程是一门试图理解西方文明的优势和劣势的课程，试图理解我们是如何走到今天的。西方文明的优势是什么？例如，启蒙运动时期，人们开始相信医学而不是用水蛭吸血来治疗疾病。在西方文明中，科研和创新带来许多非常优秀的成果，使全球受益。但是，借西方文明的名义也发生了令人震惊的事情，人们也必须知道这一点。因为如果你不明白是哪里出问题了，那么下次还会犯同样的错误。所以，这门课程并不是不加批评地歌颂西方文明，而是形成对过去几百年中我们取得如此多进步的深入理解，并且学习如何在将来做得更好。这在澳大利亚颇有争议，但我相信不应该有这么多的争议，问题在于如何教学，所以这并不是一味歌颂，而是客观分析。你不用告诉学生该思考什么，而是告诉学生你是如何独立思考从而得出你认为是客观的结论。

访谈者：所以这是一门普选课，还是……？

校长：不是必修的，你需要自己选修这门课。这是我们所说的主修课程，是高阶人文学士学位课程，或法学学士/高阶人文学士学位课程的一部分。

访谈者：这可能是最后一个问题。这个问题是关于清华大学，或者更宽泛地说，是关于中国的高等教育的。您认为清华大学面临的前景和挑战是什么？

校长：首先让我说一下我第一次与中国大学的全面接触，2006年在中国国家自然科学基金委员会成立20周年的庆祝活动中，我作为澳方代表受邀前来演讲，能够明显感受到中国正在加大学术研究和大学建设的力度。从那以后，我看到中国大学实力爆发式增长，其能力惊人，令人赞叹。因此，整体而言，中国在科研和创新体系方面已经成为世界上一个绝对的强国。可以统计目前有多少人在与中国合作，是因为他们知道，中国在合作方面的实力非常强大。其原因我之前已经谈到，有才能的人找有才能的人。

当然，在中国高等教育实力爆发式增强的过程中，清华大学位于前沿，很少有其他大学能与之相比。世界上一万多所大学中，清华大学绝对位于前 50 名之中，而且仍然以很快的速度向上攀升。当然，中国有极为优秀的中国科学院和其他非常优秀的"九校联盟"（C9）大学。但清华大学是一所实力令人震惊的大学，而且会越来越强大。每个人都想来清华大学参观访问，因为他们都想与清华大学结成更紧密的合作伙伴关系，因为他们知道清华大学现在的质量和体量，知道清华大学还会不断发展，因为你们的人员具有强大的实力，这是一定的，而且是显而易见的。我认为，像清华大学这样的中国大学，将会是中国和中国人民实现其宏伟目标的一个部分。我希望，你们会同全球的顶尖机构合作，实现这一目标。这样我们也能推进"知识引领更美好实际的创造"这一愿景和目标。现在重要的是审视你们已经取得的成就并作出补充性的决策，从不可思议的优秀向超乎寻常的强大迈进。

我认为，我们都必须思考不同学科之间更密切的交叉联系。我举个例子：我们开展的一项关键工作，起步是在昆士兰大学，但现在清华大学、德里的印度理工学院以及普林斯顿大学也在参与，我们称之为"快速转换"项目。人们认为我们应该加快能源转换，从碳基燃料转换到可再生能源，或至少是无污染能源，我们的转换速度应该比目前快许多。但这一问题的解决不仅仅是科技在起作用。例如，我知道中国正在建设许多核电站，但在全球范围内建设更多的核电站遇到的瓶颈之一是没有足够的核工程师和核制造商。例如你想完全弃用煤炭，但是在许多国家铁路靠煤炭运输生存，如果你突然把煤炭能源替换掉，那么铁路就无法独立生存，人们就会失去火车这个交通工具。所以人们会说，我们不想弃用煤炭。这不是因为他们不相信气候变化，而是因为他们会失去自己的交通工具。所以，做出这些巨大的改变需要对多方面的问题具有深入的认识。有些事情人们为什么不想做？也许他们5年前投资了一家非常昂贵的新燃煤电厂，弃旧换新时，你必须考虑闲置资产这笔账。因此，我想用这个例子说明，构想研究理念必须从更广泛的社会角度和社会需求出发，并在考虑到所有这些因素的情况下加以实现，这是因为社会是复杂的，有许多不断变动、相互影响的成分。在许多西方国家，有些人现在不想让他们的孩子接种疫苗，因为他们忘记了疫苗出现之前传染病到底有多可怕。他们的孩子没有接种疫苗，你会说这是愚蠢的行为。但这是我们必须要处理的事情，因为当人们不想给他们的孩子接种疫苗时，他们就可能传播本应避免的疾病。

我不太了解清华大学在学科交叉建设方面是如何进行的，上述内容仅从一般意义的大学的角度出发。我认为大学应该从系统性的社会性的角度出发去思考有效的途径。这些变化将会极大地影响我们怎样设计和进行科研，以及更为重要的如何教育我们的学生。

第五章

英国曼彻斯特大学校长
南希·罗斯韦尔教授访谈

【关键词】

★ 大学校长

★ 全球领导力

★ 清华大学

★ 曼彻斯特大学

★ 英国

【访谈背景】

曼彻斯特大学校长南希·罗斯韦尔（Nancy Rothwell）于 2019 年 9 月访问了清华大学，就进一步推进两校未来合作与校长邱勇进行了交流。2019 年 9 月 18 日，清华大学教育研究院教授寇海明对南希校长进行了访谈。

南希·罗斯韦尔，女，英国人，1955 年生，神经科学家，博士毕业于伦敦国王学院。1994 年，她被任命为曼彻斯特大学生理学系主任，并于 1998—2010 年担任医学研究理事会研究主席。她曾被任命为英国皇家学会会员，并因在医学研究上的贡献，被册封为大英帝国二等女爵士。此外，她曾担任英国神经科学协会会长、生物学学会（现为皇家生物学学会）的创始会长、英国首相科技委员会的联合主席。她于 2003 年获得了著名的辉瑞研究奖（Pfizer Research Prize）。罗斯韦尔于 2010 年起担任曼彻斯特大学的校长，她也是该校历史上首位女校长。

曼彻斯特大学（The University of Manchester）是一所位于英国第二繁华城市曼彻斯特的世界著名综合研究型大学，同时也是英国罗素大学集团的创始成员之一，英国六所"红砖大学"之首，北英格兰八校联盟（N8 Group）之一。曼彻斯特大学以出色的教学和科研质量，在每年的各大全球大学排名中均位居前列。在 2021 年 QS 世界大学排名中位居第 27 位。作为一所世界顶尖的科研与教学机构，该校共有 25 位诺贝尔奖得主。曼彻斯特大学已与清华大学建立了校级合作关系，并在多个领域开展了战略合作。

【访谈要点】

访谈涉及校长及其个人背景、领导团队、校长所在大学、清华大学、中国高等教育和全球高等教育等层面。要点包括：

·我用大约 40% 的时间用来处理大学的管理问题，如国际战略的制定和实施、预算的执行、政府的决策等，剩下的时间主要用于内部沟通，和当地政府、公司及合作伙伴联系，和政府官员会晤及差旅等，我也会经常与学术会的负责人进行商谈。

·我是一名神经学方面的学者，因此在选择团队成员时也会更加看重有自然科学背景的领导者。

·在过去，大学校长是坐在一个大房间里、没有人见过的远距离式人物，而现在他们需要更广泛地参与到校内事务和社区事务当中。

·我的团队成员各自都扮演着重要角色，但当他们需要对某些事情表达自己的观点或意见时，每个人都有平等的话语权，即使他们发表的观点并非他们的专长。

·英国高等教育体系在员工养老金方面正面临着巨大挑战，甚至因此出现了全国性的罢工。而大学内部面临的挑战是机构改革，这不仅仅是一个管理方面的事情，还需要考虑如何降低成本，如何通过改革从中获取真正的学术收益。

【访谈记录】

访谈者：首先，让我们具体谈一下，您作为一名大学校长在哪些方面投入了大量时间？您如何规划一周的时间？

校长：我投入的时间变化较大，没有哪天是完全一样的。我大部分时间都用在了学校内部事务上，但也花了很多时间与国家委员会成员、政府官员及捐赠者会谈，也会花很多时间接见来自世界各地的大学的访客。我昨天在香港，今天在北京，下周前往新加坡，11月去美国，很多事情交织在一起。如果可以的话，我也会花很多时间与教职员工和学生开会，并且开放一些会议让大家能够参与进来并提出任何问题。我们最近还开始实施一项新的非正式会谈活动，每次有20个人可以注册，然后在会谈时可以提出他们的想法和建议。所以对我来说时间投入是非常复杂的。

访谈者：那么这些反馈在正式会谈之外带来了什么额外价值呢？是否变成了一种正式的反馈？都有些什么样的议题？

校长：什么问题都有，从一些非常基本的问题如"为什么我们大楼的窗户没有修好"到全国性的重大的问题如"大学的资金情况如何"以及"我们要往哪个方向发展"等。所以我说没有固定的时间表，这些问题不在时间表上。大家问什么都可以，有时候人们很直率，他们会告诉我他们不喜欢大学的什么。他们的问题几乎都在预期之内，但这没关系，重要的是由我直接来回答他们的问题。

访谈者：这些会议是否已经促进了机构改进？

校长：是的。我们每两年做一次员工调查，员工参与度相当高，我想这已经成为一件令人期待的事项。院长们也会召开公开会议。我很高兴初级教师、高级教师、技术人员都参与进来。我也会给建筑师傅、服务员、园丁这些提出不同问题的人开会。我会每周给全体员工写一封信。这周，我写信的内容是差旅计划。我有时也会写关于资金、工资或学生招收的相关问题与内容。

访谈者：具体来说，您投入时间的主要方式是什么？您如何划分每周的时间？

校长：我想说的是：大约40%的时间用来处理高层管理问题，如招生进展、国际战略、本月预算状况、政府政策等，这些事务就需要花费我40%—50%的时间。剩下的时间大约三分之一用于内部沟通和行政事务；三分之一用于和地方政府、当地公司、合作伙伴打交道；三分之一花在宏观规划方面。和政府官员开会或者外出差旅都是常事。当然，时间分配极不均匀。在学期中，我要花更多的时间与学生会谈，等等。我经常要会见学生会的负责人。例如，每周有半天是高层管理会议，我们都在一起开会。

访谈者：您认为，您的工作重心是在校内、学校所在地、国内，还是国际或者全球？

校长：全都有。重点绝大多数是放在校内，但有时很难清晰区分属于哪种范畴。当我们有一位来访的校长或来宾，看上去有时是学校事务有时又是国际事务。例如中国的科技部部长来访，我花了一整天的时间陪同访问，这既是国际事务又是校内事务。所以我认为没有明确的界限去区分到底是校内的还是地区的或是国际性的事务，它们往往混合在一起。

访谈者：好的。您认为您的专业背景如何影响了您领导大学的方式？

校长：我是一名科学家，是一名神经科学家。我觉得这让我习惯于分析，富有条理。我上大学的时候差点就选了数学，所以我对金融和金融预测等很感兴趣。我走了一条很不寻常的路，因为我所修的科目是数学、物理、化学和艺术，之后我去了艺术学院就读，我对人文学科有很强的共鸣。事实上，人文科学与自然科学并没有存在像人们认为的那样大的差别。我喜欢看到证据和现实情况，然后分析数据。我想这可能是我的学术背景对我的影响。还有，我的团队有很高程度的自然科学背景，在生物学领域里总是以团队的形式开展研究，在一个大的团队里工作的经验对我也有一定的影响，我一直觉得大学就是由合作、伙伴关系以及团队合作组成的。

访谈者：结合英国大学校长的学科背景情况，您认为这对他们如何领导一所大学有影响吗？

校长：实际上，在英国大学校长中，医学博士占有相当大的比例。我认为这个专业背景对于成为大学校长会有帮助，因为医生通常习惯于与人交流。我不是一个医学博士，我是一个科学博士。纵观我的职业生涯，我做过很多媒体工作、公众参与性事务、公共演讲、学校内对话等事务，我认为这些事对成为大学校长是有帮助的。因为大学校长已经从过去的远距离式人物，变得更广泛地参与到校内事务和社区事务当中去。例如，我去参加大学附近社区的会议。我认为这种变化正在塑造大学校长的新形象。在英国，排名前 24 位的罗素大学集团的成员几乎都是相当优秀的学者。虽然有一两所大学校长的学术背景有所不同，但大多数研究密集型大学的校长都有很强的学术背景。

访谈者：能谈谈您有什么样的特殊经历，比如参加过的培训，或某个非正式的意外事件，塑造了您作为一名领导者的工作风格吗？

校长：在我的职业生涯中，我曾担任过很多委员会的委员，也做过很多委员会主席。我也曾经是慈善机构、政府拨款委员会的成员。我曾在阿斯利康的董事会担任了9年的非执行董事。由此我对大型组织机构的治理和管理有一定的了解。我不得不担心像健康、安全这类现实问题，还不得不考虑审计、问责和公众的看法。我想这些经历对我帮助极大。

访谈者：机构的管理经验。

校长：是的。管理与领导，以及学习。

访谈者：在您孩童时代，您是否想过未来会担当起这份工作？

校长：从来没有。10年前我都无法猜到今天我会做这份工作，而我已经在这个位置上干了9年。我从来就没有这个计划，我的人生规划一直是做一个科学家。

访谈者：您认为，人的领导能力是可能打造或者培养形成的吗？还是您认为，人的领导力会在某种情况下自然而然地体现和形成？

校长：我认为两者都有。人天生就有一定的领导力。我从来没有想过要成为一个领导者，当我通过国际性公开征聘被任命时，我告诉我的母亲，她说："我一点也不感到惊讶。"我说："为什么不？"她说："因为你小时候总是那么专横，你总是想要把所有人组织在一起。"这也许是我的某些天赋，但作为一名领导者，我确实受到了很多培养，尤其是我的前任艾伦·吉尔伯特。

访谈者：您是如何平衡表现突出的人员、运营人员和具有创新、创造力的人员之间的不同能力的？

校长：事实上，我们的高层团队规模很小。一共 10 个人，其中 7 人是学术型领导，包括 3 位同时兼任三个学院院长的副校长、3 位分别负责我们三个目标的政策事务的副校长，以及我的副手。他们都是一流学者，致力于推动学术研究。团队另外 3 位负责运营性事务，包括首席运营官、财务总监和人力资源总监。就团队结构而言，这是一个相当平衡的团队，比许多其他大学高层管理团队而言要小，联系更为紧密。

访谈者：你们有没有专门负责国际事务的副校长？

校长：我们的一位副校长负责国际事务，也是我的副手，他是负责国际事务的核心人物。

访谈者：这些成员是否发挥了他们的作用，或者经过磨炼进入了他们的角色，或者首席执行官是否有创造性思维方式、重点关注外部事务，还是更加注重执行、关注内部事务？

校长：不是。首席执行官最近才加入我们的团队。他之前管理另一所大学，所以他确实正在进入角色。我认为，我所坚持的一件事就是，团队成员都有自身的核心角色，但同时他们在高层团队里处于平等地位，他们都需要对某些事情表达自己的观点或者意见，即使这些事情在他们的专长领域之外。我不期望理工科的院长只专注于理工科，也不期望生物、医学和卫生的院长只专注于他们的学科。他们需要成为学校管理的一部分，无论是财务方面还是国际事务方面。这是一个高度分享的领导体制。

访谈者：在您的团队中，是否存在一种基于共识的决策机制？

校长：当然存在。我们在会议室里竭力争辩、寸步不让，离开会议室后则各归各位，但达成共识是一项绝对的要求。我是说，在会议室内我们之间想怎么争辩就怎么争辩，人人都可以自由地表达个人意见。但是一旦我们达成共识，我们都会坚决执行。

访谈者：我想问一下，您是如何平衡内部重点与外部重点、控制与创新的？您是用什么时间自我思考，如何每天保持这种平衡的？

校长：我觉得我花了很多时间在长期规划上，五年至十年。实际上，我们目前这段时间正在更新我们的五年愿景，因此我们做了大型的咨询活动。所有高层团队都全程参与。我们成立了焦点小组。小组会思考，尤其是我刚刚从中国回来，我们从中国学到了什么？中国的发展方向是什么？我的角色是推动外部的重大事项。虽然其他人也会做这类工作，但他们同时也有重要的内部工作需要完成。我知道这一点，所以我会更多地与政府领导或工业界领袖会面。我刚去了启迪—清华科技园，见到了董事长和首席执行官。那么我回去后会说："我们需要以不同的方式思考这个问题。"我认为这是校长工作中相当重要的一部分。

访谈者：您认为您的角色是在领导团队中开启创新想法、开创新的方向吗？

校长：这是肯定的。其他人也是一样的，但我要承担的核心角色不仅要创新，还要面对挑战。有时大家会提出不同的观点，有时会产生争论，这些争论确实会极大地改变人们的思维。我非常担心大学可能会陷入内部泡沫或者群体性事务的泥潭。我喜欢引进富有挑战精神的人。上周我邀请的一位演讲者认为大学是造成社会分化的部分原因，虽然我完全不同意他的观点，但他有一些合理的看法。所以，我认为我们应该请人来挑战我们。

访谈者：您会以某种方式记录下您和您的高层管理团队所做的领

导工作吗？还有学校发生了哪些机构或体制性的变化？

校长：是的。

访谈者：不仅是结构性变化，还有更加活跃的文化因素或类似的改变。

校长：我们对大学进行了一些重大的重构。我们极大地提升了对国际交流的关注，启动了好几个相当重要的新的研究领域。几年前我们作出了一个重大改变，就是我们确定了大学的五大重点研究领域。这十分困难，因为开始时我们大约有 80 个研究领域，每个人都想把自己的领域升格为学校重点研究领域。我们最终将其压缩到 5 个，这是一个相当大的挑战。我们的工作也改变了学生的学习，给他们提供一种远超出学科范围的学习经历，让他们走出自己的学科界限。此外还有些变化是内部启动的，有些是为了应对外部资金以及整体的挑战或趋势。在过去的 10 年里，我们经历了比过去多很多的商务参与、创业、衍生产业相关的事务。

访谈者：您认为，在这些变化中，有多少是来自您的内在主动改变，有多少是被动应对外来需求？

校长：这很难说。粗略估计约 70％ 是我们的决定。即使这是我们的决定，但在很大程度上也会受到外部因素的影响，也要看外部趋势。

这很大程度上取决于外部趋势，例如学生想学什么、政府的计划是什么、工业界在做什么。虽然这可能是一个内部决定，但是在全面斟酌的基础上做出的。事实上我们眼下正在做的事情太多，不需要开始做新事情，如果做新事情就势必要停下我们正在做的某件事。这也是大多数组织的问题之一，即总是想开始新的事情，但从来没有停止过事情，如此下去只会变得越来越忙。

访谈者：您所在的大学面临怎样的挑战？您笼统地提到了一些挑战，在您担任校长期间，您认为具体来说对大学发展更有意义的挑战有哪些？

校长：一个是外部的，一个是内部的。从外部来讲，由于高成本，英国高等教育体系在员工养老金方面正面临着巨大挑战。英国出现了全国性的罢工，所有的大学都面临着巨大的困难。我们可能还会再次经历罢工投票，这意味着我们与员工接触和讨论的方式会有所改变，必然引起很多焦虑。由我们内部原因导致的挑战，比如我们从四个学院合并成三个学院。

访谈者：什么时候合并的？是您当校长的时候合并的吗？

校长：差不多4年前，我们进行了很大的机构改革。我认为首要的是向大家阐明我们为什么要这么做。这不仅仅是管理方面的事情，不仅要降低成本，重要的是从中获取真正的学术收益。

访谈者：带来了哪些收益？

校长：事实上，我们有一个生命科学学院和一个医学科学学院。这两者之间融合度不够，或者说从医学回到生命科学的能力不够。它们是两个独立的学院，分别开展教学和研究工作，即使可以跨院工作，也仍然存在阻碍两院发展的结构性的问题。当然，我们也遇到很多反对的声音，尤其是规模相对较小的生命科学院。

访谈者：院系合并的难点很多，像资金和基建，或者更多的是文化和传统因素。

校长：更多的是文化因素。还有如何寻求更多的机会，更多的讨论与合作。生命科学家认为自己会被规模更大的医学院所吞噬。事实上恰恰相反，我认为生命科学从合并中可能受益更多，但这是一个很大的文化转变。之后，我们在理科学院和工程学院进行了重大改变。我们还有 9 所不同的三级学院，每个院就像一个大系，我们减去了两个。我们有一个自然科学三级学院和一个工程三级学院，现在都合并在一起。那更是个复杂的项目。

访谈者：这些变化是否降低了成本、提高了产出？

校长：确实降低了成本。

访谈者：我想是科研方面吧。

校长：是的。降低了成本，但还不是非常显著。对于自然科学和工程科学来说，现在才三个月，下结论还为时过早。就现在的生物学、医学和健康科学而言，合并提高了研究成果，同时在跨学科领域也改善了研究拨款情况。

访谈者：这些院系合并是由内部考量驱动，而不是外部政策或者规定驱动。

校长：我更加关注优劣势分别是什么，以及我们可能错过的机会是哪些，或者有哪些本可以做好而没有做好的事情。有些并不复杂的事情，比如医学院支付报酬给生命科学学院老师来教他们的学生，而老师总是很不情愿，老师总想教自己本院的学生。所以，这是由运营事务以及我们的合作愿景所驱动的改变。

访谈者：您有没有感到其他挑战或者风险？

校长：风险总是存在的。毫无疑问英国脱欧是我们目前面临的最大风险。在一定程度上这种风险是因为存在不确定性。在英国没有人知道脱欧的后果是什么，我们不知道这将如何影响来自欧洲的大学资助、欧洲学生及欧洲员工。这当然是我在任职期间面临的最大风险，而且超出我的控制范围，令人更头疼。

访谈者：您所在的大学目前有什么规划？我想目前的战略计划将持续到 2020 年。

校长：是的，新的战略规划将于 2020 年 2 月启动。在这个规划期内，我们将保持三个核心目标，即科研、教学、社会责任，尤其是第三点对我们非常重要。

访谈者：为什么如此强调社会责任？为什么您认为大学将社会责任作为一个目标是非同寻常的？

校长：我认为其他大学也正在发展这个核心目标。在我看来，这将归结到大学办学目的这一核心问题上。您可以谈论研究和教学，但对我来说，作为一个公共基金支持的组织，大学的最终目标是服务社会。因此，我们所做的事情超出了科研和教学的范围，无论是贫困、气候变化还是药物研发，这些属于其他两个目标之中的工作也体现了社会责任。实际上我们还做了很多关乎社会责任的事。七八年前，有人问我，怎么知道自己什么时候才算成功？我说，有很多方面可以衡量成功，在一个可持续发展目标排行榜上我们世界排名第三。

我希望看到越来越多的学生选择就读曼彻斯特大学是因为社会责任。还有，我希望亲眼看到当地的社区，特别是非常贫困的社区，能够视曼彻斯特大学为社区的一部分。这仍然是战略计划的关键部分。我们加入的三个主题是创新、公民参与以及全球影响。国际化在未来的战略中将更多地体现。商业参与和商业化也会壮大，学生将接受更广泛的教育。我们正在开发一个大的创新区，大概有 15 亿英镑的项目。这是一个非常庞大的未来校园规划，相对于过去而言，大量跨学科的研究和教学将会出现。

访谈者：您觉得 10 年后学生的学习经历会有怎样的变化？需要建造什么样的建筑或基础设施？

校长：我不太擅长预测未来。因为 10 年前我曾说过，校园里的学生会减少很多，很多学生将通过远程教育学习，实际上这种变化不大。现在我仍然这样认为，这种变化是会发生的，但变化速度比我们预测的要慢。我们认为，会有更多的学生采取灵活的学习方式进行学习。例如，我们在中国和其他地方提供全球 MBA 课程，在职工作的人可以来学三个月或三个星期的课程，或者以其他方式进行学习。我仍然认为，更多的高等教育将朝着这个方向发展，但大多数大学仍然可能采取传统的以校园为基础的方式进行教学，学生们需要花 3—5 年获得学位。我们建了很多演讲厅和实验室以及其他设施，那里仍然坐满了学生。

我们现在提供比以前多得多的在线课程和混合学习课程，但进展并没有我预期的那么快。

访谈者：能不能请您展开谈谈国际化？这对英国来说意味着很多新东西，可能会贯穿于大学的所有工作。

校长：我们接受了很多国际学生，有 12000 人。我们不打算增加太多，现在国际学生的比例是 30%，将来可能会达到 33%。我认为会建立更多的战略伙伴关系，但不是很多谅解备忘录，而是少数真正的战略伙伴关系。目前我们有三所伙伴大学——墨尔本大学、多伦多大学和香港中文大学，这个数字在未来也许会加倍。我们在上海、香港、新加坡、迪拜设有办事处。可能还会扩大来自印度、中美洲和南美洲等地的合作伙伴的数量，我认为这会给我们的学生带来更多国际理念。现在，越来越多的英国学生想上额外的课程，其中一个非常受欢迎的就是普通话。我们有一个称为"大学学院"的进行跨学科学习的学院，学生在那里学习他们学科以外的学科知识。例如，一个物理学家可以学习中国文化，历史学家可以学习编码或者宇宙起源。"大学学院"正在尝试延伸学生的学习。他们做领导力方面的课程，也做志愿活动，还做同行协助学习。他们每年都会做一些事情，就在昨天所有一年级的学生聚在一起，花了一整天做环境的可持续性项目。在大二学年，他们还要聚在一起探讨关于社会不平等的问题。这样，学习已经延伸到更远的地方。一个学生毕业了，他具有物理学或历史或生物学专业知识，但也有更广泛的教育经历。

访谈者：您对清华大学最感兴趣的地方是什么？

校长：清华大学是一所出色的大学，是中国的顶尖大学。我们有着非常多的共同利益。我听说你们有 60 位曼彻斯特大学的毕业生。我们也有很多清华大学毕业的本科生现在在曼彻斯特大学学习。我们在生命科学领域已经达成了合作协议。

我认为清华大学很有创新性。我刚刚去过启迪—清华科技园，那真是一个令人振奋的发展项目。它源于大学，但现在是一个全球品牌。我们讨论了成为合作伙伴关系的潜在可能。很明显，科技园拥有重要的学术地位，能够促进学术使命的实现与发展。我们很乐意扩大双方的合作。我相信清华大学与很多大学都有这样的合作可能。我们喜欢与不仅仅具有优秀学术能力的大学合作，同时还希望双方有一种共同的理念。我们选择墨尔本大学和多伦多大学的原因之一，就是我们都既想成为具有本土特色的学校，也旨在成为全球性的学校。在我看来，这两所学校都有一个强项，我可以称之为广泛参与和社会责任。两校的领导人上周都出席了在曼彻斯特举行的全球参与峰会，还有香港中文大学校长。排名和学术成就固然重要，但其他东西对大学也很重要。不能仅关注学校获得了多少诺贝尔奖，或者仅关注学校在上海交大世界大学排名中的位置，虽然我也会留意这些，但是大学的意义远不止于此。大学是改变社区的推动者。我认为，大学可以跨越政治。这一点非常重要，因为目前所有的地缘政治变化加剧，但学术就是学术，学术之间交流不应当受到地缘政治以及国家之间政治分歧的影响，我更关心的是大家在一起做什么。我认为这是大学需要承担的非常重要的社会角色。

访谈者：您认为清华大学的未来会面临哪些特别的挑战？

校长：我认为中美之间的政治关系是一个显而易见的挑战。今年曼彻斯特大学来自中国的申请数增长了40%，可能是因为他们不去美国了。

访谈者：您是否尝试扩大学生规模？

校长：一点点。我们今年有将近6000名中国留学生，去年是5600名。我们现在和其他大学一起开展"2+2"项目。对于清华大学来说，我想和其他学校一样，也需要参与全球竞争。竞争从什么地方开始？大学擅长哪些事情？没有人能真正地做好每件事，因此需要选择值得投入的领域。话虽如此，中国政府向大学投入了大量经费，这使中国的大学处于非常有利的地位。

访谈者：您认为清华大学如何才能作出最好的贡献？也许包含前面您提到的观点。您认为清华大学如何才能更好地对高等教育或全球作出贡献？

校长：我认为学校和学校之间的伙伴关系不仅仅要考虑交换学生和带来的收入。10年或20年前，英国期望通过与中国合作为之带来大量的收入。现在则完全不同，我们想同中国合作是因为中国有许多优秀的大学。我认为，清华大学在这方面处于领先地位。今天，我们曼彻斯特大学中国研究院的负责人在这里与各位学者进行了交流，探讨中英之间的相互理解。世界上有些地方对中国充满了怀疑，我认为像清华大学这样的大学可以引领或者宣传，向大家展示："我们要对外开放，我们是全球性大学，我们希望合作。这关乎全球成功，而不仅仅是中国的成功。"

访谈者：您对口区高等教育的主要印象是什么？您已经谈了一些关于中国高等教育系统发展的观点，但是我不知道您来过中国多久了。

校长：在过去20年中来过许多次。

像清华大学这样的地方，技术和投资都得到了极大的改善。与大约25年前我第一次来到这里相比，全球视野已经发生了巨大变化。当时中国的大学处于不开放状态，而现在都在考虑聘用国际员工、招收国际学生。这一点发生了很大的变化。

访谈者：您认为中国高等教育面临着哪些重大挑战？

校长：我认为，让大家认识到中国大学是向世界其他地方开放的，这是一项挑战。像清华大学这样的中国大学比一些人想象的更加开放。清华大学也在与那些发展不太好的国家的发展伙伴关系，将目光投向印度、非洲的国家。这些都是人口众多的国家，就教育而言，这些国家正在发展。传统的口美、中英关系也在发展。对我们来说，我们更加关注英美关系和英中关系，也关注印度和中美洲、南美洲、非洲的新兴国家。我相信清华大学正在考虑更广泛的参与，考虑在未来会发生变化的学习方式。虽然中国有大量的年轻人口，但我认为中国的大学入学人数将会出现下降。在过去的几年里，我们就遇到了这样的情况，中国将会遇到更多。当然，对于中国这个国家来说还有社会老龄化的挑战，七八十岁的人学习或再学习，并希望就业，这是全球性的问题。

访谈者：您认为世界上主要研究型大学在未来二三十年应该作出哪些贡献？

校长：对我们来说，首先显然是环境和可持续性。无论是由行为变化还是由新技术革新引起的气候变化都将是大问题。我想还有两个方面：一是社会不平等问题，可以看到很多政治热点问题都是关于不平等。二是就像我之前提到的，大学应当成为政治桥梁，因为大学可以弥合政治分歧并且触及国家所有可能存在困难的领域。大学可以经常合作。例如，我非常喜欢去以色列，也看到以色列的学者与巴勒斯坦的学者自由合作，对他们来说伙伴关系比政治更重要。

访谈者：您认为什么样的改革可以提高教育和研究的生产力？如果大学关门一年做一些变革，然后再重新恢复开放，您希望改变什么？

校长：我想我会做的第一件事是减少问责制。有时，我们只是为了问责而问责。我们似乎永远都在统计、发送表格给各种不同的机构，并对此负责。大量的数据发送给了政府，而政府并不利用这些数据做任何事情。我担心我们已经因为规章制度而丧失了部分学术使命、学术自由。当然某些规章制度是也是非常重要的（比如人身健康和安全），但是同样也制约了大学的健康和安全。

此外，我不认为全球排名有帮助。排名就在那里，你不能无视它，但同时也会为每一位学者担忧，这些学者有没有发表被引量较高的论文? 事实上,如果给这些学者比如三年时间去解决一个真正重要的问题,对这些学者们来说不是会更好吗? 我觉得我们已经变成了一个以数量检测为导向的组织,而失去了那种学术自由。2010 年诺贝尔奖得主安德烈·海姆是我们的员工,他是一个非常有创造力的人,他喜欢独自一人思考下一步该做什么。我们尽所能地去确保这一点,但这在现在的大学里已经相当困难了,因为大家都在看:你发表了多少论文? 你是否开展了教学工作? 我们得从中解脱出来,让大学变成有创造力的地方。

访谈者:我们怎么去实现这一点? 您提到了政府,但大学可以选择退出吗?

校长:大学可以选择私有化,当然这样做也有风险。尽管我们独立办学,但我们在很大程度上还是受到政府监管。我们已经讨论过私有化是否会成为一种选择来摆脱政府问责制带来的约束。不过,这也有很多不利之处,比如政府拨款。我认为美国在这方面确实存在优势。他们的顶尖大学是私立的,在一定程度上中国和英国的大学不太可能像美国那样。我认为我们比哈佛大学、麻省理工学院和斯坦福大学有更多限制。如果我们能减少一些限制,会做得更好。当政府给我们拨款的时候很难说服他们别管我们,因为政府想要明确知道他们花了钱之后得到了什么。

访谈者:您怎么看博士教育? 您会采取哪些具体的改革措施来确保未来的学术人员能够胜任他们的工作?

校长:我会把重点放在非学术型博士上,还有博士后群体,因为学科变化如此之大,已经进入职业生涯的学者们往往被抛在了后面。我自己也还在做神经科学方面的研究,但在人工智能方面以及与年轻同事正在做的事情相比，我感觉自己像个孩子。我觉得每隔两三年我就要花一个月来进行知识更新。新学科有的正在出现，有的正在解体，需要我们的员工不断持续发展。

访谈者：实际上，我们不必管他是什么类型的博士，但是需要确保让教育和培训更像一件终身事务，我认为这将在社会任何地方出现。

校长：博士和博士学位没有什么变化，但让教育和培训更成为一件终身的事情，我认为这将是全社会的事情。

访谈者：您会怎样做呢？

校长：强制学习远不如自主学习效果好。最好是每年给大家一个月的时间进行学习，当然这样的成本会非常高。有很多员工会说学术休假非常宝贵，"我没有时间去休假，我太忙了"。要是我有这种自由，我就要花一点时间去做一些不同的事情，去体验一所不同的大学，去世界的另一个地方，这会极大地鼓舞学术事业。

第六章

德国亚琛工业大学校长
乌尔里希·吕迪格教授访谈

【关键词】

★ 大学校长

★ 全球领导力

★ 清华大学

★ 亚琛工业大学

★ 德国

【访谈背景】

德国亚琛工业大学校长乌尔里希·吕迪格（Ulrich Rüdiger）于2019 年 9 月访问了清华大学，就进一步加深拓展合作与清华大学党委书记陈旭展开了交流，并签署了两校在深圳国际研究生院开展合作的意向书。2019 年 9 月 20 日，清华大学教育研究院副研究员谢喆平对乌尔里希校长进行了访谈。

乌尔里希·吕迪格，男，德国人，1955 年生，物理学家，博士毕业于亚琛工业大学。自 2018 年起担任亚琛工业大学校长。在担任校长前，他曾于 2009—2018 年担任康斯坦茨大学校长，在任期间成功帮助康斯坦茨大学获得了德国"卓越计划"的经费资助。此外，他还曾担任康斯坦茨大学实验物理学教授兼主席、德国校长会议成员、北莱茵－威斯特法伦大学校长会议成员。他曾获法国学术棕榈勋章（Ordre des Palmes Académiques）等荣誉。

亚琛工业大学（RWTH Aachen University）创建于 1870 年，坐落于德国北莱茵－威斯特法伦州亚琛市。作为德国乃至世界范围内的顶尖理工类大学，该校是德国理工大学联盟（TU9）成员，也是德国大学卓越计划评选出的 2019—2026 年 11 所德国精英大学之一，拥有超过 4 万名学生和 6000 名教师。该校在 2021 年 QS 世界大学排名中位列第 145 位，其优势学科包括机械制造、计算机、电气工程、电子通信、经济管理等。亚琛工业大学已与清华大学开展了广泛合作，两校合作的硕士双学位项目为中德教育合作的典范性项目。

【访谈要点】

访谈涉及校长及其个人背景、领导团队、校长所在大学、清华大学、中国高等教育和全球高等教育等层面。要点包括：

·亚琛工业大学校训"着眼于未来"的意思是不仅要着眼于未来，而且还要创造未来。

·大学不仅要重视和关注创新，还需要关注创新、个人与社会相互之间的关系，比如科技创新对社会、对个人有哪些影响。

·在理工类大学里，不开设社会科学专业是不明智之举，没有人文科学做支撑，工程学就没法达到顶尖水平。

·德国工程学教育面临的最大挑战是如何招募最好的教授，亚琛工业大学曾不得不从"谷歌""脸书"这样的公司招募人员，但跟我们目前能提供的教授工资水平相比，这类人员的工资实在是太高了。

·我们对学生的未来发展充满期待，因此先给学生讲授基础知识，再采取应用型教学方法指导他们开展各类研究项目。

【访谈记录】

访谈者：首先，我想问的第一个问题是，清华大学最让您感兴趣之处是什么？

校长：我今天早些时候，看到了清华大学的理念，让我感到十分惊讶的是，如果把清华大学换成亚琛工业大学，理念差不多是一样的。因此，我们推动国际化的总体方法就是开展顶级研究，同时将研究成果向社会和产业界转化，所有这些要素在亚琛工业大学也都能找到。

访谈者：可以说，两所大学有着几乎相同的价值观。

校长：没错。我最感兴趣的是，我刚刚进入或者说重新回到亚琛工业大学的体系，现在来访问我们的长期合作伙伴。让我印象深刻的是，清华大学—亚琛工业大学双硕士学位项目开展了将近20年，而其他各类合作项目更是开展了将近40年。双方合作很久了。令我感动的是，有许多人，包括学生、教授和各类工作人员都参与到这项工作中。清华大学是我们在全球范围内的三大战略合作伙伴之一。

访谈者：非常感谢。您认为，清华大学如何才能更好地对全球高等教育作出应有的贡献？（我之所以这么问）是因为清华大学与贵校有许多共同的理念。

校长：我认为清华大学应该紧跟时代趋势，保持开放的心态。由于来自其他国家和地区的学生具有完全不同的体验，因此，学生相互之间需要完全开放地交换观点。换句话说，就是要努力推动国际化建设。我看到贵校也在制定新的全球战略。

访谈者：是的，清华大学全球战略是从2016年开始启动的。

校长：亚琛工业大学过去也在努力推动国际化，当前，我们的学生当中，留学生所占比例大约是25%，这一比例在德国各大高校里都是名列前茅的。

访谈者：是的，亚琛工业大学的留学生来自全球125个国家和地区。我这里有相关数据。

校长：顺便说一句，亚琛工业大学最大的留学生来源国是中国，中国留学生人数约占学生总人数的 5%。

访谈者：这是个好现象。接下来的问题是关于中国高等教育的。您对中国高等教育的印象如何？我知道，您 5 年前来过这里，如今再度访问中国。

校长：我了解到，当前在中国，大学适龄人口当中，有接近 50% 的人在上大学。我觉得这很了不起。在德国，我们这一数字跟你们差不多，但是德国面积要小得多，组织起来也要容易得多。

访谈者：是的。那么接下来我想问的是，您认为中国高等教育面临着哪些重大考验？

校长：考验在于如何开展教育，如何应对重大技术挑战。我们都面临同样的重大挑战，如气候变化、能源供给、健康问题等。我想，大学的首要任务，就是教育年轻人，教育一大批对社会、对环境有担当的年轻人。

访谈者：可以说，是人类的共同挑战塑造了未来。我注意到，您所在的亚琛工业大学校训是"着眼于未来"（Thinking for Future），您能详细讲讲这句校训背后的含义吗？

校长："着眼于未来"意思是，不仅要思考未来，而且还要创造未来。

访谈者：贵校是 1870 年创立的，这句校训是什么时候才有的？

校长：亚琛工业大学成立于 1870 年，最初创立的时候，是一所理工类院校，当时亚琛的员工以及各行各业的人们担心我们培养的人才不能满足当地劳动力市场的需求。因为在当时，亚琛周边地区开始繁荣，于是亚琛人口开始向外迁移。因此，当时亚琛工业大学决定：我们需要培养受过良好教育的年轻人，改变亚琛的未来工业面貌。这是在150年前。在2006—2007年，我们在启动德国大学卓越计划时，对校训又有了新的诠释。

访谈者：是的，德国大学卓越计划是一项雄心勃勃的计划。

校长：这项计划由德国联邦政府和州政府于2006年启动，亚琛工业大学于2007年入选。

现在是第三轮。前不久，评审结果揭晓，亚琛工业大学仍然跻身于11个入选单位之列。我们在2007年提交的卓越计划提案当中就包含了"着眼于未来"这句口号。这句口号源自1870年亚琛工业大学建校时的定位，也就是要建立一所理工院校。

访谈者：好的，看来这个校训由来已久。这是我感兴趣的第一个问题。第二个问题是关于贵校的（考试情况），因为清华大学与贵校的工程科系都很有名。贵校对学生素质要求很严格。也就是说，本科生的考试通过率很低，现在还是这样吗？

校长：的确如此。我们的确很关注本科生的通过率。在我看来，本科生考试通过率应该控制在70%左右。从学生入学时，我们就采取了多种措施为学生提供支持，比如，我们会为学生开设额外的数学课程，等等。我们的确投入了大量的财力和时间成本以及努力来提升考试通过率。

访谈者：大学提升考试通过率的逻辑是什么？

校长：我们正在努力让这个体系变得更加高效。假如你完成了学业，开始开展自己的研究项目，那么你就会充满动力，头脑里有不少好点子。你会创造力十足，抱着积极的心态开始全新的职业生涯。但假如刚开始，问题就接连不断出现，那么你就不得不中断研究项目，做出改变，这是个很负面的开端，对吧？因此，我们很在意学生是否确实找到了正确的研究项目。因此，我们会开展很多培训、给出建议，比如说，问他们"你目前所做的事情是正确的吗？"我们还为学生额外开设数学课程。

访谈者：你们不想过分打击学生的自信心。

清华大学也存在同样的问题。因为我们不仅有工程科系，还有社会科学、自然科学、人文科学。尤其是人文科学，学生考试通过率很高。工程专业的学生就会说，这不公平，我们在完成学业的同时，还要从事研究工作，要兼顾二者实在是太难了。

但是人文科学专业学生很欢迎这种不公平。对于主管政策制定的校长而言，有时候感到十分难办。亚琛工业大学也有社会科学和人文科学吗？

校长：我们有社会科学，我们聘任了五位教授。我们管这个小组叫"Hum-tech"，也就是人类和科技的意思。

因为我们不仅要关注创新，我们还需要关注创新、个人与社会相互之间的关系，比如，科技创新对社会、对个人有哪些影响？如今，我们在整个大学项目中，都会将这类问题纳入其中，也就是，我们会同时考虑创新和社会两个方面。

因此，我认为，在理工类大学里不开设社会科学专业不是明智之举，因为你无法将二者截然隔离开来。

访谈者：假如没有人文社会科学，工科难以达到顶尖水平。接下来的问题是关于德国的高等教育体系的，特别是德国高等工程教育体系。德国的工程教育处于全球顶尖水平。您如何看待当前工程学高等教育的趋势？例如，工业革命、人工智能、新技术等。那么，德国工程教育所面临的最大的新挑战是什么？

校长：您问德国工程学教育面临的最大挑战是什么，我们就拿当前的热门话题，比如人工智能来说吧。最大的挑战就是如何招募最好的教授。这是一项全球竞争，我们目前并不是从其他大学招募教授。

访谈者：而是从工业界招募？

校长：对，我们是从工业界招募。例如，说起人工智能时，我们就不得不从"谷歌""脸书"这样的公司招募人员。跟我们目前能提供的教授工资水平相比，这类人员的工资实在是太高了。因此，我认为，这对于我们而言确实是一个重大挑战，我们不能总是跟在工业界后面，亦步亦趋。

访谈者：您能告诉我们德国工程教育模式的新发展吗？

校长：新发展在于，我们对学生充满期待，让他们开展各类研究项目。我们先给学生教授基础知识，接着再采取应用型教学方法。我们学校机械工程专业的教授几乎都是来自工业界，因此，他们对大学和工业界都很了解。

访谈者：那么，这些教授不得不同时兼顾两方面的工作？

校长：这是下一步。我刚才也强调过，我们很难从业界招募到人工智能领域的教授，因此，我认为必须进一步开发新方式，让他们不需要决定"我是这所大学的教授"还是"公司的职员"。因此，我希望将来能有这样一个体系：你可以在二者之间来回切换，或者你在两个体系里都从事兼职工作，那么你就与工业界关系更加密切，更接近创新前沿，能够更加积极地参与知识向工业应用的转化进程。在德国目前的体系里，大学教授是国家公务员。也就是说，你要100%投身于大学里的工作。

我们的确需要采取新的教学模式和方法吗？我们并非必须要在某个方面采取严厉措施。我认为，如果我们开放这一体系的话，教育和教学项目都会从中受益。

访谈者：意思是说，我们对教育项目进行改革，同时也要改变对教授、员工的要求，从工业界吸纳更多专业人才。

校长：您说的是另一方面。我希望在将来的教育体系里，在大学和公司里都能够出现这一局面。我希望将来的工程教师能够采用终身教职体系，教员可以沿着该体系一直晋升到正教授。这在德国才刚刚起步。

访谈者：你们刚开始实行终身教职制度。

校长：我提交了一项成功的提案，要求聘任 20 位终身教职教授。这是增加的终身教职教授。尤其是在工程、生命科学、数据科学，以及人工智能等领域。我还想看到的是，年轻的研究人员要尽早开展独立研究。

访谈者：那么，您的提案是上交到了哪里？教育部还是别的部门？

校长：这是一项联邦计划，我们将提案上交至德国联邦教育及研究部，简称 BMBF。

访谈者：中国很关注德国高等教育体系的进展。德国模式为我们提供了参考，因此我们有研究论文介绍德国高等教育体系。

校长：从过去到现在，一直存在的一个重大问题是：博士研究生不得不为自身的未来职业生涯做打算，即要么从事科学研究，要么投身工业界。而且，不仅仅是工程专业，相近的专业也是如此，你一旦决定开启科研生涯，就必须在一个单位里独立开展研究。也许你会工作上 10 年，直到某一天，你有可能拿到教授职位，也有可能无法拿到，那就是个沉重打击。你舍弃了其他工作机会，浪费了 10 年时间，年纪也偏大了，对吧？我真的想改变这个体系，增加终身教职制度，也就是一条平行的上升通道，直到你拿到终身教授职位。但刚开始，会有一场严格的测验，以考察你是否是终身教职的合适人选。如果在 6 年期限之内，你能够达到这个标准，那么就能拿到终身教职，否则就没戏。但是，这个职业瓶颈应该早点出现，不像现在政策里规定的这么晚。

访谈者：是的，为他们的前途着想。我还有一些问题是关于工程教育的。您如何看待基础研究的重要性？因为当今，人们似乎更关注创新，如技术、创新、人工智能等。那么我们该怎样看待基础研究？

校长：首先，我可以给你一个简短的回答：假如没有基础研究，未来创新就无从谈起。因此，大学必须同时扶持基础研究和应用研究，而且二者的时间维度是不同的。因此，假如大学现在往基础研究方面投入财力，那么就是在投资未来。但是你并不知道会得到怎样的结果。

而应用研究则有点不同。因此，在我们的大学卓越计划里，我们采取了许多措施来加强数据科学、生命科学、自然科学，并让它们成为沟通工程学与医学的桥梁。我们大学建立了一所医学院。这在理工类大学里是极罕见的。我们有一所大医院，我希望看到的是，亚琛工业大学能够更多地从技术层面来诠释医学。

也就是说，开展定制医学、个性化诊断和治疗，也包括制药。因此，我们需要更多来自数据科学、生命科学等基础科学方面的研究来支撑医学和机械工程学。

访谈者：或者说，需要开展更多的跨学科研究。

校长：是的，我们的提案标题就是《跨学科科技大学》（*Interdisciplinary University of Science and Technology*），副标题是《知识影响网络》（*Knowledge Impact Networks*）。

我们创造知识，而知识对整个社会和经济都会产生影响。我们知道，只有我们在组成一个网络的前提下才能够做到这一点。

访谈者：这项提案打算提交给谁？

校长：是打算提交给这一轮德国大学卓越计划的。

访谈者：好的，就是要打造一个网络。

校长：他们认为，科技进步会给工程学教育的未来带来重大影响。

第七章
美国伍斯特理工学院校长
劳瑞·莱森教授访谈

【关键词】

★ 大学校长

★ 全球领导力

★ 清华大学

★ 伍斯特理工学院

★ 美国

【访谈背景】

伍斯特理工学院校长劳瑞·莱森（Laurie Leshin）于 2019 年 9 月
访问清华大学，出席清华大学—伍斯特理工学院全球公共安全联合研
究中心（Tsinghua-WPI Joint Research Center for Global Public Safety）
年度学术大会，与校党委书记陈旭就进一步推进合作进行交流。2019
年 9 月 23 日，清华大学教育研究院副研究员谢喆平、博士后刘路对
劳瑞·莱森校长进行了访谈。

劳瑞·莱森，女，美国人，1966 年生，地球学家，博士毕业于
加州理工学院，2014 年起担任伍斯特理工学院校长。莱森是一位出
色的领导，同时也是地球学家和太空科学家，曾在美国国家航空航
天局进行太空研究工作。1999 年获得美国气象学会颁发的尼尔奖，
2004 年获得 NASA 杰出公共服务奖章，2011 年获得杰出领导奖。国
际天文学联合会将小行星 4922 命名为"Leshin"，以表彰她对行星科
学的贡献。2015 年至今，莱森校长已 4 次访问清华大学。

位于美国马萨诸塞州伍斯特市的伍斯特理工学院（Worcester
Polytechnic Institute）始建于 1865 年，是一所世界知名的私立研究型

大学，拥有近 7000 名学生和 400 余名教师。伍斯特理工学院的理论与实践相结合的人才培养模式在美国科技教育领域中享有盛誉，在 2021 年 U.S. News 美国大学排名中位列第 66 位。中国知名教育家梅贻琦 1914 年毕业于该校电机工程专业。目前，该校已与清华大学建立了校际合作备忘录，两校共建的全球公共安全研究中心于 2017 年成立。

【访谈要点】

访谈涉及校长及其个人背景、领导团队、校长所在大学、清华大学、中国高等教育和全球高等教育等层面。要点包括：

·所有教育组织的使命不仅仅旨在帮助人们、帮助学生们提高自己，更需为合作伙伴和社区发展作出贡献。

·为了达成某些高远的目标，你必须将不同背景和经验的人们聚集在一起并有效地领导和管理他们，而我之所以可以胜任校长的原因，就是善于将不同团队成员聚集在一起完成那些具有挑战性的工作。

·我们经常谈到"平衡"，即平衡短期发展与长期发展、内部事物与外部事物，而作为一名大学的领导者需要胜任这些平衡工作，并持续地保持各项工作的平衡状态，确保大学的发展始终处于正确的平衡状态。

·我们学校采用了以科研项目为基础的教学模式，学生的一部分学习时间用在课堂上，但他们的大多数时间还需要用于实际操作，学生们需要去解决实际的问题，从而不断进步。

【访谈记录】

访谈者：您认为清华大学最吸引您的是什么？

校长：我很开心能访问清华大学，这是我第 4 次或是第 5 次访问清华大学。作为伍斯特理工学院（以下简称 WPI）的校长，我知道清华大学与 WPI 有着很深的历史渊源，清华大学曾经的一位校长梅贻琦先生毕业于 WPI。一百多年前梅贻琦先生远赴美国学习，在 WPI 学习机电工程专业。毕业后他回到中国，成为教育事业的革新者，并担任清华大学的校长。因此，我们对清华大学的关注，源于两校共有的这段"合作与革新"的历史。今天，我们与清华大学携手建设全球公共安全联合中心，延续与清华大学合作的传统。

访谈者：两校的友好关系的确源自两校合作的悠久历史。我的第二个问题是，在您看来，清华大学如何才能在世界的高等教育领域作出自己最大的贡献？

校长：清华大学有非常多的能为全球高等教育作出贡献的机遇。我认为清华大学正在做的基础研究很有价值、声名远播。在与清华大学的合作中，我们很重视与工业界和社区建立紧密的联系，使人们的生活变得更加美好。我认为所有教育组织的使命，不只是帮助人们、帮助学生们提高自己，更是为了我们的合作伙伴和社区实现更好的发展。我希望我们今后能够继续在这些方面开展合作。

访谈者：下一个问题是，您认为什么样的挑战可能对清华大学的未来产生影响？

校长：我不认为我是分析中国高等教育面临的挑战方面的专家。但我认为，美国很多高等学府与清华大学在这方面面临的问题是相似的。我并不确定清华大学面临的具体挑战是什么，但如今我们在学生如何融入世界以及这个世界的快速变化方面已经思考良多。世界上的工作已经大为不同。与以往相比，这对教育提出了更高的要求，WPI、清华大学这样的高校在保证人们有一个光明的未来这方面发挥着非常关键的作用。确保自己竭尽所能为学生提供最好的教育是我们两校面临的一项挑战，同时也是学校的机遇。

访谈者：这既是挑战也是机遇。那么，作为校长您会将自己的精力投入哪些方面呢？

校长：担任校长其实是一项充满活力且富有多样性的工作。每一天都是不同的。这是我喜爱这个工作的原因之一。对我来说，它综合了学校内部运作和外部事务，需要持续建立内部与外部角色之间的纽带。内部运作包括学校经营、高效管理我们的资源和风险。外部事项比如我此刻在清华大学参与我们联合中心的事宜，会见校友与合作伙伴。我认为校长的一部分工作是帮助学校看到未来，也就是我们说的"环顾四周看未来"。除此之外，我也需要参与一些组织和会谈，为未来做准备，将相关知识寻回校园。

访谈者：我们可以聊聊您的背景吗？我们对您的专业背景很感兴趣。您的专业背景对塑造您的领导才能尤其是您的领导风格有什么样的影响呢？

校长：有意思的问题。我是一位研究空间科学的专家，主要研究火星、彗星、月球等星球上的岩石。其实我的学科背景有些不寻常。不过，空间探索在本质上是以团队为基础的，并且横跨多个学科专业。在成为大学校长之前，我曾经在美国国家航空和宇宙航行局（NASA）工作，为了完成这里的工作，我需要树立非常远大的目标。如果目标是送人们上火星，只靠一个人是不行的。为了达成某些高远的目标，必须将不同背景和经验的人们聚集在一起。所以我想，我自身的背景使我胜任校长的原因在于我能够得心应手地将不同团队中的人们聚在一起做有挑战性的工作。

访谈者：所以，您应该有一支非常专业的团队协助您处理各种问题。

校长：是的。

访谈者：您认为应该如何平衡团队成员的兴趣、绩效、运作和创新？

校长：这是个非常好的问题。我从很多方面思考过校长的角色，我所经历过的领导角色很大程度上都要去寻找事物之间的平衡。平衡好努力寻求改变与创新和懂得脚踏实地做事的两类人才是最重要的。我认为在高等教育中，我们更擅长的是展望而不是执行。所以我们非常重视在团队里实现这样的平衡。

访谈者：您的领导团队在处理内外部事务，或者说在管理学校上，是如何分配精力的呢？

校长：我们分管财务和行政的副校长把注意力更多地放在大学的运转上。分管学校发展的副校长则主要负责融资与对外关系。我们的学术领导者，负责平衡学者内部协作，确保我们不落后于外界的研究趋势。我们经常谈到"平衡"，即平衡短期发展与长期发展、内部事务与外部事务。作为一位领导者，你需要胜任这些平衡工作，并持续地保持平衡状态：我们处于正确的平衡状态中吗？我们是否在这个过程中有所偏向？

访谈者：接下来我们想谈谈您所在的大学。我认为贵校与清华大学十分相像，可能是因为两校有着相同的关注点。

校长：是的，都重视技术科学。

访谈者：对贵校来说，什么样的特定文化和传统是重要的？

校长：WPI 是一所以工科见长的大学，我们拥有 STEM 领域的自然科学、技术学、工程学和数学等学科，同时我们还拥有人文学科、艺术学和社会科学的优势专业项目。我们重视怎样利用技术发展人文学科，让人们的生活变得更加美好。

在 WPI，为了完成这个使命，我们使用了一个非常独特的方法——以科研项目为基础的教学，因为我们很重视学生现实生活中的实际操作经验。所以，学生的时间有些是花在了课堂上，但他们大多数的"课堂"时间还是花在实际操作中。比起教授讲课，更多的是学生们自己动手操作。作为课程设置的一部分，我们的所有学生都会完成多个重点项目，有些在他们自己的研究领域内，有些是跨学科的。慢慢地，他们不止在校园里这样做，在校外也是如此。去年，我校有超过 1000 名学生去了 31 个国家的 50 多个社区，去当地社区解决实际的问题。这是一种在现实中应用课堂所学知识的方式。所以基于项目的学习是我们的重点。

访谈者：那在社会科学方面呢？是类似还是有很大差异呢？

校长：WPI 的所有学生都要完成他们的项目，不管他们学的是工程学、自然科学，还是社会科学，让学生们运用所学知识解决实际问题。我们希望学生们一毕业就可以融入社会。而且你不能只说这件事很好，还要教人们如何去做。这些项目旨在帮助学生努力去解决挑战与开放性问题。我不知道在中国教科书的功能是否与此类似，但是在美国，很多家庭作业的问题其实都可以在课本上找到答案。但是课本上并没有这些项目中遇到的难题的答案，所以学生们需要付诸行动，找出解决问题的方法。问题有时是复杂的、难以解决的，甚至有时无法被解决，不过生活就是这样，这对学生获得生活经验也是很重要的。

访谈者：这是一种很好的方式，是帮助学生发展批判思维的有效方法。我们知道，每个大学都有自己未来的战略计划。那么，为了贵校未来的发展，您的计划里有什么与众不同的倡议方案呢？

校长：我刚担任校长时，有一个战略计划刚好进入尾声。在此计划中，我们扩大了学生到国外进行实践的全球项目的规模。现在，我们的目标是实现90%的学生在校外进行项目学习。我们给每一位学生发放奖学金，覆盖他们在国外的花费。比如，去年暑假我们有24名学生在北京完成了项目，在这趟行程中，我也访问了正在日本京都进行项目实践的同学们。我们让每一个学生都有机会进行这样的实践，不让钱成为阻碍，因此我们扩大了奖学金提供的规模。

在我们的战略计划中，我们关注目标驱动型的研究，从政府获得资助来完成研究。过去三年，这一比例提升了60%。

最后，我们希望提高学校"基于项目学习"理念的世界知名度。我们刚成立了伍斯特理工学院项目导向学习中心，同时欢迎其他大学来中心参观并交流学习。通过五十年的项目经验，我们很清楚应该如何把它融入高等课程体系中。在过去的五年里，有130所大学的研究团队加入我们中心的研究。同时，研究中心为130万名学生提供服务。所以，这是我们在高等教育领域影响到更多学生的途径，我们强烈支持这种学习方式。

访谈者：您能谈谈新的技术吗？贵校有没有运用类似的在线课

程，或者您是否计划在校内推广在线课程？

校长：我们一共有约7000名在校学生，进行在线课程学习的学生约有1000名，大多数是硕士课程。我们在接下来的几年会设法扩大此类课程的规模。按照下一个战略计划，我们将扩大这些线上课程的规模。很多大学都在这样做。我想特别是在STEM领域，世界变化得如此之快，我们要确保专家们在这一研究领域可以快速、及时地掌握所需的技能。但对我来说，这个有趣的机会不在于传统的硕士学位，而在于短期学习也许最终可以获得证书或学位。但如何看待证书、证明等，还有很多不同的看法。

访谈者：从您的视角看，您认为贵校所面临的挑战是什么？

校长：如今在美国，高等教育总是出现在新闻里，但通常不是正面报道。很多人讨论高等教育的价值所在，因为美国的高等教育对家庭来说十分昂贵。我们只能确保其物有所值，对得起家庭的教育投入。对我们来说，我们希望每个学生都能找到令人羡慕的工作，过着美好的生活，对社会作出不小的贡献。我们需要确保能实现这种教育的价值，并且降低成本。

访谈者：对您来说最大的挑战是什么？

校长：我认为最大的挑战是，在朝着未来努力的同时，去平衡学校的日常运转工作，平衡短期计划、长期计划，时刻注意风险，确保学生是安全的。

访谈者：与男性校长比起来，您认为自己有什么不一样的地方吗？

校长：我是WPI 150年来的第一位女校长。我不知道是否有什么特殊的挑战，但是我想，一定存在特别的机会。因为我知道女学生、女性教职工、学生们的母亲都会以有一位女性校长而感到欣慰。我们也利用这个机会去提高 WPI 的女生比例。美国大部分的学校，男女比大约都是一比一，但是在工科大学不是这样。

访谈者：女生比例有限。

校长：差不多 1/3 的女生，2/3 的男生。我刚来 WPI 时，就是这样的比例，但是现在，我们有连续三年女生比例超过 40%。我们付出了很多努力去提高这个比例，也获得了成效，这样的结果使我们振奋。

访谈者：您对中国高等教育系统的主要印象是什么？

校长：发展的速度给我留下了很深刻的印象。清华大学已经建立了很长时间，中国政府在高等教育上的投入是非同寻常的。整个教育系统发展的速度、能力与质量让人惊叹。让每个中国公民都可以接受高等教育，在我看来，这绝对是正确的。这对未来中国经济的繁荣和个人发展都十分关键。

我的另一个印象是，中国的高等教育在授课方面仍然有创新的机会。在 WPI，我们都很信赖基于项目的学习（PBL）和基于经验的学习。所以我认为我们有很多机会可以通过合作推动创新。

访谈者：但是您认为中国高等教育面临的最大挑战是什么？

校长：坦率地说，我不确定自己是否有能力回答这个问题。但是如何在保证质量的前提下，使学生们接受能够适应世界变化的高等教育是非常关键的。对我来说，这是高等教育工作面临的最大挑战之一，我们的毕业生如今所做的工作已经与 10 年或 15 年前大为不同。如何确保所提供的教育可以让学生在毕业时做好面对世界的准备，是我们要思考的重点之一。

访谈者：贵校有针对工程教育进行改革吗？

校长：我们一直在增加学位项目，提供更多机会，无论是在数据科学还是机器人工程方面。机器人工程是我们十年前开设的专业，一直在扩大规模，现在是 WPI 第三大专业，仅次于机械工程和计算机科学。机器人工程是真正的跨学科专业，包括机械、电力和计算机工程，它现在越来越普遍了。

访谈者：变得越来越普遍？

校长：是的，跨越了传统部门边界，超出了传统我们所认为的工科。

访谈者：主要涉及学科间的差异吗？

校长：是的，课程体系和学科。

访谈者：您对 WPI 的国际化有何看法？

校长：最重要的是我们是谁，我们的身份。我们已经有了很多留学生，也派学生到全世界完成项目任务。去年，我们向 31 个国家派出了 1000 多名学生。他们与当地社区、组织合作应对当地面临的挑战。在这个意义上，我们真正做到了走向世界。我校是一所全球性的大学。基于这些科研项目，今年我们将建立一所"全球学院"，作为我们参与世界事务的新途径。

访谈者：那么这所全球学院属于工学院吗？

校长：它的名称是"伍斯特理工全球学院"。

访谈者：贵校在海外有办公室支持这所学院吗？

校长：我们在其他国家没有建设实体校园，但我们与许多国家建立了广泛的联系。学生出国学习时，我们的教师也会一起去，所以这就是我们现有的"基础建设"，也就是我们建立的工作关系。作为一位大学校长，我欣赏这样的做法，因为我不希望学校短期内有太多基础建设。对我来说，技术设施和建立的关系更重要。不过我们对于"全球学院"将为我们带来的改变感到兴奋。目前我们有一支学生团队在三四个国家研究交通、健康护理或是可持续发展。现在，我们可以基于这些个体经验，做些整合性的工作。

访谈者：这所学院会成为一所独立的学院吗？

校长：它是伍斯特理工学院名下的一个学院，像工学院一样。2020 年我们将举办大型活动正式启动全球学院。

第八章

加拿大阿尔伯塔大学校长
大卫·图宾教授访谈

【关键词】

★ 大学校长

★ 全球领导力

★ 清华大学

★ 阿尔伯塔大学

★ 加拿大

【访谈背景】

阿尔伯塔大学原校长大卫·图宾（David Turpin）于 2019 年 10 月访问清华大学，就进一步加强两校合作与清华大学副校长薛其坤展开交流，并续签两校校级合作协议。2019 年 10 月 9 日，清华大学教育研究院教授寇海明对大卫校长进行了访谈。

大卫·图宾，男，加拿大人，1956 年生，海洋和植物学家，博士毕业于英属哥伦比亚大学。图宾校长于 2015 年至 2020 年担任艾伯塔大学第 13 任校长。在担任该校校长前，他曾担任维多利亚大学校长、皇后大学副校长、皇后大学文理学院院长、英属哥伦比亚大学植物系教授兼系主任。此外，他还曾任职于加拿大世界大学服务部、加拿大大学董事会及咨询委员会。他是加拿大勋章（Order of Canada）获得者和加拿大皇家学会（Royal Society of Canada）的成员，曾经获得英女王钻禧和金禧纪念勋章。

阿尔伯塔大学（University of Alberta）位于加拿大阿尔伯塔省会城市埃德蒙顿。作为加拿大阿尔伯塔省历史最悠久的大学，阿尔伯塔大学成立于 1908 年，是加拿大规模最大的五所综合性研究型大学之一，拥有四万余名学生和三千余名教师。依托阿尔伯塔省丰富的石油、天然气等资源，该校在能源、纳米技术等领域具有突出优势。在2021 年 QS 大学排名中，阿尔伯塔大学排名世界第 119 位。2017 年 4月，清华大学和阿尔伯塔大学共同签署了联合共建清华—阿尔伯塔未来能源与环境联合研究中心的协议。

【访谈要点】

访谈涉及校长及其个人背景、领导团队、校长所在大学、清华大学、中国高等教育和全球高等教育等层面。要点包括：

· 我作为阿尔伯塔大学的校长，对内有一个非常重要的任务就是确定大学的战略方向，并在内部传达大学的关键信息，对外则需要与各级政府官员、商界与工业界人士、校友等进行会晤以让他们了解大学的发展情况，并努力争取他们的支持。

· 我们的学生代表有我的手机号码，我和副校长都会定期与学生代表进行会面，我会告诉他们，你们是极少数有我手机号码的人，但如果你们遇到紧急情况或者想安排一次会议可以随时联系我，我发现在我的职业生涯中，还从来没有人滥用过我的手机号。他们遇到紧急情况时，会联系我的。这有助于建立信任。

· 我们在研究中所做的一切工作都需要合作，因此我和全世界各地的人合作，而当我遇到问题需要解决时我就会找出世界上做得最好的人并联系他们，我也会派一名博士后或者研究生去那里学习一些技术，或者把这个人从他们的实验室挖到我的实验室来，对我来说，注重合作，是我形成领导力的基础。

113

【访谈记录】

访谈者：您能告诉我们，您作为领导在工作中是如何分配时间的吗？

校长：每次有人这么问我，我都会开玩笑说：我70%的时间用在对内事务上，另外70%的时间用在对外事务上。我想这句话很好地概括了我的时间分配状况。校长所承担的工作需要投入大量的时间和精力来完成。

校长对内有一个非常重要的任务，那就是确立大学的战略方向，并在内部传达大学的关键信息，包括从副校长到院长再到普通教职工的从上至下的整个组织架构。当新教职员工加入我们大学时，我都会给他们介绍我们的大学，讲我们的目标是什么，他们该如何帮助我们实现目标。我一年讲四次。这是整个内部领导和内部行政方面的工作。

此外，校长还要承担对外任务。在我看来，校长的角色是要帮助改变外部环境，使外部环境有利于实现大学的使命。这样，随着外部环境的变化，大学也会做出相应改变，从而有助于我们完成使命。我会会见政府官员，无论是地方上、省级、国家级，还是国际政府官员。我还会会见更广泛的社会成员，无论是商界还是工业界人士。同样涉及地方、省、国家和国际各个层面。不管对方是校友，是非营利组织的成员，还是其他利益相关者。我之所以会见他们，部分原因是想让他们了解我们大学的最新情况，了解我们大学正在做哪些特别的事情，并努力争取他们的支持。这就是我对大学校长对内对外角色和责任的看法。

访谈者：对内您是如何分配时间的，比如多少时间用于战略制定和学校发展，多少时间用于与高级管理人员商讨大学事务，多少时间用于处理学生事务，多少时间用于处理教职工事务？

校长：其实不同时间段的差异还是很大的。像这周的话，我的时间就几乎全部用于处理国际事务。但是，我坐车来这里的路上，处理了一些往来邮件。对内的话，很大一部分时间是用来与高级领导团队的成员互动交流。我想，这是占比最大的部分。另外一个重要的部分，就是治理大学。大部分大学里都有董事会（Board）和评议会（Senate）。我们的体系有点不一样，我们的学术团体被称作"教授委员会"（General Faculties Council）。还有就是评议会，这是个独立的组织，职责有些不同。实际上，我们大学有三个治理机构。

董事会是负责大学财务和运营的管理机构。（他们）有些是外部任命的，也有内部任命的。董事会一共有 21 名成员，负责预算、财产管理这类事情。还有处理学术事务的教授委员会，我担任教授委员会主席。成员包括副校长和院长，但是大部分是教师和学生。所有学术规划、学术标准、招生等问题都由教授委员会处理。评议会是一个独立的机构，成员主要由外部任命，大约三分之一由内部任命。他们任命名誉校长，提名荣誉学位候选人，同时也维系大学与社区之间的关系。他们不作决策，只提供建议。

访谈者：是在商业运作方面，还是更广泛的社区？

校长：两者都有。其中一些人会提供商业视角，另外一些人来自更广泛的社区。许多大学都设立了社区咨询委员会。来自全省各地的大约 60 人会提供意见和建议——他们每年都会开四次为期两天的会议。以上就是我们的治理机构。

每个机构都会成立委员会，向治理机构提出建议，建议他们应该做哪些决策。在某些情况下，他们也会受委托作出决策。管理、领导和激励这些机构需要花费相当多的时间。就时间分配而言，我有40%—50%的时间用在管理这些机构上。我还有大约30%以上的时间用于大学治理上。我会会见不同的利益相关者，如学生、员工协会和教师协会。

然后我还有一项非常重要的任务，就是出席各种仪式。我已经数不清每年需要在各种场合发表多少次演讲了，但这些演讲实际上很重要。有时候我会想，我真的值得花时间来做这个小小的演讲吗？答案是：真的值得。因为人们希望知道他们的领导人是谁、说了哪些话，并有机会与领导见面，听他们分享一些想法。我认为，许多校长刚上任时面临的挑战之一就是，他们不理解仪式和参加活动的重要性。

访谈者: 我能问一下，学生在校园里平时能见到您吗？我想我应该去问问学生。

校长: 是的，你应该去问问他们。我们的学生代表都有我的手机号码。我和副校长都会定期与学生代表会面。我告诉他们，你们是极少数有我手机号码的人。如果你们遇到紧急情况，可以联系我。如果你们想安排一次会议，就可以联系我。在我的职业生涯中，我发现，从来没有人滥用过我的手机号。他们遇到紧急情况时会联系我。这有助于建立信任。幸运的是，我们现在既有研究生协会，也有本科生联合会。学生的领导力真是让人难以置信。他们非常聪明，而且动力十足。我敢说，我在加拿大的大学当领导的 25 年时间里，目前是我与学生之间互动质量最高的时刻，真是非比寻常。这对我们会有帮助，因为我们有了一个新（省级）政府，新政府会强制实施一些重大基金削减政策。

访谈者：我想问，"重大基金削减政策"指的是什么？

校长：我们有了新的预算。这届新政府刚刚当选。他们受命在不增加税收的情况下，在四年时间内平衡省级预算。也就是说，一切基金都将被削减。我们不知道会发生什么。我认为，有一群学生领袖在我们身边，并且建立了非常牢固的关系，这对我们大学而言是一件好事。

我们的预算每年4月启动，10月底要削减的预算是针对当前预算年的。我们的预算年已经过了一半了。我们没有写一封信，没有与政府签订一份资助协议。我们在去年3月提出预算假设，董事会批准了一项预算。但所有的假设都可能是无效的，我们必须尽快处理。在明年2月，会有另一项省级预算，是针对2020—2021预算年的。我们在这一预算年度的预算可能会有大幅削减。

访谈者：您的大学预算当中，有多少是来自省级政府的拨款？

校长：我们每年的预算总额大约是20亿加元。其中大约10亿加元是运营预算。这部分预算用于为员工发放工资、教学等。另外5亿加元用于研究。然后还有附属设施，包括住宅区、停车场等商业投资。就政府拨款而言，在这10亿加元中，大约2/3来自政府拨款，1/3来自学费。平均而言，在加拿大的大学里，政府拨款和学费占一半，运营预算占另外一半。在某种程度上，我们期望政府放松对学费的管制。

政府资金会削减，这已经是很清楚的了。大约一个月前，政府发布了一份报告，介绍了阿尔伯塔省和省内大专院校的财务状况。我们将把资金分配拉回国家平均水平，即减少省里资金额度，增加学生的投入。这是什么意思？是重新分配吗？资金总额保持不变？在这种情况下，你是让学生承担100%的负担，还是减少经费总额？政府会提供补助金作为补偿，以抵消学费上升带来的冲击。那么其他未知因素将会是：我们的招生预期是什么？

访谈者：我能问您一个关于高等教育经费的问题吗？收益削减和开支之间的关系到底是怎样的？你们削减或者提升学费的话，那么预算变动一定会转嫁到额外拨款上吗？或者比这个更复杂，考虑到你们大学在补贴方面的自由度。

校长：我想说的是，人们以为这个问题很好回答，实际上，这是个很复杂的问题。我们要做的其中一件事是，不能让学生承担这一转变所带来的全部压力。一周前我在大学的演讲里做了承诺，已经讲得很清楚了。

访谈者：是一次公开谈话吗？

校长：是的。因此我承诺，由于学费上涨，收入增加的很大一部分将用于资助需要帮助的学生。这其中一个大问题是学费会怎样变动？我们将如何处理学生资助，以保护那些最易受学费上涨冲击影响的学生？那么另一个问题就是，一旦你得到了一笔运营基金，不管它来自哪里，那么你该如何分配它？在过去的几年里，我们一直在努力构建一个预算模型，帮助我们作出这些决定。从历史上看，我们大学采取的是增量预算分配模型，没有指出关键驱动因素是什么。我们试图让它更透明一些。

访谈者：您指的是成本？

校长：我说的是收入。或者说收入分配。显然，成本与此有关。如果教一个学生比教另外一个学生成本更高，那么学校很有可能会给你更多资助，但是，院长并没有透明的了解方法。如果我的招生人数增加了20%，这对我的收入会有什么影响？他们不明白这是怎么回事。这基本上是与院长的一次性交易。我们所做的是，我们已经开始采取一种模式，将收入与教师的工作量和成就联系起来。

访谈者：基于活动的成本计算？

校长：根据项目成本的不同，不同的学生会分别被赋予不同的权重。院长可以坐下来听大家的意见并计划招收人数。这样就会形成一定的透明度。还有一部分资金是根据研究成果和成就来分配的。

访谈者：您指的是从主要资金来源分配吗？

校长：不是，我指的是根据部门引进外部资金的能力进行奖励。如果有两个完全相同的部门，两个完全相同的教学一成本结构，并且一个部门在研究方面明显优于另一个部门，那么这个部门在争取运营资金方面将会受益。

访谈者：就奖励成就而言？

校长：是的，这种做法可能会激励院长和教职员工。

访谈者：这只是针对科研吗？

校长：不仅仅是为了满足本科生的需求和规划需求，而是要认识到，我们作为一所当代大学，其中一个主要任务就是从事研究和创造性活动。我们正在开发一些工具来激励院长优化招生，以有效地管理资源，并让他们意识到他们作出的决策对预算造成的影响。

访谈者：您的学术背景对您当大学校长有何影响？

校长：有意思。我之前是一名海洋生物学家。我对光合作用和海洋的研究感兴趣。后来，我的研究兴趣转向了光合作用，我最终成为一名生化生理学家。

访谈者：您研究的是浮游生物吗？

校长：是的。我从浮游生物研究起步，我的模型体系是围绕单细胞藻类、浮游微生物构造的。我用它们来研究光合作用。从本质上而言，这是跨学科的。作为一名生物学家，我涉足生物科学。然后在海洋学背景下，我与物理学家、化学家、数学家互动。我们在研究中所做的一切工作都需要合作。我和全世界各地的人合作。如果我们有问题需要解决，那么我就会找出世界上做得最好的人，联系他们。我会派一名博士后或者研究生去那里学习一些技术，或者把这个人从他们的实验室挖到我的实验室来。

对我来说，注重合作，是我形成领导力的基础。我意识到，我对任何问题的答案基本上都一无所知。可是我很幸运，因为我能问出一些好问题。我只是努力让真正聪明的人跟我在一起，他们可以帮助解决我们所面临的更大挑战。我认为，这就是我的学科背景对我领导风格的主要影响。

访谈者：太好了！谢谢您。您的领导团队中有各种各样的人，他们扮演不同角色、具有不同观点，有的人从事风险管理、有的人有创造力、有的内向、有的外向，您如何构建并保持这种平衡？我指的不仅仅是在雇佣员工方面，还有工作交付和指导方面。

校长：我经常用投资组合来打比方。你在投资的时候，各个项目都需要买一点，对吧？

如果你将所有的鸡蛋都放在一个篮子里，短期内，你可能会取得惊人的成功，也可能会以难以置信的方式失败。从长远来看，这是一个可怕的策略。你需要有一个多样化的人才和技能组合。关键是他们一起工作，和睦相处，你希望他们的观点不总是趋同。当我环顾坐在四周的副校长时，我发现有些人偏向于学术，有的人擅长商业化运作，有的人是数字控，也有人专注于其他形式的沟通和参与。

我认为，最重要的特质是，他们作为独立个体，能够与团队成员联系在一起。他们每个人都有自我，但是他们的自我被压抑了。他们实际上愿意将机构及其目标置于个人目标之前。要找到这种组合是很难的。因为你一方面希望人们去推动目标、挑战极限，另一方面也需要团队具备超强的凝聚力。我很幸运。我认为我现在的团队是我合作过的最好的团队之一，我以他们为荣。我认为，将这些团队整合在一起，是任何领导者都需要面对的最大挑战。

访谈者：最初的招聘评估是关键。

校长：是的，这是我们面临的最大挑战。一旦他们加入，我就需要指导和帮助他们融入团队，同时听取他们对我的领导能力的评价，以及我需要怎样做才能更好地成为团队的领导者。

访谈者：阿尔伯塔未来三到五年有什么具体的计划，想作出哪些独特的贡献？

校长：好的，我给你介绍一下。我们的战略计划分为五个部分。我非常相信计划，但我喜欢这样说："计划永远不会奏效，但计划永远得做。"我们在阿尔伯塔大学建立的计划可以用五个动词来概括。这和我以前的做法迥异。这五个动词分别是——建设、体验、超越、参与和可持续。建设指的是如何建设一所伟大的大学。这就涉及引进优秀的学生和教职员工。大学所有的计划，都离不开招聘和留用人才。我们如何让这些教员加入进来？我们如何使学生来源更加多样化？我们成功地吸引了阿尔伯塔省和世界其他各地的精英。我们在加拿大其他省份知名度不高，所以我们制定了一个全国范围内的招聘战略。我只举一个例子。

体验在很大程度上是关于学生的体验式学习机会。让学生走出去，这样他们就有机会在工作中、在外部社区里学习，把他们正在学习的东西带到社区中，并把社区里面临的一些挑战带回校园。无论是在合作教育，还是社区服务学习方面，我们都在启动这些计划。

访谈者：每个学生都有机会参与？

校长：我们的设想是让每个学生都有机会参与。但我们还没有做到这一步，还需再接再厉。我们状态很好。我非常自豪的一件事——就在一个多月前，QS 世界大学排名的就业能力排名将阿尔伯塔大学的就业能力排在加拿大第二名，仅落后第一名 0.2 个百分点。这是巨大的成就。

下一个动词是超越。其实是由两个部分组成，首先就是要为实现全球性卓越打下基础。然后，在此基础上，打造我们大学真正在国内和国际领先的标志性领域。我们已经启动了四个领域，可能还有另外两个领域。

访谈者：好的，您能给我们讲讲都有哪些领域吗？

校长：没问题。我先给你介绍下这个开发过程，我们并没有强制措施去执行。

我们没有强加给教职员，而是成立了一个署名领域开发小组（signature area development panel），小组成员都是杰出的学者。随后，由教务长和主管研究的副校长共同主持，并呼吁大家提交提案。最终收到了大约 80—90 份提案。开发小组看完这些提案后说："嗯，这里有一大堆相关的东西。"他们聚集在一起说："好的。这是你们所有的提案。现在回去，将货真价实的东西拿来看看。"

后来一共有四个领域获批，可能后续还会增加。已获批准的四项，第一个与能源和环境相关，这是全球面临的主要挑战。每个学院都有人在研究这个领域，加起来足足有数百人。这是我们与清华大学交流最多的领域之一。

还有一个领域，当我第一次听说的时候，我真的很惊讶，它的标题是"性别交叉时代的研究"（Research at the Intersections of Gender）。事实比这个名字要更复杂一些，我更喜欢把它视为人类身份的研究。我们今天面临的每一个社会问题，都受到个人体验和表达身份的方式影响。人们的性别是什么？人们是哪个种族的？没有人同属于一个社区。

我们可能具有不同的社会经济背景，来自世界各个不同角落，有着不同的生活经历。如果你想想我们当今社会中所面临的重大问题，如人口迁移、错位、社会不平等、收入差距、种族主义、性别歧视等，所有这些都与人类身份构建有关。我们大学现在有数百人在从事这方面的研究。

访谈者：是人文科学，还是跨越不同领域？比如在卫生领域、法律领域，商业领域等。我之前从未料想过这种局面。

校长：跨越不同领域。这很重要。我认为，我们遇到了一些挑战，比如，我们该如何定位和营销，该使用怎样的语言来表述，使它更容易被理解。这很关键。

第三个领域是精准健康。从基因组到管理大数据，技术革命都是相互关联的。这些新工具结合起来，无论是维持公共卫生，还是治疗罕见疾病，都能起到巨大作用。我们有数百人从事这方面的研究，他们是从各个院系选拔出来的。

我们获批的最后一个领域，是关于原住民和第一民族的。跟澳大利亚一样，这在加拿大也是一个重大的问题。殖民统治对我们社会和原住民人口造成很大的影响。他们是加拿大增长最快的人群，受教育程度最低，健康状况最差。除非我们解决这个历史遗留问题，否则我们将无法生存。我们必须解决这个问题。同样，我们大学有数百人在不同地区处理这个问题。在公共卫生方面，人们四处寻找，试图在加拿大北部的土著保护区获得干净的水源，以应对影响国家调动自然资源能力的根本性挑战。

访谈者：*我注意到，每个署名倡议都在研究某个社会群体，但是研究者有资助吗？结果是调查得出来的，还是——*

校长：有一点点资助。

没有资助核心研究。我们的想法是，这可以让我们分辨出那些我们可以在国内和国际处于领先地位的领域。它可以让院长明白该如何分配稀缺资源。它能让我们把素未谋面的人聚集在一起。有人会说，"我从来不知道健康科学系在研究这个"。我们有一些人在署名领域提出的提案没有得到支持，这些提案已经被汇总起来了。例如，我们有三四个关于微传感器的不同提案，有一个来自科学方面的，还有工程学、医学方面的，他们不知道对方在研究这些。

我们是这样做的，我们对一些提案做出的评价是："好吧，虽然现在这个提案还无法进入署名领域，但是也许10年后就可以了。"要鼓励这些人。背后的理念就是要建设、体验和超越。

访谈者：*他们的提案没有通过？也许他们三年后会接着提交。*

校长：我们的想法是，不要停留在原地，这就是我下面要提到的"超越"。超越是建立在卓越的基础之上的。建设、体验、超越和参与，这是关于社区参与。我刚才在评论校长角色的时候提到了这一点。

那么，该如何建立一所真正参与社区建设的大学？我们战略计划的标题是"为了公共利益"。用这个视角来观察我们所做的事情，无论是教学、研究，还是参与社区建设，我们所做的一切都必须是为了改善我们的社区。我们的计划里明确阐述了这一点。最后一个方面是可持续。

访谈者：我想问的是，您是如何衡量你们在某一领域的成果的？

校长：好问题。我们遇到最大的挑战是，我们应该鼓励大家参与到什么程度？我认为，在大学工作的每个人、每个教授，都应该是一个敬业的公民。他们应该联合起来作出贡献，在社区中志愿去做一些事情。这是成为一个好的社会成员应该做的事。我们所做的不止这些。我们要将智力资本带入社区，了解社区面临的挑战，并共同努力帮助解决这些挑战。

就社区而言，当地居委会可能会想，我们该如何规划社区土地利用？关注难民的国际社区，考虑到叙利亚正在发生的事情，可能会考虑我们该重新安置难民。我们如何建立这些伙伴关系，了解我们所面临的挑战是什么，同时凭借我们的能力来帮助解决这些问题，并让我们的学生参与其中。我就是这个意思。

访谈者：我不知道您第一次来中国是什么时候，是因公出差还是私人访问？您对中国高等教育的主要印象是什么？

校长：我第一次来中国至少是 25 年前了。中国的变化真是令人震惊。我跟清华大学校长说，当年我第一次到这里的时候，穿越北京机场只需要五分钟。现在不同了。

现在从机场一头走到另一头需要一个小时。中国的变化令人震惊，中国在世界上的角色已经发生了根本性的变化。中国拥有世界四分之一的人口，在世界上有着举足轻重的作用。

访谈者：最后一个问题是关于全球高等教育的。就全球高等教育而言，您认为大型研究型大学的主要角色是什么？或许，更广泛地说，就像您所说的，大学应该如何改变，从而作出更大的贡献？

校长：我认为建立全球伙伴关系至关重要，因为我们都有一个共同的目标，那就是通过我们的教育和研究，让世界变得更美好。这是一个巨大的挑战，没有人能独自完成。就像我的领导团队将互补的人聚集在一起一样，需要具有相同兴趣点的大学聚集在一起，解决重大全球挑战就是要发挥各自的优势。

我认为当代大学校长的角色之一就是要建立合作关系，并阐明合作关系要超越政治挑战，这一点极其重要。目前，中国和加拿大两国之间正面临一些政治挑战。无论我走到哪里，我都清楚，加拿大和中国之间的大学和学者个人之间的关系将超越这些短期的政治挑战。我们之间的合作关系会持续下去。世界各地的学者群体如果能够传播这些理念，那么我想我们会铸就更加美好的未来。

第九章

南非斯泰伦博斯大学校长
维姆·德·维利尔斯教授访谈

【关键词】

★ 大学校长

★ 全球领导力

★ 清华大学

★ 斯泰伦博斯大学

★ 南非

【访谈背景】

斯泰伦博斯大学校长维姆·德·维利尔斯（Wim de Villiers）于 2019 年 10 月访问清华大学，就两校共同作为世界大学气候变化联盟校之间的教育和研究领域的合作与校长邱勇进行交流。2019 年 10 月 14 日，清华大学教育研究院教授寇海明对维姆校长进行了访谈。

维姆·德·维利尔斯，男，南非人，1959 年生，医生，博士毕业于牛津大学。作为一名医学研究者，他曾发表过近百篇学术期刊论文，获得近 5800 次引用。从 2014 年起，他担任斯泰伦博斯大学校长。在担任校长之前，他曾担任开普敦大学健康科学学院院长，并在肯塔基大学担任过多个高级职位，包括胃肠病学负责人和撒玛利亚医院的行政负责人。2016 年，他被任命为国际期刊《胃肠病学》顾问委员会成员。他曾累计四年入选美国最佳医生排行榜，并于 2008 年被授予南非胃肠病学会荣誉院士称号。

斯泰伦博斯大学（Universitet van Stellenbosch）创建于 1918 年，坐落于南非西开普省。斯泰伦博斯大学是南非顶尖的公立研究型大学，全球大学高研院联盟成员。多年来，该校在科学研究和人才培养方面取得丰硕成果，在南非所各大学的全职学术人员研究产出统计中，该校的加权研究产出最高；在南非国家研究基金会（NRF）的评选中，该校科学家人数排名第二。目前，斯泰伦博斯大学已成为国际公认的卓越大学，在 2020 年泰晤士世界大学排名中，位列全球前 300 名，在金砖国家大学中位列前 20 名。斯泰伦博斯大学十分重视与中国的合作，于 2005 年成立中国研究中心，重点研究中非关系。

【访谈要点】

访谈涉及校长及其个人背景、领导团队、校长所在大学、清华大学、中国高等教育和全球高等教育等层面。要点包括：

·我绝对不是一个事无巨细的管理者，实际上我是在宏观层面整合我们的大学和人群内在框架，设置我们需要的参数，也就是从战略的角度为大学发展提供愿景和方向。

·大学真正影响社会，就需要通过所做的研究，所采取的各项措施都必须与当地和地区发展有关，能够起到正向的促进作用，同时也要具有全球竞争力。

·在南非经济发展缓慢的背景下，如何为大学提供资金，这本身就给财政部门增加了负担，我正试图摆脱对政府的依赖，强调通过建立公共—私营的合作关系获取更多的收入。

【访谈记录】

访谈者：您能告诉我们，作为一个领导者，您的时间是如何投入的吗？

校长：好的。首先，我绝对不是一个事无巨细的管理者，那不是我分配时间的最佳方式。所以，我需要建立起我们学校和人员功能的框架，绘制一幅宏大的蓝图，设定我们工作的标准。这是战略要点，是愿景，是提供的方向。然后你要给大家机会去跟上你的工作，并且相信他们。

访谈者：以一个星期为例，您是如何分配您的时间的，比如会议或者政府关系，或与学生会见、与重要教师会见，等等？

校长：战略方向大概花 40%的时间。其中四分之一的时间是和其他利益相关者开会，比如和政府官员开会；和学生开会的时间大约是 10%。但是，有相当一部分时间是用来进行筹集经费，就是筹款，我认为这也是当今大学领导人所特有的现象。

访谈者：筹款包括什么？把人们带进大学，让他们出钱吗？或者在世界各地进行筹款，还是围绕南非、在整个非洲？

校长：是的，以上都有。我会在斯泰伦博斯我的办公室与潜在捐赠者见面，也会在他们的工作场所和他们见面。筹集经费是一个很特别的问题，我们可以讨论很多，但这是朋友交际和资金筹集之间的平衡。我总是把它称为三个 T，即：时间、才能和财富。我们用此鼓励校友参与。校友们热爱母校，投入时间和才能帮助年轻人和整个校友网络，但如何使他们投入的时间和才能转化为金钱是一项挑战。从校友、高端群体个人以及基金会筹集经费的过程大致如此，这需要相当多的旅行，无论是国内还是非洲大陆，抑或是国际旅行，也包括中国。我不知道能否在这里募集到资金，但来到这里更多的是为了增强斯泰伦博斯大学与中国大学之间的友谊，加强国际合作。

访谈者：您的大学预算有多少，我不知道您是怎么架构它的。但仅从你们增长的捐赠资金上，为什么这会是一个特别的增长点呢？

校长：是的。斯泰伦博斯大学是一所公立院校。南非有 26 所公立高等院校，但研究密集型大学较少，26 所大学里仅有 4 到 5 所，包括斯泰伦博斯大学、开普敦大学、威特沃特斯兰德大学、比勒陀利亚大学这几所。传统上，这些学校的大部分经费预算都由国家拨付。但现实是，国家预算部分已经大大减少。因此，目前我们有超过 50% 的预算来自其他来源而非国家。

说起这个，我们得提一下不同的收入来源：第一个收入来源是大学的补贴，主要来自政府拨款；第二是学生学费收入；第三是科研合同，这已经超过了我们预算的 50%；第四种收入来源是捐赠；第五个是我们所说的商业方面，也就是知识产权方面的收入，其他资产使用的收入。捐赠这一部分传统是占比较低的，而我的目标是让它达到我们总预算的 10%。因此，自从我担任校长以来，也就是 2015 年 4 月 1 日起，我提出的一项重要目标，就是让这一比例达到 10%，现在是 7%—8%。这个比例是从一个较低的基数开始的，大约 4% 到 5%，如此看来，这是一个显著的增长。现在这个比例仍然很低，如果和美国的大学相比，他们的比例远不止这些。目前的比例则更符合传统的英国大学，他们也想让这个比例达到 10% 左右。如果您看看我们的欧洲同行，荷兰、德国的大学，捐赠在那里几乎不存在。因此，这对我们来说是一个重大的转变。

访谈者：南非有向大学捐赠的传统吗？

校长：捐赠在南非大学还是新事物。所以，我认为这是我们一直想发展的。

访谈者：是捐款给大学，还是给社区？

校长：给社区捐赠很常见。传统上，主要是给教会、学校或其他慈善机构，比如 SPCA（爱护动物协会），比如反对虐待动物、保护野生动物之类的机构。但大学并非如此，因为大家认为国家已经为大学提供了足够的资金。所以我们的工作重点一直在积极拓宽捐赠者的领域。如果您看看像哈佛大学这样的学校，当然每个人都在以哈佛大学为标杆。如果您再看看那些文理学院，在美国，比如中央学院，那是一所非常有名的小型文理学院（Liberal Art College）。他们有 92％的校友捐赠给母校，而哈佛大学大概是 60％左右。如果您再看一下平均值，美国的学校大约是 8％。那么，我们目前处于什么位置呢？大约 3％。这就是我想要扩大我们校友基础的地方。我们在全国和全世界大约有 12 万—14 万名校友。所以，捐赠除了要关注已经在我们数据库中的高净值个人之外，还要获得更广泛的校友基础和更多的小额捐赠。正如我之前所说，在时间和才能之间进行过渡，最终是财富。

访谈者：尤其是来自校友，或更广泛的慈善捐赠（人员、机构）？

校长：是的。您可以从校友开始，之后可以是更广泛的慈善捐赠领域和基金会。如果您查看一下现在的基金会，例如像梅隆基金会这样大的美国基金会，主要资助人文学科领域；福特基金会，或比尔和梅琳达·盖茨，或迈克尔和苏珊·戴尔基金会，他们都有特定的关注领域。这就是慈善捐赠吗？是，但又不是。因为它专注某一个他们感兴趣的特定项目。例如，戴尔基金会感兴趣为本科生提供机会，并确保其获得成功。盖茨基金会专门支持农业方面的研究，最近开始支持医学研究，特别是在结核病研究、艾滋病研究、疟疾研究等领域都做得很好，他们的目标是想要根除疟疾，开发一种对抗肺结核的疫苗，我们学校最近也参与其中。

访谈者：我注意到您的专业背景，您认为医生的专业背景是如何影响您作为大学校长的工作的？

校长：我认为这是一个非常有意义的问题。您可能知道，南非的高等教育情况已经非常复杂并具有挑战性。原因有很多，主要是资金、学生运动，还有政治不稳定，也许还有对 1994 年后政治发展的幻灭。我们是一个相对年轻的民主国家，这是一种青少年式的民主，伴随着发脾气和荷尔蒙冲动，所以从这个意义上说，我们遇到了一些挑战。

我考虑过我的专业背景如何帮助我处理这些问题，我是一名医生、一名医疗工作者、肠胃病专科医生。我想您如果看看其他国家的大学，有相当一部分大学的领导具有医生背景。我认为我们的"倾听，诊断，治疗，还有预防"就是我们所擅长的，尽管我们在接受教育和培训时都没有意识到这一点。所以我们很擅长倾听，获取信息、提炼信息，并形成一个鉴别诊断，然后做一些测试和干预，之后再重新评估，周而复始。另一方面，我认为，具有医学研究背景能够帮助我处理非常复杂的问题，不至于个性化任何批评。其次，医学背景有助我将一些重要的事进行有效划分。比如，您预约到我办公室，用 10 到 15 分钟咨询，向我诉说您身体不适的状况，然后由我来诊断处理。下一个病人可能有一个潜在的、致命的诊断结果，我同样需要用大约 20 到 30 分钟处理这个病例。再下一个病人可能会有另一种诊断，虽然不是很严重。这件事说明每一次您都需要打起百分之百的精神将个体病案处理完毕，然后马上转到下一个病案。这就是对工作任务的划分问题。我认为，在没有真正意识到这一点的情况下，医生们已经习惯于这种思维和处理方式。这有助于人们处理复杂问题。

访谈者：让我们稍稍谈远一点。您的个人工作与您与领导团队的工作相关。您是如何平衡团队中不同的性格和角色成员的，例如那些冒险者、有创造力的人、财务经理、内向的人、外向的人？就具体的角色而言，您是如何主持会议，如何雇佣员工，如何奖励员工的？这个团队的平衡点是什么，以及您如何让这个团队平稳且客观地工作？

校长：从"直升机视野"（Helicopter View）来看，我不是一个微观管理者。我通常会给出一个大致的总体方向，我相信人们会持续跟进工作。很幸运我们拥有一批有能力跟进的人。我校工作的特定体制，不像美国校长那样担任校长时是带着自己的团队来的。在斯泰伦博斯，校长到来之前团队已经形成，而且这个团队已经固化了一定的工作风格。

他们不是由我直接任命的。他们应当是通过大学中像教师评议会、校理事会任命的。CLO 或者其他行政头衔人员也是如此。

我确实直接控制他们，但我不一定需要任命他们。我可能是选举委员会的主席。在我们的领导结构中，有一个负责教学的副校长。这是一个高级职位，任期是五年，而且可以再续任五年。但那个人实际上是在我上任之前任命的，所以，他将继续担任这个角色，包括第二个任期。这些留任的人也是团队的一部分。所以这是一个团队群体的继承，有的是在我任期内被任命，但并不全是。具体来说，我们有负责教学的副校长，有负责研究创新和研究生教育的副校长。还有负责战略和国际化的副校长，这个是我实际设立的新职位。我创造这个职位，是因为我非常强调国际化。我们还有一位负责社会影响、转型和人力资源的副校长，也是在我任职期间被任命的。

访谈者：我能再多问一下关于那个职位的事吗？我注意到同情心

是您的战略目标之一。

　　校长：是的，必需的。这是我们大学的核心价值观之一。我是一名医生，所以很容易记住这些词的首字母缩写，就是 ECARE：卓越、同情、责任感、尊重和公平。在社会影响方面，我们有传统基础支柱——教学和研究。但我们也非常关注社会影响，把它作为对社会的核心贡献。大学有历史，国家有历史，而且是复杂的历史。为此，一所大学如何真正影响社会，我的观点是：我们所做的研究和所为，应该与当地相关，对地区有影响，也要有全球竞争力。所以当我谈到与地方相关时，我们面临的是一些非常复杂的问题和挑战、一些令人讨厌的问题、一些多学科的复杂问题。我的观点是引用《启示录》中的四个骑士的话，即失业、贫穷、不平等和腐败。这是四个非常困难的社会问题，而社会影响在其中都扮演着非常重要的角色。所以这位副校长具有极为重要的职责，就是整合和协调我们参与的不同产品和项目，包括我们的学生和学术人员的社会影响，我们如何影响社会，以及我们如何与社会互动。

　　斯泰伦博斯大学是"大学城"的一个例子。以全球标准来看这是一个非常小的城镇，大约有 15 万到 20 万人口。我们学校大约有32000 到 34000 名学生，其中三分之一是研究生，是非常强的研究密集型大学。这样一个大学城，几乎是整个市镇网际的一部分。所以，这个城镇居民与学校有着非常紧密的联系。到 2018 年，我们学校已有一个世纪的历史。我们邀请了一些其他大学——不是很多，但都类似具有"大学城"性质的学校，如圣安德鲁、普林斯顿及比利时的鲁汶大学，我们想要建立一个网络，一个国际性的网络，由这些大学城组成，因为它们都有特定的问题，比如您所谈的如何与地方、周边环境联系，等等。

因为我们有一种非常大陆的风格。我们在非洲，是非洲的一部分。这当然是我们的首要核心，之后才是全球。我委托了一项有关大学和地方社区以及政府当局的经济影响的研究项目。大学的影响是什么？这是一个很好的研究，非常保守，也应当保守。但如何处理这些信息很有难度，因为大学就是"房间里的大猩猩"。大学在当地经济中所占的比重很大，必须非常谨慎地考虑如何影响这种平衡。因此我认为这个网群将会帮助我们进一步发展。另一个重点部分是，在开普维纳兰的斯泰伦博斯这样一个大学城，一个风景如画的地区，距离开普敦大约 50 公里，我们也有各种社会问题。这里实际上是一个理想的、鲜活的社会实验室，是所有这些不同问题的缩影。所以可以通过一个很长的答案，来回应一个很短的问题。通过社会影响和各种社区项目，可以真正解决众多不同的问题。我们的副校长已经开发了一些创新性的项目，将构建一个社会影响知识的平台。但我们如何从实际上衡量这个影响？您知道，这些都与数字有关，简单地讲，事关数据。像您所知，有多少博士学位持有者？有多少研究生？有多少硕士生？实际上如何衡量社会影响？我想我们已经做了一些有益的尝试。

访谈者：是学校管理平台还是一个公共平台？

校长：这是一个学校管理平台，是我们开发出来的，是一种特定的平台，与周边相关，但也有一些更为通用。管理团队中另一个非常重要的部分，就是首席运营官。除此之外，其他的都是学术性职位。

（所以学校管理工作有）教学、科研、社会影响方面的领导等，还有国际化。

这些都是副校长的事。然后是首席运营官，首席运营官因为事关商业，有很大权力。我们处在这样一个时代，商业无处不在。

访谈者：是的。还有人力资源是吗？

校长：人力资源实际上归负责人力和社会影响转化的副校长管。在许多大学，人力资源也在首席运营官下面。但是，很多人批评目前的高等教育办学环境趋向高等教育私有化。但是我认为："实际上我们需要商业，但不是商业光环。"因为我们的办学环境中没有商业，所以我们必须谨慎地工作，确保可持续发展，并使资源得到最佳利用。

访谈者：那么谁在政策、财务等方面与政府保持联系呢？

校长：我。最后的责任还是落在我这里。所以当政府想要和大学对话时，他们找我对话。

访谈者：好的，我想再问您一点关于你们学校的贡献与使命。能否具体展开谈谈，围绕您的一些理想，未来三到五年办学的挑战有哪些？主要的风险有哪些？

校长：实际上这是一种享受。在第二个任期内，我的工作重点是什么呢？有很多，但我认为是可实现的。在南非，作为研究密集型大学的斯泰伦博斯大学面临的主要挑战是财政上的挑战，财务的可持续性，尤其是在南非经济发展缓慢的背景下。目前南非的经济大约是1%—1.5%的增长率，我们至少需要3%—4%的增长率。因此，为大学提供资金给财政部门增加了负担。当然，像我刚才所说，我们正试图摆脱对政府的依赖，更多地强调公私合作关系，主动开拓。所以这将是重要优先事项。另一个面临的挑战是：我们如何为在学业和经济上都很困难的学生提供接受高等教育的机会，保证他们获得资助的可持续性？仅仅提供进入大学的机会是不够的，还要确保学业成功，我们采取全框架支持（wraparound support）——这是我们在南非使用得越来越多的术语。因此，仅仅让他们上大学是不够的，他们还需要住宿条件、生活保障。同时也要具体保障到写作、阅读等学术性活动——因为这是一个具有挑战的世界。

访谈者：你们大学的人员情况和这个国家的人口统计很不一样。我不清楚大开普敦地区的人口情况。这可能与招生无关，但显然事关学校体系和更广泛的社会因素问题。大学能否在扩展与改变生源方面发挥作用，这是一个时间问题，还是学校体系问题？什么样的举措能对此改观？

校长：是的。我认为这是一个复杂的问题。这不仅仅是招生。

访谈者：是的。不仅仅是招生。在学校系统内，南非的26所公立高等院校中，眼下大约有100万名（学生）。但是，在南部的金字塔，这一点是倒置的。所以您有很多学生在大学系统中，而基础方面，应该是我们所说的TVET（职业技术教育系统），应该是金字塔上的宽底。大学本质上是精英主义的。这是一种不同类型的教育。所以，在南非，有太多的学生在大学系统而不是职业技术教育体系。我们需要更多地过渡到职业技术教育，大力扶持职业技术教育体系，因为那是未来的劳动力。所以这绝对是个挑战。

校长：回到您的问题上，我们当然要广泛地招生。我们现在的人口总数，超过40%是黑人、有色人种、印度人、亚洲人。但在研究生中，这个比例大大超过50%。所以要把它放在一个角度来看。

访谈者：研究生直接从本科毕业生中来吗？或者他们来自……？

校长：他们来自全国各地。这是一个结合。我们招入学生。这就是我们正在建造的管道。如果您想知道斯泰伦博斯大学作为一所研究密集型大学的产出情况，去年我们创纪录地授予了 308 名左右的博士学位。我们大约有 1800 名硕士生。但是如果您把它和整个系统相比，我们大学自己培养的博士和硕士生，比全国其他 26 所大学中的 19 所加起来还要多。当我讨论这些时，我们的使命、我们的责任，我们作为国家资产的贡献是什么？是正在建设的学术管道，培养专业高素质的人才。

另一个原因，为什么大学在南非受到追求，为什么要有大学，为什么要绕过职业技术教育系统？这是由于我们有非常高的失业率，大约 27% 到 28%，甚至高于 18 岁到 35 岁年龄人口。但如果你是斯泰伦博斯大学的毕业生，失业率是 4%；4% 对比 28%。所以，很明显，这是摆脱贫困的一种方式。那为什么学生们这么吵着要上大学呢？我认为下一阶段的重点是财政，也应当是。这可能是大学领导工作中一项比较枯燥的部分，却极为重要。

至于将国际化作为大学的一个重要部分，那是因为我们是全球的一部分，无论是学生还是员工。但我对此最感兴趣的是我们正在启动的三个新项目。第一个是我们最近成立了一个数据科学和计算思维学院，这是一个创举。这是一所与学院平行的学院，它是多学科、跨学院的。它针对本科和研究生的课程和学生。我们已经收到了大量的回应，教授们对此非常热青。在这个学院里生物信息学、经济学、管理学都发挥了作用，我很高兴看到人文学科将发挥重要作用，诸如语言学、地理、信息科学、法律，道德和网络安全。我们让更多的人对此充满信心。

第二个就是为什么我很高兴来到清华大学，因为我们被邀请加入全球大学气候联盟。我们有很多研究中心和学术中心都参与了气候研究，包括水、可再生能源、生物多样性，以及粮食安全。我们有很强的农业科学能力。因此，我们积极地参与了农业经济、土地改革等问题。

第三，我们展望世界的未来工作，包括数据科学。您可以去数据科学和计算思维学院看看。计算思维是数据科学的一部分，然后是数据科学的应用。我并不是说在大学里，每个人都需要编程。我们有编程训练营，但这并不是必需的，您要知道，编程是用来处理大数据集的。越来越多的人向大学提出了这样的问题，就像我说的，我们的大学已经有一个世纪的历史，但大学就是为了改革、为了时代发展的机构。我现在参与的一些项目，比如我们正在开发新的校园或新的建筑，我们可能只看到了 50 年后的正面或者负面的情况。仍有一个很重要的问题我们需要去面对，那就是大学仍然重要吗？我们经常问到这个问题。

访谈者：在未来的 20 年里，我们看到大学和传统教育的学生人数会有轻微的下降。而非洲则是一个相当大的增长点。这已进入您的考虑范围了吗？您打算如何服务这个市场？

校长：可以在非洲预见到一个较大的增长，因为 15 岁以下群体是一个很大的增长，大约为 10 亿人口。那么，我是否认为在我们的大学能接纳更多的学生呢？要我说的话，上限是 3 万 2 千到 3 万 5 千人。

访谈者：政府设限还是空间有限？

校长：空间有限。为此，我们或者有不同的校园，设立卫星校园，或者采用不同方式。

这是一个战略决策。我们的决策就是关注混合学习方式。那么什么是混合学习呢？一部分是数字化、在线学习，但还会有一些面授时间。

访谈者：在斯泰伦博斯实行？或是可能在任何地方实行？

校长：可以是任何地方。但还是保证一定的面授时间。因为我们的研究表明，这些面授时间对于建立人际网络和提供其他机会都非常重要。但这也是您可以在闲暇时有效使用大学设施的时段。在我们的混合学习方式中还有慕课，我相信你也关注这点。

每个人都说："慕课——大规模开放在线课程，这意味着大学的终结。"但是，这和马尔寨发明无线电是一样的。他们认为："哦。这就是大学的结束。"或者是贝尔德发明电视的时候，他们说："这就是大学的结束。"或者当互联网出现的时候："这就是大学的结束。"事实上没有，大学已经存在了几个时代，但我们必须适应社会发展。在我们的决策中，混合学习方式的课程和在校学生的课程是一样的，但这些课程是堆叠式的，你可以选择不同模块。

访谈者：那学生是怎么注册的，分开，还是……？

校长：学生可以随时注册。

访谈者：在某一节点，他们会被测评？学生要为此付费？

校长：是的。他们要被评测。

要付费，一开始可能比较少，但最终要付费。

访谈者：我可以在北京修这门课？

校长：正确。这就是我们的模式。在接下来的五年里，我希望能更强调这一点。

访谈者：我现在想谈谈更具地域性的话题。最后我想问一下，明年是我们建校 110 周年。我想请您就此说几句话，几个特别有关于清华大学的宽泛问题。您已经谈了一点，但具体地说，清华大学最吸引您的因素是什么？我不知道您来这里多久了，也不知道您在中国或清华大学的经历。

校长：是的。我和中国打交道的经验有限。我以前来过一次，是在我当校长前，那时我是一名医生。当然，清华大学享有国际声誉。它是中国第一的大学，是著名的综合性大学。因此，我们很高兴来到这里，作为我们国际战略的一部分、全球大学气候联盟的一部分，来真正扩大这种合作。我们的重点是国际化，我们有 15% 的学生是国际学生。这是全国平均水平的两倍。

访谈者：来自非洲国家还是其他地方？

校长：是的。来自任何地方，但大多数人，60% 来自非洲。那当然，我想扩大我们的国际学生人数，因为我相信文化和经历的多样性确实会丰富我们的事业。尤其是我相信大学所处的独特位置，能够真正解决我们所面临的非常复杂的社会问题。如果我们是团队的一员，我们会做得更好，比如在气候方面。我们在应对气候挑战时需要考虑各种不同的问题。因此，我很高兴能从清华大学听到更多的消息，清华大学无疑在这一联盟中扮演着领导角色。此外，我确实对医学和相关健康科学以及在这一领域的研究有点偏好，清华大学在这方面有着杰出的声誉。

访谈者：您认为什么样的挑战会影响像这样一所大学的未来？

校长：嗯，我认为像这样的大学前途无量。这是肯定的，学校在财务上有非常有利的地位。学校在研究上投入了大量资源。我不确定研究的预算占多少百分比，但看起来很不错。全球经济衰退会影响到学校的增长轨迹吗？当然，从更广泛的全球性政治意义上来说，有对学术自由受到威胁的看法。这也许是个问题，又或者是与美国的贸易战等。

访谈者：这是一个重大的全球因素。

校长：是的。但还不确定。所以，您知道，我认为大学领导者的另一点是，世界上有很多不确定性，我们只能控制我们所能控制的。所以，您只能在您能控制的要点内工作，然后尝试做出积极的改变。

访谈者：谢谢。还有几个问题，一个是关于中国高等教育的。还有一个是关于世界的，研究型大学的作用。您对中国高等教育的主要印象是什么？

校长：我是高度赞同的。当然，这是需要巨额投入的。中国有很多计划介入这个领域。所以中国一直存在非常慎重的干预，以此来提高知名度，增加入学量。这当然应当收到回报。根据我在美国的工作经验，我曾是好几个中国博士生和博士后指导老师。我认为这很有意义。我在美国待了18年，我在美国的最后时刻，看到越来越多的中国人回到中国。我认为这是一个具有重大意义的转变。他们当然看见了他们的未来，无论是学术未来还是研究未来，在中国是非常有利的。

当然，这是在大学里。如果您看一下大学的描述，您会发现大学通常被认为是呈多层级划分状的，或者存在很多集中规划。但是大学最好的地方，是其分布式组织。至少这是我的印象，或者是我的经验，就是分布式组织。我认为在中国背景下，集中规划一直对中国高等教育取得成功起到了重要作用。为了确保未来的成功，还必须增加学校的自由度。对此，我认为这将是一个有趣的转变，有高度集中计划，并演变成更多、更分布式的组织。如果 20 年后回头来看，这将是产业心理学家们研究的一个有意思的体系。

访谈者：那么，我们说得再宽一点，研究型大学在全球的作用。您有非洲和全球的背景，从您的研究和教育贡献方面看，能谈谈大学的主要贡献是什么？许多国家的政府不再看好大学了。在当前的全球环境下，大学应该做些什么呢？

校长：关于这点我已经说了很多，但是我认为重要的是，我提到的一些棘手问题，一些非常复杂的社会问题。我认为，大学最适合多学科的投入来解决这些问题。举一个涉及地方相关的、区域有影响力和全球竞争力的问题，如果您看看我们的新愿景和战略框架，以及我们的战略计划，这里我用这个例子证实我们大学可以成为具有影响力的学校——我们想要成为非洲领先研究密集型大学，成为全球公认的卓越、包容、创新的大学。但我们也在为社会服务的过程中提升知识。所以我认为这是一个非常重要的起点，大学需要前行，不能成为"象牙塔"。大学必须对社会服务产生影响。

所以我们已经选择了一些战略领域，将全力以赴，这将会帮助我们的大学取得成功。对此，我们正在关注的五个方面与可持续发展目标是一致的：一是自然环境；二是健康和人类安全；三是社会公正和发展——我认为这是南非目前非常重要的一个方面；四是人类创造力和社会创新；五是未来体系与技术。最后一个就是我前面提到的数据科学和计算思维学院。

但最重要的是，如果我们考虑对社会和未来工作场所的贡献，越来越多的雇主会问我，他们想要的是符合自己雇佣标准的毕业生。那根本不是我想做的，我不想提供符合他们标准的毕业生。我希望大学所培养的毕业生具备全面素质，使他们能够真正适应未来的工作环境。我现在所做的并不是我一开始接受教育和培训时的工作，所以每五年左右就会接受新的提升。这就是我希望我们的毕业生未来成为的人才，他们需要有一颗探索之心，成为一个积极参与的公民，成为全面发展的人才。

访谈者：您能更多谈谈博士生教育情况吗？您是否认为博士专业课程能够很好地把他们培训好并适应未来教师的工作？斯泰伦博斯的每个博士生都有混合学习和教学的经历吗？我们应该在博士阶段做更多不同的事情吗？还是……？

校长：是这样的。我从两方面来回答。我们的本科项目，包括研究生项目在一定程度上都是有课程的，课程成绩会反映在他们的成绩单上，你通过了会记 A、3、C。然后我们还创设了一个平行课程模型，平行课程关注培养软技能，比如如何进行困难的谈话、如何处理复杂的问题等。

我们大学里有很多地方提供管理和软技能课程。目前大部分学生是自愿参加的，但最重要的是，一旦学生完成了这些课程，成绩会被记录在他们的成绩单上。我发现雇主们对这些平行课程活动越来越感兴趣。这是第一点。

第二，您问到了博士专业项目。我们在斯泰伦博斯有个非常令人兴奋的动议，称作"非洲博士学院"。这确实说明了我们植根于非洲。在过去的十年里，非洲博士学院有 4500 名来自非洲各地的参与者，他们参加夏季和冬季课程，现在也上秋季课，为期两周左右。他们可以是未来的博士生、在读博士生，也可以是年轻的初级员工。他们与我们的学者，还有来自欧洲、加拿大、北美等地的学者进行交流，学习定量定性研究方法、如何写提案，学术技能等，以及网际交流的软技能。学生如何建立自己的弹性研究网络，回到自己的国家后怎样继续自己的工作？对此，我们与马拉维、卢旺达、乌干达、坦桑尼亚、埃塞俄比亚、尼日利亚等国家建立了密切的联系。只有这样，学生才能成为一个更大的学术团体的一分子，才能真正地以一种有意义的方式来看待这些复杂问题。

访谈者：不仅是技术技能，还有宽阔的管理技能。

校长：正是这样。

第十章

斯里兰卡科伦坡大学校长
莱克什曼·迪萨纳亚克教授访谈

【关键词】

★ 大学校长

★ 全球领导力

★ 清华大学

★ 科伦坡大学

★ 斯里兰卡

【访谈背景】

科伦坡大学原校长莱克什曼·迪萨纳亚克（Lakshman Dissanay-ake）于 2019 年 10 月访问了清华大学，就两校同作为亚洲大学联盟成员大学之间的交流和合作进行了会谈。2019 年 10 月 21 日，清华大学教育研究院教授寇海明对迪萨纳亚克校长进行了访谈。

莱克什曼·迪萨纳亚克，男，斯里兰卡人，1955 年生，人口学家，博士毕业于澳大利亚阿德莱德大学。他主要从事人口统计学、区域发展规划、健康人口学、灾后重建等领域的研究，已出版多部专业著作，并在国际期刊上发表众多学术论文。从 2015 年至 2019 年，他担任科伦坡大学校长，并创立了科伦坡大学社区中心（Colombo University Community Centre），以促进大学系统在社区服务工作方面的发展。在担任校长前，他曾担任科伦坡大学校友会执行委员会成员、科伦坡大学副校长等。此外，他还是英国皇家艺术学会（Fellow of the Royal Society of Arts）会员，曾经获得斯里兰卡国家奖（Vidya Nidhi）、科伦坡大学"卓越研究奖"和"校长及董事委员会奖"等荣誉。

科伦坡大学（University of Colombo）创建于 1921 年，坐落于斯

里兰卡科伦坡市。科伦坡大学是斯里兰卡第一所现代大学，也是南亚排名前十的大学之一，在数学、计算机科学、法律等领域尤其领先。该校拥有多元民族、多元文化的师生群体，致力于促进社会和谐、文化多元、机会平等和团结。科伦坡大学是亚洲大学联盟（Asian Universities Alliance）成员，在全球范围内与包括杜伦大学、莫斯科国立大学、新加坡国立大学、清华大学、北京大学等在内的诸多高校建立了广泛的联系与合作。

【访谈要点】

访谈涉及校长及其个人背景、领导团队、校长所在大学、清华大学、中国高等教育和全球高等教育等层面。要点包括：

·我对大学的质量非常感兴趣。这对我来说是第一位的事项。我认为大学是一个以学生为核心的机构，所以学生位于核心地位。因此，我真心希望提高质量。当今有关高等教育的需求和供给，质量是最重要的。科伦坡大学也有这样的一个内部质量保证部门，我从未缺席过这个部门的会议，会议也都是由我主持的。

·我坚信只有提高研究生教育质量，才能提高本科生的教育质量。因为研究生层面的研究和教学会产生更大的影响，两者之间有很强的关联性。

·我们超过80%到90%的学者都是从西方大学，或者是其他发达国家的大学拿到博士学位的。所以，我们仍与这些大学有着很强的联系。我们会派一些年轻的同事去进行研究生研修。与此类似，我也鼓励其他学者去建立他们和学校的关系。

【访谈记录】

访谈者：您可以跟我们说一下，作为一个领导者是如何安排时间的？您平常的一周都怎么度过的？

校长：实际上，我对大学教育的质量非常感兴趣，这对我来说是第一位的。我认为大学是一个以学生为核心的机构，所以学生处于核心地位。因此，我真心希望提高（教育）质量。而当今，高等教育以及相关方面的需求和供给，质量是最重要的。我们认为，科伦坡大学的（教育）质量是没问题的，是斯里兰卡最好的大学，可以跟任何学校竞争。

我们有最好的学生。因为我在大学里有40多年教学和做研究的经验，所以我很清楚"质量"意味着什么。而且我做过教学工作，我清楚教学、教材等所有东西最终都会发生改变，我们必须不断获取新知识。所以，在这样的背景下，为了将新知识用到特定的学科里，高等院校、教师和研究人员都要真正地学习新知识。

另外，我知道不少人一直在围绕教育问题争论，认为不应该把教育与其他事情混为一谈。可处在校长这一位置上，我想要跟上世界发展的方向。所以，在我任职校长期间，我尽自己的最大努力研究如何提升科伦坡大学的质量，以及在全球化背景下质量问题对国家发展的意义。这就是我实际上投入了大量精力的地方。我确实想要提高质量。针对此，我们专门有一个质量保证部门。

访谈者：您的意思是质量应该参照全球标准？

校长：是的。

访谈者：那您是如何安排时间的？也许一周的时间太短了，但就平均一个月时间而言，您是如何安排与政府或国外人士或同事的会议呢？

校长：斯里兰卡一共有 15 所公立大学，也有一些国际大学的附属私立学院。但是，这些大学并不被认作是真正意义上的"大学"。所以，我们有一个伞状组织——大学教育资助委员会（UGC）。此外还有隶属于政府的质量保证和鉴定中心，我们所有大学内部也都建立了质量保障部门。科伦坡大学也有这样的一个内部质量保障部门，实际上，我从未缺席过这个部门的会议，并且会议也都是由我主持的。如果我未出席，我就会把会议推迟到我回来再召开，因为我真的想让我的同事们看到质量是科伦坡大学的第一位。一些私立学院的出现是必然的事，所以我们要做好准备面临激烈的竞争。但就本科生而言，我们不会有竞争，因为我们的本科生是 UGC 派过来的。科伦坡大学具有顶尖的生源，私立学院得需要很多年才能有好生源。

访谈者：对，可是会变化的。

校长：市场可能会变化，但研究生是非常稳定的。几年前我当过研究生院的院长，当时我尽了最大努力提高科伦坡的研究生教育质量，而且我还在努力着，我坚信，必须提高研究生教育质量，否则就不能提高本科生的教育质量。因为在研究生层面做的研究和教学会产生更大的影响，两者之间有很强的关联性。

访谈者：您非常专注于质量提升，是因为您看到了质量存在问题，还是因为发现推动质量提升是一种内在的需要？

校长：不，因为大家都理所应当地认为学者在自己的专业领域做得很好，可事实并非如此。我们对本科生做了很多追踪研究，调查他们有没有找到合适的工作之类的情况。

访谈者：是贵校在做这项工作吗？还是政府在做？还是 UGC？

校长：我们做的。我们从毕业典礼就开始追踪研究，这样我们可以得到一些反馈，即我们的（教育理念）是否正确。当涉及学生的"软技能"问题之时，可能会发现很多学生进入公共机构中工作，但斯里兰卡的私营部门正在发展壮大，成为就业机会最多的地方。所以我们需要让学生做好准备。

访谈者：您有花很长时间与雇主谈话吗？

校长：是的。

访谈者：他们怎么影响或者回应 UGC？我的意思是，UGC 会咨询雇主吗？或者这也是您的工作？

校长：不，UGC 不行，我们可以，因为我们是自主的。因此我们希望能够自主。他们实际上全额资助我们，我们从他们那里得到百分之百的经费。可是如果我们想要保持革新、进行动态调整、凡事超前的话仍然不够。

访谈者：他们会控制着经费支持，这是个不平衡的情况吗？

校长：不，如果您是一个强势的校长就可以谈，实际上可以拿到想要的经费，我就是这么做的。因为我有这个资历，我也有自己的圈子，UGC 的主席跟我是大学室友，这不是什么秘密，在我们那里就是这样的。还有其他人，像高等教育部长，他是我以前的学生，他在科伦坡大学读的法学硕士；还有财政部部长。所以我跟他们都真正地工作过，一起评审博士论文什么的。

访谈者：所以这些名人帮助您做出一些改变。

校长：对我来说是的，但这并不通用，只是一个特例，这也是一个校长需要特别有能力的原因。当您处在这个位置的时候，您就应该准备好关系网络，这会给大学带来巨大收益。

访谈者：您通过您的领导力改变了一些关于 UGC 如何支持大学发展的方法。有什么具体的细节或者关键的改变呢？

校长：现在，我们有一个大学校长委员会，就像是一个高级执行委员会。每个月，15 位不同大学的校长从全国各地赶来，聚在一起讨论。此后，每三个月，我们和 UGC 官员有一次座谈会，我们会向他们提出建议，并一起讨论。UGC 对于增加学生数量的话题非常感兴趣。但即使表面上我们不谈经费的问题，实际上我们还是非常希望 UGC 能够考虑我们对于经费的诉求。如果真的要增加学生数量，那么就得改善学校的环境来安置他们。这不单纯是数字的问题，当谈到数字的时候，我们就得考虑很多其他的事情。举个例子，我在帮助残疾学生方面做了很多努力，并使 UGC 做出了一些改变。我们有大概 50 多个盲人学生和一些其他的残疾学生，例如那些行走都非常困难的残疾学生。由于我们没有电梯，没有残疾人坡道，盲人学生找不到房间和办公室，所以我们开始了楼宇改造。现在对他们来说，这些已不再是问题，盲人学生甚至可以通过触摸在外边的记号牌来到我的办公室里。

此外我们也建立了信息中心，就在学校的图书馆里。在那儿残疾同学可以阅读书籍并且听录音，盲人学生可以来使用这些新的设备。还有性别问题，我是一个人口学家，曾经是斯里兰卡女性政策制定小组的成员之一，平时有很多与性别问题相关的工作，因此我对学校的性别问题也很关注。实际上，针对这些问题我们也做了很多工作。

访谈者：女性政策？

校长：是的，女性政策。在一些方面女性占大多数，有 51%。

访谈者：这是在全国范围内还是在大学里？

校长：在全国范围内。大学里有的院系有 80% 的女生、20% 的男生。所以，我们要调整政策，制定一些奖励政策。

访谈者：您的很多时间花在了与其他大学和 UGC 以及政府的工作等方面，这是为了在更广范围内提升科伦坡大学地位，而不只是进行大学内部管理。

校长：没错，因为科伦坡大学是斯里兰卡历史最悠久的大学，有大概 150 年的历史，明年将举行隆重的校庆。我们的管理机制已经建立起来了，例如校领导、院长及大学评议会等，我管理所有这些会议，包括院长委员会。

访谈者：他们之间协调得相当好。

校长：对，非常有序。我们有教务长、财务主管和其他部门的管理者。但我需要保证他们确实做得好。由于我们有大学法案，大学按照大学法案来运作，因此管理者必须要对大学法案的内容了然于心。而且我们也有内部的通报文件，UGC 也会时不时地发布给我们海量的通报文件，我们已经尽力避免了。

访谈者：通报文件是一项政策微调？还是修订？还是其他什么？

校长：UGC 提出的一些规定。比如在招聘过程中，他们会说，讲师需要有两年的工作经验。招聘计划是由 UGC 规定的。

访谈者：我可以更多地了解一点您作为人口学家的背景情况吗？这对您的领导工作有什么影响？

校长：人口学家也是社会科学家。我的专业背景需要我做很多基层工作，对社会基层进行研究。而且，我需要关注人们的社会行为，去理解他们。因此，跟大众接触是非常重要的。我做的很多研究对于我过去四年担任校长所做出的政绩很有帮助。尤其是需要条理清楚地分析解决问题的方法时特别有用。

而且，作为一个社会科学家，可以跟各种人打交道。即使学生会的同学们来见我，我也知道怎么跟他们沟通，因为我自己在上大学时就做学生工作，我知道他们想从管理部门那里得到什么。同时，作为一个人口学家，我也尽力让大学超越物理上的边界。我们上大学时，只待在校园里，处在象牙塔中，跟外界没有太多的联系。现在，我会尽最大的努力带领大家走出去，带领教职员工走出去。我们从私营企业的各行各业寻找专家，与私营行业合作建立分公司，我们的目的是革新与发展。

访谈者：也就是理解人们的想法，理解他们如何行动、如何工作。

校长：是的。我对人们的性格非常感兴趣，我对性别政策也非常感兴趣，这些问题我都思考了很多年。我认为有掌权的男性谈起性别问题，对女性是非常重要的。但女性在学校里有时还需要迎难而上。所以我们在学校建立了一个性别中心，如果有任何上述的类似事件发生，她们都可以来诉说和咨询。

访谈者：关于您的管理团队，我们已经谈过一些了，但您对于这些人员的设置和招聘以及管理的最大限度是什么？您如何平衡外部创新的人员、进行内部改革的人员以及从事商务工作的人员和处理大学事务的人员？简单说一下就好。

校长：大学是有组织结构的，在这个组织结构里，有校长，还有管理主体。在我们的治理体系中，理事会是管理主体。理事会成员有外部人员，以及内部成员如院长和主任。校长主持理事会会议，院长通常是由学院选举出来的。

他们是这样工作的：如果要成为一个院长，就得先成为系领导，因为需要有成熟的经验。然后，我们会从这些系领导中选出一个合适人选。但在大多时候，他们的地位是相同的，因为我们不想在院系之间制造矛盾。理事会的外部成员，常常是教育部或者 UGC 派来的，但是如果足够强势的话……

访谈者：您就可以跟部长和 UGC 主席说：我要这个人，我要一个律师，我要一个会计师。所以实际上，理事会是任命的，院长是选出来的，所以您身边人员的任命是公正的。

校长：是的。

访谈者：这和在美国或者澳大利亚建立自己的管理团队比起来，区别还是相当大的。

校长：科伦坡大学理事会成员的地位、声望极高。他们担任理事会成员，我们是需要向他们支付报酬的。如果我们理事会里有会计师和律师，有私营企业的商务人士，像 IT 方面和工业部门的人，这是非常好的事。

访谈者：理事会或者领导团队直接向您汇报吗？

校长：不，是院长向我汇报。各学院的院长是我们的高级管理团队成员。此外还加上教务主任和财务主管。

访谈者：那么谁来负责或者研究国际关系？

校长：至于国际关系，我们有国际事务办公室主管。

访谈者：他们管理的事务都不同吗？

校长：他们都由我负责，但是我们还没有邀请他们参与领导会议。

访谈者：因此，这是一个相当传统的学术或者大学的领导组织结构。

校长：是的，我们是从英国沿袭过来的。

访谈者：是啊，尽管英国已经不再这样做了。

校长：他们进行了变革，可我们还停留在 18 世纪。可我尽了最大努力在这个组织结构中工作。

访谈者：在院长中，您需要有更具创业精神的人，或者更具教育方法的人。

校长：是的。通常足够聪明才能成为一个院长，否则得不到认可。所以我们总是可以找到更好的人当院长。但是如果校长足够聪明，他就能够领导这些聪明的院长，并促使他们去思考。因为我们没有技术方面的学院，所以我和我的院长们一起在很短的时间里建立了两个新的学院。我们还建立了一个护理方面的学院，因为我们之前也没有。我们在另外两个大学也有计划，但我觉得能有一个护理学院会更好，因为我们有一个非常优秀的医学院。

访谈者：对科伦坡大学来说，所面临的巨大机遇和挑战以及独特的特点有哪些？毕竟科伦坡大学是斯里兰卡最顶尖的大学，所以肯定面临一些全球性的挑战以及区域性挑战。

校长：是的，我们确实面临挑战。从一名本科生到学者，我花了 46 年，也就是差不多半个世纪的时间待在科伦坡大学里。所以我看到了很多变化，在国内高等教育方面的变化及很多全球性变化。我以前攻读研究生时去过各种研讨会、学术会议，所以我看到了很多变化的发生，利用这些经验，我曾经尽力跟其他校长说，不要只考虑科伦坡大学，也要着眼于整个高等教育系统。

访谈者：在斯里兰卡，谁来决定这些校长的人选？是 UGC 指定还是依靠选举？

校长：是由选举产生的。一般来说是媒体提议，然后我们采纳媒体的推荐，接下来会有一个审核过程，调查这个候选人的既往。还有一个评审委员会，由大学理事会成员组成。在聘选时要先提交一份申请，然后由委员会推选出三名人选，他们会给出评价意见和优先级，最后把这三个人选推荐给 UGC。UGC 就会根据优先级推荐这三个人选，就像邮局盖章一样，是走个程序的事。人选会最后发给斯里兰卡总统确认。

访谈者：这是科伦坡大学的制度还是全国高校通用的？

校长：全国所有的高校都这样，都是直接发给国家总统确认。事实上，我之前的一个职位也是校长。

访谈者：那您是申请了好几次吗？

校长：不，我在 2007 年申请，然后参加评选，得了全部 23 票中的 21 票，但我对政治无感，我不是一个政治人物，所以最后没有选上。这么看来，这里面也是有政治因素的，不只是看重背景。第二次也是这样。

访谈者：UGC 支持您当选，但是各个部长，或者总理……

校长：不是。那时候 UGC 和现在不一样，不是同一拨人。那时候 UGC 政治氛围相当浓厚，所以，我事实上并不能入选，第二次也是这样。在我第二次落选的时候，当时发生了一场大规模抗议，就是从淘汰我的那个委员会开始的。当时整个体制内部都认为我们应该有权自行选举我们自己的校长，毕竟这个选举系统是全国高校通用的。所以在第三次参选的时候，他们做出了改变。当时是一个非常新的政府班子执政，所以他们就直接把机会给了我。然后，之前的那些班子成员也认识到，交还给我们自行选举的权利更好；对于大学校长甚至政治层面上的部长，他们这次也按照自行选举的方法做了。

访谈者：这样一来大学就更加自治了。

校长：是的，更加自治了，因为我展示了不同之处，展示了我们可以如何改进，可以如何把大学运作得更好，成为公平的、非政治性的机构。

访谈者：我觉得这的确是一个非常重要的进步或者说倡议，您在不经意间成功地改变了先前的选举方式。

校长：是的。

访谈者：还改变了女性的法案、政策或者议程。科伦坡大学在区域和全球事务中处于什么位置？比如您现在就在清华大学访问，您有没有考虑过关于大学国际化的问题？

校长：事实上，我非常支持推进国际化建设。过去两年，在校长职位上我主要着眼于两件事情，一件就是我们需要在国际化的大学和教育上更有作为，我们不能总是闭门造车。我也去了一些世界上最好的大学，与他们的校长交流经验，对我启发很大，然后我就开始着手推进国际化建设进程。在过去的四年里，我们和世界上很多大学建立了合作关系，这对于我们的科研也有所帮助。因为合作对于任何工作都非常重要——不只是运行大学，任何事情都一样。

访谈者：您提到"世界上很多大学"，不是指区域内的？

校长：是区域内的。

访谈者：总之是通过科研进行连接的。

校长：本地和国际都是如此，而且我们也和博士们毕业的学校有着一些联系，我们有很好的合作基础。

拿科伦坡大学举例，我们超过80%到90%的学者，都是从西方大学或者是其他发达国家的大学拿到博士学位的。所以，我们仍然和这些大学有着很强的联系。我是从阿德莱德大学博士毕业的，现在我是那里的客座教授。

所以几周之前，我还去那里做了讲座。您看，我们仍和这些大学保持着联系，所以我们会派一些年轻的同事去进行研究生研修。与此类似，我也鼓励其他学者去建立他们和学校的关系。

访谈者：就是人与人的关系。

校长：是人与人的关系。就好像"一带一路"所提倡的那样，不是吗？这很重要，因为您需要合作。比起从头开始挑选合作对象来说，现在我们已经与一些大学建立了联系，那么既然我们本来就有这层联系，为什么不和它们合作呢？不过，AUA（亚洲大学联盟）对我们而言的确是个新事物。我当时在AUA会员中算是比较活跃的，我就觉得这个组织可以给地区内外的高等教育带来很多益处，它可以对亚洲国家产生很大的影响。

访谈者：我觉得在您的职业生涯中，亚洲的高等教育经历了从一个非常精英化的、被西方发达国家完全垄断的事物，到现在成为全球最大的高等教育体制的过程。

校长：是的。

访谈者：在您的印象中，清华大学最有意思的地方是什么？什么地方最让您感兴趣？

校长：清华大学实际是一所国际上名列前茅的大学，我记得是排名27，在亚洲排名第一。根据我个人对清华大学的了解，以及我们此前访问清华大学并即将返程的同事的看法，我认为清华大学在领导力和管理方面都做得很好，清华大学的校领导会把清华大学带向一个更高的层次。而且，清华大学在创新方面也做得很好。

此外，清华大学是一所充满活力的大学，比如倡导建立 AUA 就是真实的写照。清华大学已经意识到要善用自己和其他大学的诸多联系，但如果真的想在全球范围内有所作为，必须超越自己的物理边界。这都是清华大学自己提出的，也是我非常钦佩的。这就是我为什么说大学领导层和管理层要勇于决断，因为没有其他人可以做到。我非常赞同清华大学领导层的所作所为，以及为此做出的各种努力。

因为您看，现在 15 所亚洲顶尖的大学汇聚于此，来进行高等教育方面的报告。我们还可以做得更多。我们也可以考虑怎么才能在今后产生更大的影响。我们在多年以前就开始为此而奋斗，比如课程的认定、质量的保证，等等。如果 AUA 可以在这一方向上起到带头作用——

访谈者：您是说在各个大学开设 AUA 的公开课？

校长：是的。首先在区域内的大学中开设。如果清华大学可以做到的话，下一步可以利用"一带一路"作为突破口。我本人非常喜欢"一带一路"这个关系网，您知道我们已经有了海上丝绸之路，而通过这些网络，中国与外界无论是在贸易还是在文化方面都将有非常多的联系。AUA 不用再从头创建一个全新的网络，它可以直接沿着"一带一路"的网络向外伸展，冲出亚洲，毕竟这个网络本身就伸出了亚洲。AUA 应当利用这些联系——

访谈者：您是说把 AUA 和"一带一路"关联起来。

校长：关联起来。

访谈者：那您可有活儿干了。

校长：没错。我看过"一带一路"计划之后就为之着迷了，因为我看到了现在的不足之处。您看现在的中国，政府很多资助方向都是我一直力劝我们的政府效仿的。他们应该挑选一些优质大学进行资助，否则就没法产生创新。如果没有创新，自然就没法建立起一个有创造力的经济。为此得把经费留给这些院校，这中间有着巨大的联系。现在中国就想要这么做，他们在高等教育方面投入巨大。另外一点在于，得能够吸引最好的学生。我一直力劝我的同事们、学生们来中国，来清华大学，毕竟我见过不一样的中国，但他们没见过。

访谈者：那么您来过中国多少次呢？

校长：我第一次来中国是在 1986 或 1987 年，这可能与我的一些其他同事不太一样。离现在可有段时间了，所以我见证了中国的变化。

访谈者：那是在您博士毕业之前？

校长：是的，在我取得博士学位之前。我硕士一毕业就得到一个去檀香山进行实地考察的机会。我当时属于东西方研究所和人口研究所，一个月行程之后，我们来到了上海和北京，进行了为期一周的访问。当时我们一行 75 个人，来自世界各地。所以我见证了中国巨大的变化。而且当我看到各种进步的迹象时就在想，"他们发展得真快"。当然，如果真的要从斯里兰卡地区吸引学生，最重要的一件事情就是学生的语言问题。在本科生阶段，中文授课没什么问题，但是在研究生阶段，学生们都是用英语学习。所以，这也是一个这里的大学必须要做的事情——

访谈者：您是指斯里兰卡学生的中文水平问题还是中国讲师的英

文水平问题？或许两者皆有？总之是语言上的问题？

　　校长：是的，语言的确是一个障碍。因为你们现在是要和最顶尖的大学竞争，对吗？毫无疑问，那些对手是美国大学，还有澳大利亚、新西兰和英国的大学。如果清华大学真的想要吸引最优秀的学生——我是说，现在有两百名斯里兰卡学生在 NASA 工作，每年我们的理科专业毕业生都要前往美国的各种实验室、IT 学院之类的，他们将在那里大展拳脚。这并没有公开。

　　"一带一路"计划的五个概念之一就是人与人的联系，这一方面真的需要付出大量的努力。大使馆以及各类相关机构可以在这方面起到更重要的作用，来教育当地人民。而您也看到了，这类事情并没有按照预期的发生，至少是没有按照我的预期发生。

　　访谈者：我能最后再问几个问题吗？这些研究型大学到底能为世界作出哪些贡献？不用考虑他们现在做的是什么，而是应当怎么做。可以结合您所做的教育方面的研究以及博士项目的经验来谈。

　　校长：我们得建立一套评价系统和评价流程。拿博士生教育举例，他们报到之后能否顺利开始工作？能否在院系里找到一个合适的工作空间？您得寻找最杰出的学生、最杰出的创新人才。他们需要接受在大学里每天工作 24 或 15 个小时，还挤在一个狭小的工位上。我一直在和我的同事们讨论应该给他们提供足够的空间，所以工位的大小需要改变。

　　当然，我知道全世界的目光现在都投向了 AI，但这不意味着研究社会科学没有价值了。其实社会科学者仍有一席之地，因为他们是发现问题的人，有了他们，其他方面的研究者比如 IT 学者之类的，才能着手解决相应的问题。

访谈者：那么我们该如何支持社会科学的研究呢？

校长：首先要理解，社会科学发现问题，其他科学就可以开始寻找解决方案。同时，我们也可以评估这些创新产生的效果，由此，开发者才能了解这些解决方案。举个例子，Facebook 之类的东西对社会是有益还是有害。我们会尝试寻找他们的真实效果，分析其中的知识，然后再寻找别的方案。这些方案仍然是技术方案，只不过会和之前的不一样。

访谈者：就像创造性与人性的关系，人性会在创造性中得到反映。我想这是大多数国家都要面临的挑战。

校长：是的，我们得重新再来，现在的社会科学跟很多年前的不一样，但是学科要具有创造力，现在我们也需要有企业家的素质，不能只是为了教育而教育。我们需要在大学边界之外进行广泛合作。

访谈者：这对未来 40 年来说都是一个很大的议题。

校长：我要指出一个重要的问题，现在人们的平均寿命提高了。工人或者农民工退休之后可能仍有 40 年的时间能做想做的事情，不管他们要做什么，对政府和大学来说，这都是一个值得推敲的议题。如果您考虑到终身学习，从人口学的观点看，就不应该有任何年龄歧视。所以要有创造力。我们实际上可以创造出一个巨大的老年人市场。

访谈者：就是要回归校园，进行重新培训。

校长：是的，这就是我为什么总说，如果真的想要解决老龄人口负担的问题，就得对目前的劳动力投资，就得创造更多的正式工作机会，得提高人们的收入和生产力。人们的存款增加了，等他们到了 60 岁或者退休年龄的时候，口袋里就会有一笔财富，他们就可以在余生使用这笔钱。

第十一章

意大利都灵理工大学校长
吉多·萨拉科教授访谈

【关键词】

★ 大学校长

★ 全球领导力

★ 清华大学

★ 都灵理工大学

★ 意大利

【访谈背景】

都灵理工大学校长吉多·萨拉科（Guido Saracco）于 2019 年 10 月访问了清华大学，与清华大学校领导展开交流，并参观了两校拟合作设计的 2022 年冬奥会场馆所在地——首钢工业遗址公园。2019 年 10 月 24 日，清华大学教育研究院教授寇海明对吉多校长进行了访谈。

吉多·萨拉科，男，意大利人，1965 年生，工程科学家，博士毕业于都灵理工大学。从 2018 年起担任都灵理工大学校长。在担任校长前，他曾经先后担任都灵理工大学化学系教授、应用科技学系系主任。此外，他还是都灵科学院成员、欧洲能源研究联盟推进能源应用材料项目指导委员会的成员、能源部门国家委员会第七项方案框架的专家。作为著名工程科学家，他曾在国家和国际期刊上发表了 500 多篇论文，拥有 8 项专利。

都灵理工大学（Politecnico di Torino）创建于 1859 年，坐落于意大利都灵市。都灵理工大学是意大利历史最为悠久、规模最大的理工类大学之一，在 2020 年 QS 世界大学工程技术类学科排名中位列第 47 位，其建筑设计、计算机科学、土木工程、汽车工程、机械工程等领域享有欧洲乃至全球的领先地位。都灵理工大学是意大利最早开设英语课程的大学之一，在全球范围内开展了广泛的校际合作。该校与清华大学在学生交换、联合科研、硕士双学位项目等层面具有深入合作。

【访谈要点】

访谈涉及校长及其个人背景、领导团队、校长所在大学、清华大学、中国高等教育和全球高等教育等层面。要点包括：

·我们学校正处于一个关键时刻，需要变革教学方式，做更多的应用研究和跨学科研究，并通过促进大学与各个行业的融合实现技术转化。

·我们必须将企业请进校园，让企业里的人跟学生交流，向学生提出行业中的挑战，使学生跳出所在的具体领域去寻找解决方案。

·如果你不关注和了解人们，你和你的学校就会迷失方向，校长是人们选出来的，他们有责任去了解学生和教授。

·所谓领导力，就是要激励年轻研究者为团队同时为学校发展争取尽可能多的资助。

·作为大学领导者，我必须激励人心，让人们为成为大学的一分子而感到自豪。

【访谈记录】

访谈者：您能先简兰谈谈您的学术背景吗？我们知道，您是一位化学家，这对您有何影响？

校长：我是一名化学工程师，主要研究如何利用物质来生产商品。化学可以用来管理能量和物质，因此是一门很棒的工程，它是一门基础学科。现实生活是基于工程学、分子学的，很长一段时间我都在做科研。包括环境保护和可再生能源方面的研究，如二氧化碳的消除和转化，给二氧化碳第二次生命。这是我专业背景的一部分，我想说的是，科研在科学与技术之间建立起沟通的桥梁，两者开始结合起来。我所在的大学是一所工科大学，但是技术是基于科学的，因此，我认为我所从事的学科在我的大学里占据中心地位。我们是理工类院校，主要培养工程师和建筑师。

我起先只是一名研究者，后来很快就成为副教授和教授。接着我出国交流，并开始出版著作。但是，当我成为副教授的时候，系里需要建立强大的团队，我成为其中一个团队的负责人。所谓领导力，其实就是要激励年轻研究者，为团队争取尽可能多的资助，因为我们那个领域的研究是很耗钱的。

之后，我成为材料科学和化学工程系的负责人，接着又推动了我们系与物理系合并，我最终成为应用科学与技术系的负责人。这为我下一步的工作奠定了基础，但是那时候离我竞选校长还差两年的时间。这两年，我决定从系里二把手的位置离职，去意大利科技研究院当院长。这个研究院主要研究未来可持续科技，在我的研究领域之内，我把它提升到了目前的地位。意大利科技研究院总部位于热那亚，那里有 800 名左右的研究人员。其中一个附属机构在我所在的城市——都灵。

按规定，我在两年后可以开始竞选校长，因为在当时我就已经开始关注我所在大学的行政动态。13 年前，大学合并的时候，有一位关岛的副校长就是以这种方式晋升的。那时候我才 37 岁，刚当上教授不久。从那时候起，我就非常热衷关心人的作用，我想，领导的作用很重要。

当我成为一名竞选者时，我必须更好地了解这个世界。那种感觉很棒。我花了9到10个月时间去了解建筑师，了解他们与设计师和规划师有什么不同之处。他们很特殊，因为他们的工作里有社会科学的元素，并不像工程学是以严格的科学为依据的。这一点很重要，也很有启发性，因为我认为，既然社会科学在这些系里得到了体现，那么也应该在工程系体现，因为当今世界太复杂了，如果你没有这些工具去理解这个世界，去理解人类要面临的疾病、人类对科技的反应，你就不能成为一名好的工程师。因此，这很有趣，你成了一个更好的人并开始交流。

那么，你将成为有创造力的工程师，而不是书呆子。我当时是站在校长的角度来设计这个项目的，那时和其他两位竞选者(一名男性、一名女性)竞争校长一职。我遇到了不小的阻力。顺便提一句，我当时的研究院院长一职也是竞选当上的。因此，当我们在谈论领导力和竞选时，就有点难办，因为你无权指使别人做什么，在选举中，你应该从民众中来，而不是回避民众。

但是，我可以说是一名很棒的激励者——喜欢跳出常规思维来提供机会，这是我处理事情的方式。我说服了我的大学，我对我所做的事情感到欣慰。因为，自从我上任大学校长以来，我成为整座城市甚至是整个意大利的重要人物，我认识了许多之前不认识的人，我的视野得到了进一步开拓，我有更多机会发挥自身的领导角色，创造机会、解决问题，这真是很美好的时光。

访谈者：您能再说说您更换工作的机制吗？您之前是在院系里任

职，后来您有两年时间去了研究所——

校长：其实并不需要两年时间，我只是想暂时从新任校长竞选中抽出身来，有好几个原因。之后我就回来了，那可以说是一种休假年，但是我有好几年时间在候任，意大利语是这么说的。

访谈者：是的。这种现象不普遍吗？

校长：不普遍。我还是理工院校的教授，但是，我接着去了别的地方，因为另一个机构给我付工资，接着我再回来。有点儿像行业里的人员配置或转换。但这也给了我机会，无论我何时调动，何时发生改变，我都会成长。

访谈者：说一说竞选的事儿。您必须去各个院系以及……？

校长：是的，有些像政治家，但是我并不为他们提供些什么，只是在学习和做提案，我不是在分享，而是在创造。

访谈者：因此，您在各个院系走动，让人们认为，您可以为他们创造一个未来愿景？您的竞争对手也在这样做吗？

校长：没有。他们只是挨家挨户上门拉票，我没有看到他们的愿景，他们只是安慰人们，说我跟你一样，我会维护你的利益，但是我认为，我们处在工程教育的关键时刻。

我们处在一个关键时刻，因为我们需要变革，需要变革教学方式，做更多的应用研究和跨学科研究，大学与行业共存，通过与各个行业融合，实现技术转化。

我提出这一战略计划的原因是，技术发展迅猛，外部世界正在发生日新月异的变化，而大学的发展却没有那么快。那么，你就必须请行业里的人来教你。我们必须进行继续教育，也就是终身学习。因为你在做研究，你会信任这些新技术。

但是，我对我们大学的定位与 160 年前成立的时候有所不同，那时候我们的目标是培养高素质工程师，因为第一年是教基础科学，接着再教技术，等等。我们现在的定位是，大学是与社会融合在一起的，有专业人员和管理者帮助你——

访谈者：来自业界？

校长：是的，有来自业界的人教学生面对现实生活中的复杂问题，如何解决问题，不是解数学方程式，而是要思考，你要站在更高的角度想问题，这是很困难的。在意大利，政府为大学投入的资金不足，而我们的学生数量又过于庞大，因此只能向班上的 200 位学生灌输知识，却无法对现实生活中的问题进行讨论。第一年就是这种情况。因此，这是一项重大任务，我们需要新空间，采用圆桌式课堂教育，方便师生讨论，而不是像坐在电影院式的课堂里，学生只是一味地听老师讲。

我们必须将企业请进校园，让企业里的人跟学生交流，向学生提出行业中的挑战。因此，在你的职业生涯里，无论你是化学工程师、机械工程师，还是建筑师或设计师，那是你自身的专业，但是，假如你面临某项挑战，那么你就会跳出你所在的具体领域，去寻找解决方案。

因此，和不同大学联合开展的这类课堂或者暑期学校，可以让学生相信他们所学的课程是有价值的。这些课程必须开设，而且还要让尽可能多的学生参与进来。因为你需要与不同专业背景的人进行交流。这是个很棒的项目。

访谈者：我想重新再问一下您领导力方面的问题。您作为大学校长，是如何分配时间的，无论是一周还是一个月，您是如何开展工作的，让大学与政府、公司一起合作的？

校长：我采用不同的沟通方式。首先，我有 12 名副校长和一名常务副校长，顺便说一句，其中一个副校长是米歇尔·博明凯，是负责处理与中国大学关系的。中国对我们很重要。

访谈者：我想问的是您的领导团队。

校长：我每周都会见他们一个半小时，这是一种沟通方式。

访谈者：12 个副校长每个都会见？

校长：是的。

访谈者：把所有的问题都集中在一起讨论？

校长：是的。我有两个管理部门，一是学术评议会，另一个是需要召开三场会议以决定重大事项的委员会。因为作为大学校长，我有许多事要处理，需要掌握最新动态。最多每隔半年，我都会跟相关人员见面，开三个小时的会，分成不同的领域，比如电子工程、电信情报学和数学三个部门在一起。还有技术人员和行政管理人员也在场，我们会讨论重大事项，对问题作出解释和反馈。

但不管怎么说，这是其中一方面。我想这样做很有必要。如果你不关注和了解人们，你就会迷失方向。因为你是大家选举出来的校长，有责任去了解学生和教授，说实话，这是我们大学现在的致命弱点，但是在意大利，由于政府投入的资金不足，而大学人数又太多。每个教授都很重要，如果人才流失的话，就很难办，正因为如此，所以我试图……

我的工作任务很重，但是作为大学领导，我必须激励人心，做一些事情，让人们为成为大学的一分子而感到自豪。为此，我努力打造一个在社会上有影响力的大学。要知道，大学里所发生的事很快就能传到社会上去。现在，众所周知，我们处于经济危机当中。今年，我们获得了很高的声誉。顺便提一下，我提出了一项计划，是为校园所在的城镇所制定的战略规划，是关于新的制造业和外太空的，要和企业进行合作，这个计划一年前还没有。

两天前，地区政府、工业界、大学等各界人士推举我向意大利总理汇报，总理就坐在我面前。有这么多人在关注我们，这样的感觉真好。

访谈者：因此，您的很多时间用在了跟外界人士打交道上面？

校长：花的时间更多了。

访谈者：在校内还是校外？

校长：我首先是要抓住校外的机会。

访谈者：您指的是在意大利，还是欧洲，又或者是全世界范围内？

校长：我们大学有三位主管国际事务的副校长，一位负责国际事务，一位负责欧洲事务，还有一位是负责中国事务。我们一共有 12 位副校长。我不太经常出访，但想打造一个有影响力的大学，就必须对大学所在的地区和国家作出贡献。由于处于经济危机当中，我们必须拓展国际合作。刚才我提到，我们将在清华大学设立一个研究中心，我们两所大学建立了良好的合作关系。

在"一带一路"沿线国家乌兹别克斯坦，十年前，我们在那里开设了都灵理工大学塔什干分校，开设了工程师技术班。那是一所联合运营的大学，我们派了 50 位教授去那里教乌兹别克斯坦学生。

访谈者：这所分校是由你的大学管理吗？

校长：不是的，它是一所私立大学，现在由乌兹别克斯坦的汽车制造公司乌扎夫托萨诺特资助，形式上由通用汽车资助。我们学校是美国以外世界上最大的通用汽车储备中心，我们关系很好。十年前，通用汽车公司决定在乌兹别克斯坦生产汽车。他们需要我们也去那里，他们开办了这所大学培养工程师。

我们现在已经把范围扩大到信息和通信技术、土木工程，做很多事情。今天早上我和乌兹别克斯坦前外交部部长弗拉基米尔·诺罗夫博士交谈，他现在是上海合作组织的秘书长，该组织将连接起俄罗斯、中国、泰国等国家，这些国家的人口接近世界人口的40%。

访谈者：SCO（上合组织）？

校长：是的。因为我们有如此重要的教育机构，都灵理工大学塔什干分校目前是乌兹别克斯坦最好的大学。

我们必须产生杠杆效应，将我们国家的公司带到那里去，我们正在乌兹别克斯坦培养新人才，乌兹别克斯坦也在发展。这种局面比预期更好，我们可以在那里做更好的事情。俄罗斯对乌兹别克斯坦实施了制裁，因此我们必须处理好与俄罗斯的关系，但要跟俄罗斯合作很困难，而且现在跟中国合作也变得更加困难了。但是，跟中国合作很重要。

访谈者：那么现在可以回到您的团队的问题上吗？您如何协调好创造性人才、管理者、律师、国际人士、学术人才、政府之间的关系？

校长：我在选拔人员时遵循了一些标准。

访谈者：您会去亲自选拔这些人才吗？

校长：是的，我亲自选拔，我会提名，并作出用人决定。我就是选拔出来的，我再选拔其他所有人。

首先要选拔一个忠诚的团队。我不会浪费时间去争取那些当时没选我当校长的人的支持。因为就像我之前所说的，我是一名推动创新者，我需要一个充满信心的团队，我们会被别人评判。我不想浪费时间。我不会费尽心思拉拢某个人。我以很大的优势当选了校长，我的得票数是排名第二位竞争者票数的两倍。

访谈者：是第二位的两倍。

校长：因此，我有足够的实力去避免这种状况发生。

访谈者：但是您从学院里选拔了副校长。

校长：是选拔了几个。有些像"近亲繁殖"。我从学院里把他们选拔出来，当然，我们还会从外面选拔副校长，但是这种情况很少见，主要还是内部选拔。接着他们选拔了几名我熟悉的人，但更多的是挖掘一些有潜力、有干劲的人，我们的目的就是让尽可能多的人成长为领导，培养新一代的副校长。我们还选拔了一些女性，因为我们一直存在性别不平等的问题。我们的教师中只有 1/4 是女教师，这是个问题。

访谈者：在您的团队也有这个问题？

校长：在我的团队里，男女数量相同。我选拔了一名女副校长，她是城市规划部的教授，我的团队里有 6 名女副校长，我决定用这种方式向外界发出信号。但是在世界范围内，男女平等确实是个问题，但是我们正在尽力做到男女平等。

访谈者：您每周与副校长见面交谈一个半小时，您是如何在保持增长和新的发展之间取得平衡，或者说一种稳定的？您要处理有关教师、学生、财务、政治等方方面面的问题，您是如何协调的呢？

校长：是的，我能感受到我需要面对各种不同事务，其他人都没有这种敏感性或者说是责任，局面太复杂了。但我充满信心，将大学作为一个整体朝着目标推动，每件事都是相互关联的。任何一个教授或者一个院系，甚至是一个副校长，都只是从自身的角度去考虑问题。我能强烈地感受到这种状况。但是我有信心做好校长这份工作，我认为这是我的职责所在。

如果我不做出正确的决策，那么情况就会变得更糟。我可以强迫别人，但是，当我通盘考虑事情时，我的职责就是找到双赢的局面，找到尽可能多的志同道合的人。

访谈者：您的任期是多长？

校长：6年。

访谈者：是可以再度竞选的吗，还是只能当6年？

校长：不是，以前是4+4。

访谈者：重选？

校长：但是立法改变了，为了让校长能真正有足够的时间做一些事情。但是校长不能连任。这个想法是，如果校长可以连任，那么他在第一个任期内就不会做太多事，以便再次当选。但正如我之前告诉你的，我不相信这种思维方式，因为我认为我必须让人们参与进来。所以我不害怕任何选举。我甚至提议进行调查，三年后进行不记名投票。如果人们不投我的票，也没有关系。

访谈者：不要浪费他们的时间。

校长：我们现在要重新规划年度预算，我在深入考察预算布置。

访谈者：您提到了改革，我认为教育和研究还有商业重组有类似之处，改革真的会涉及结构和商业过程的变化吗？

校长：我们是一所公立大学，我们必须申请一些贷款。在过去十年里，我们的管理人员人数增长了许多。现在的管理人员人数是技术人员的两倍。

访谈者：管理人员是什么的两倍？

校长：我指的是实验室的技术人员。

访谈者：说的不是教职员工。

校长：他们不做科研，只是帮助处理技术上的问题。我们作为一所研究型大学，之前的做法恰好相反，技术人员人数更多，管理人员人数更少。但是现在，行政机构规模扩大了很多。

访谈者：所以您认为自己的角色是用不同的视角，尽力做到最好。您可以创造价值。

校长：没错。

但有一个不错的例子是，都灵大学以及都灵其他一些大学的心理学家相互之间都有往来，因为这些大学都有社会科学系。

我们开发了一项工作动力和压力指数测试，我正在把这项测试应用到所有员工身上，无论是学者、行政人员、技术人员，还是一般人员。我们会收集不同学科领域、不同部门的指数，我会要求部门主管去改进——这将作为他们部门的评估指标。因为我真的认为激励人们很重要。

访谈者：这项测试是采用调查问卷的方式，还是其他别的方式？

校长：对，问卷方式。我们有职业心理学家去分析结果。

访谈者：所有员工都参与测试，还是只是主管参与？

校长：所有人都参与。我将这项测验作为一项评估，想要大多数人作答，这很重要，因为这样的话我们就能掌握调查数据。第一次调查数据显示，15%的学者感到工作使他们筋疲力尽。他们感觉很糟糕，因为他们没有——

访谈者：没有得到支持、报道、鼓励、激励？

校长：他们甚至感到愤怒，因为他们觉得自己有价值，但是大学并没有发掘或者关照他们的价值。

我曾经说过，当我试图去激励人们的时候，或多或少相当于重新招募人。

访谈者：是的。因为您要改变他们的想法。

校长：这种做法很好，我会建议每个地方都采取这种做法，因为这种现象很普遍，我们会在一些事情上达成一致。

访谈者：类似员工的健康和幸福？

校长：健康、幸福和动机，还有压力。但是，我们还需要理解他们的动机、他们的感受和价值，而不仅仅是压力，通常情况下要更复杂些，那也没关系。我很关注这些。

访谈者：以上是针对您的背景、您作为大学校长以及您对大学同事所做工作的一点了解。那么，您有什么独特的倡议或挑战？您在推进什么？取得了什么大成就？您刚才提到了预算和行业。我不知道该怎么形容，它似乎不仅仅是精神上的合作，或是和某些行业在知识、共享知识创造方面的综合性合作。那么，您面临的重大挑战是什么？

校长：我认为最大的挑战在教育，因为你必须——

访谈者：哪个级别的教育？博士教育还是——

校长：每个人都需要，因为我们需要培养具有创造力的工程师，不像一些人认为的，工程师是书呆子，没有创造力。这是第一点。我刚才或多或少提到过。第二点，我们需要向管理人员提供人力资源教育，因为技术正在发生变化，你正在做研究的话，那么你就离新的技术浪潮最近，诸如此类。这是全新的东西。我们需要重新设定研究生课程，因为如果研究生上了5到7年的课，而课程没有变化，所以你是按照目前的课程训练了7年，等你毕业之后，就会面临完全不同的世界，以此类推。它很复杂，但它是主要的方面。

访谈者：您认为需要多长时间，如果您认为需要引进一个新课程或者项目的话。

校长：可能每年都会引进。但是我们不能改变得太频繁，因为我们每年都有认证。

访谈者：要花一年时间？

校长：是的。问题是教授不太喜欢改变。我创建了一个教学实验室，为这些教育者提供教育。

访谈者：能详细讲讲吗？

校长：教学实验室是这样一个地方，我们请从事教学法研究的专家为我们的教授讲解如何设置课程，要少一些知识灌输，增加课堂讨论。

我们还要进行测验，看学生是不是不仅仅有好的记忆力，而且还会对学过的知识进行批判性思考。这是件很棒的事，我将这个教学实验室称作"教师美容院"，因为他们去那里学习后，面貌会焕然一新，成为更好的老师。

访谈者：成为一名更好的工程师。

校长：是的。我去年在这里进行过工程教育。

我们的员工来自各个大学，十分有趣，但是，我们招收有博士学位和物理学教育背景的人。

如何开展实验，并且控制实验成本，而不是只阅读东西，或者只上课。这是项巨大的工程。

访谈者：能否说说您所在大学的教授？你们有终身教职制度吗？

校长：是的。如果我把他们招进来了就什么都不做，或者说我没有做出好的决策，那么当他们感到精疲力尽时，就会影响一生，这是不可接受的结果。

我有的同事相信"二八定律"，即认为80%的人没有存在的价值，大学里只有20%的人起作用，我应该留住的是这些20%的人。对我而言，这纯粹是无稽之谈。

我需要做出改变，创造双赢局面。

访谈者：您如何让人们做出改变？

校长：我们提供激励措施。我们为每个员工提供科研经费，要求他们按照战略计划指南从事相应的研究，不是任由他们支配，而是说，如果你想将经费改进你的课程，想买一台仪器，或者用于培养博士生，那么是可以的。这是钱的问题，要给他们一点自由，如果每个人都朝着正确的方向前进时，那么大学就能向前发展。在意大利，你如果不能管理好教授，那么你也就不能说"把他（她）开除掉"就完事了。

唯一的办法是激励我们的员工。就这方面而言，我认为我是个好领导。可是在面临分裂危机和需要拒绝的时刻，我不是一个好的领导者。我是个好心肠的人，不想责备人。我想激励他们，让他们走出困境。

访谈者：Guido校长，我刚留意了下访谈时间，我们接下来想要问关于清华大学、中国和全世界高等教育方面的问题。您第一次来这里是什么时候，您对清华大学印象最深的是什么？

校长：去年。

访谈者：您对清华大学的印象如何？

校长：清华大学很漂亮。

访谈者：您去年来这里做什么？

校长：当时清华大学主办了一个主题是教育变革的会议，非常有意思，清华大学是一所领先的大学。我认为这个世界变化太大了，大学也可以有很大的变化，我们作为一所理工大学也在做出改变。只有那些做出改变并把事情做得更好的大学，才有机会成为世界上最好的大学。我的目标并不是像一些大学一样提高排名。我觉得我们可以做得很好。我对这里的印象很好，非常好。我这次再来，是希望在清华大学设立一个理工中心，因为清华大学有很棒的传统，并且是中国最好的大学。

访谈者：您认为清华大学，或者说中国高等教育面临的挑战有哪些？

校长：我认为，首先，不建立合作关系是愚蠢的做法，你知道，现在有很多地缘政治方面的问题。而且有时候我也会受到来自美国方面的压力，有人告诉我，要小心。但是，我认为中国在某些领域，比如说信息通讯、能源转换等领域拥有最好的技术，不与中国在这些领域合作，是极其愚蠢的做法。

访谈者：从科学角度来看？

校长：是的。因为中国经济仍然在增长，这里还有很多机会。我希望意大利能抓住机会。我的意思是，意大利现在经济太疲软了，没法做到完美，我们在经历困难时期，完美主义会害了我们。

每当贸易保护主义抬头时，从增税开始，都会对我们这些不太强大的国家带来危害。因此，现在是很糟糕的时刻。我倾向于尽可能地建立合作。正因如此，我认为与中国合作很重要，因为现在中国的好几项技术都处于世界领先水平。

访谈者：那么，我们将要问最后一部分。有关研究型大学在世界上所扮演的角色，您认为研究型大学该何去何从？

校长：我认为，科技对各行各业的人而言都变得无比重要。我想说的是，人们需要了解科技，因为科技正在改变整个社会的面貌。从这一点上来看，像我们这样的理工大学也有责任向外界传达这一理念，向他们解释，让他们不再畏惧改变。我认为大学，尤其是研究型大学会起到很关键的作用，特别是目前我们还面临着经济危机。

访谈者：在意大利还是全世界？

校长：更多的是针对全世界。在意大利，我们并不富裕，因为我们存在几个内在弱点。

访谈者：您指的是政治、经济还是历史？

校长：这几个方面都有，意大利的缺点是地理位置分散，中小型企业居多，只有少数大公司总部设在意大利。是的，这就是缺点。但是大学现在可以成为一种催化剂。研究确实能影响社会，在大学开展研究和调查比企业自己做要便宜。所以，如果你去观摩通用汽车中心，进入我们的校园，以及周围的所有建筑，就会看到到处都是跟我们达成教育合作协议的企业，因为他们需要教育，他们给我们提供教育和应用的研究。在一些对他们至关重要的领域，让他们决定发展方向是件好事，他们当然会付钱给你。

所以我们正在创造这个托管中心的概念，它类似于欧洲理工学院。这些知识创新社区是大学和公共机构、决策机构和公司之间的交汇点。位于伦敦白城的帝国理工学院也有类似举措，大学与企业融合。在美国的匹兹堡也是如此。匹兹堡在钢铁制造公司倒闭后出现了危机，或者说，大学使匹兹堡重获新生，例如，现在匹兹堡有了一个很棒的卫生区。

访谈者：也就是要建立知识创新社区？

校长：对。

访谈者：有时候，这些小举措很快就会出现，但是，大学的文化真的会发生改变吗？

校长：是的。但是在都灵，我们有个有利的局面，我们之前的工业区现在是空着的。

访谈者：因此，你们有发展空间。

校长：我们接下来会召集周围其余的公司，共同打造工业 4.0，也就是数字化，打造汽车区、航空航天区。

访谈者：我想问您，您会如何培训员工，为未来做好准备？您认为目前的博士或本科项目是一种培训途径吗？您刚才提到了一点。

校长：博士是要从事学术工作的。但我也很高兴看到社会和企业需要我们，这是一种激励。我成功地从外部获得了很多投资，可以朝着这个方向发展。当然，我不会仅限于用我自己的资源就朝那个方向努力，因为这样会立即削减人们已经拥有的东西，所以，如果这是我的城市、地区或国家的战略计划，那么他们会投资我朝这个方向走，我也看到了有公司加入进来，这很有帮助。所以，不要从为我工作的人那里拿走财政或后勤资源，而是要做同样的工作，然后去改善它。任何额外的资金都应该由外部提供，因为我们的目标是为了促进外部发展。这种举措很奏效，至少前景很乐观。

访谈者：所以在某种程度上而言，这关乎新的社区，也关乎新的资源？您可以设立框架——

校长：关键在于，你是把资源分给各个单一的小项目。

如果还像从前那样，不仅把资源分配给政府，还给银行基金会，那么它们把钱用到社会各个地方。现在，它们在一起会产生杠杆效应。因此，要把资源投入到能产生价值的地方，现在每个人都在朝这个方向努力，但是，在都灵，我们是这项政策的推动者。

两年前，还没有这项政策，它来自我们的设计或愿景。现在，我们地区的 GDP 增速为 6%，还没赶上 2008 年的水平，因此，我们仍然处于恢复期。

建立新产业和新经济仍然需要时间。但一旦开始就会迅速增长。我认为，我们目前在做正确的事情，与普通大众、与每个部门都产生了很强的凝聚力。我很乐观，我认为我们可以为其他地区提供一个新模式。

访谈者：在您的心目中，全世界有哪些创新社区标杆？我知道荷兰人在这么做，中国人——

校长：伦敦白城和考文垂的制造技术中心在匹兹堡；有大学的地方，往往是创新聚集地。但是通常情况下，科技创新是为了提高效率，而教育不是。德国有很多大型大学，这些机构将研究应用于周围的企业。但是知识和创新社区是由欧洲理工学院资助的，而且已经有几个设立了特定主题的地点。我们计划在都灵发展六项优势产业：制造业、工业、汽车、水力、空间、循环经济。

我们还要重建这座城市，都灵是一个古老的城镇，有许多 20 世纪 60 年代的建筑，这些建筑正在倒塌、破碎，因为混凝土结构维持不了这么久。所以还有很多工作要做，还有卫生事业。卫生事业很重要——我们有一家大医院，我们可以将医学院和生物工程学院合并，便于制药、手术机器人等公司开展研究，这将是另一个有趣的地方。和匹兹堡一样，匹兹堡也有类似的地方，匹兹堡之前的工业以钢铁制造业为主。还有休斯敦也一样，休斯敦在得克萨斯州。得克萨斯州在卫生研究方面很出色。

第十二章
日本早稻田大学校长
田中爱治教授访谈

【关键词】

★ 大学校长

★ 全球领导力

★ 清华大学

★ 早稻田大学

★ 日本

【访谈背景】

早稻田大学校长田中爱治（Aiji Tanaka）于 2019 年 10 月访问了清华大学，与校长邱勇就进一步加强合作进行了深入交流。2019 年 10 月 31 日，清华大学教育研究院副教授罗燕对田中爱治校长进行了访谈。

田中爱治，男，日本人，1951 年生，政治学家，博士毕业于俄亥俄州立大学。从 2018 年起，他担任早稻田大学校长，上任后秉持着理解并尊重多元文化、重视培养国际化人才的大学治理宗旨。在担任校长前，他曾先后担任早稻田大学学术事务主任、副教务长和学术事务执行委员会高级执行主任、全球教育中心主任。田中爱治校长长期活跃于国际学术界，致力于研究投票行为和民意领域，曾于 2014 年至 2016 年担任国际政治科学协会（International Political Science Association）主席。

早稻田大学（Waseda University）创建于 1882 年，主校区坐落于日本东京都，被誉为"亚洲私立第一学府"，日本文部科学省重点支持高校，以追求"学术的独立、学术的活用、造就模范国民"为建校宗旨。早稻田大学是世界顶尖综合研究型学府，是日本超级国际化大学计划 TOP 顶尖校以及环太平洋大学联盟、全球大学高研院联盟等联盟的成员，在 2021 年 QS 世界大学排名中位居全球第 189 位。该校十分重视国际合作与交流事业，侧重产学结合，积极同海外大学与学术机构建立合作关系。2019 年，清华大学校长邱勇访问了早稻田大学，并签署了扩大两校学术交流范围的协议。

【访谈要点】

访谈涉及校长及其个人背景、领导团队、校长所在大学、清华大学、中国高等教育和全球高等教育等层面。要点包括：

·我尝试将我的大部分精力投入到传播价值观当中，让大学变得更好。

·为了让早稻田大学跻身世界顶尖大学行列，最重要的是要招募一大批卓越、有潜力的年轻教授和管理者，他们将来会超越我们。

·早稻田大学所有教授都应该严肃对待科研，但并不是说每个人都要完全献身于科研，而是应该重视科研的价值。每个教授都应该做好科研工作，然后将科研成果体现在教学当中，教授的教学应该从自身的科研中获益。

·大学需要培养学生的挫商（resilient intellect），所谓"挫商"指的是学生应该敢于面对新问题、面对那些人类未解之谜。

·大学需要培养学生的灵活感受力（flexible sensibility），学生应该去了解具有不同价值观、语言、文化和宗教信仰的其他国家的人民，使所提出的问题解决方案对全人类更加具有说服力。

【访谈记录】

访谈者：作为大学校长，您是如何分配自己的时间和精力的？

校长：我的精力都集中在传播那些可以让大学变得更好的价值观上。事实上，我对早稻田大学的教授以及管理人员说，"我们必须下定决心，把早稻田大学打造成世界顶尖高校之一"，成为"世界一流大学"。使早稻田大学的世界排名位列前茅，前30—40位，或者至少是前50位。

如果世界上最知名的大学教授听到早稻田大学，都认同"那是一所好大学"；如果世界上其他国家的大学教授，无论是来自哲学，还是文学、数学、物理学、经济学，或者是教育学、政治学、法学等任一学科领域的教授，他们都认为"早稻田大学具有高水平的科学研究、优质的人才培养和教育教学"。到那个时候，早稻田大学就算是世界顶尖大学了。清华大学已经是这样的世界顶尖大学了。为了使早稻田大学跻身世界顶尖大学行列，最重要的是要招募一大批卓越的、有潜力的、将来会超越我们的年轻教授和管理者。他们未来会成为比我更好的政治学家，也会超越我现在的同事和部门主管。早稻田大学要培养胸怀整个世界，而不是局限于早稻田大学或者日本的学生。这就是我想要跟我的同事分享的价值观，我的大部分精力都将分配于此。

访谈者：您所说的价值观也就是追求卓越。

校长：是的，追求卓越。早稻田大学应该成为受国际同行尊敬的大学。

访谈者：是的，要受到国际同行尊敬，就好比大学想要获得国际声誉一样。我注意到，您是学政治学出身的。正如您所言，您在美国待了 10 年，我想知道您的学科背景是如何影响您自身的领导力培养的？

校长：我学的是政治学，但是我并不想成为政客或者政界领导人物。因此，我认为学习政治学对我的领导力培养并没有发挥多少作用。但是，我学会了如何作决策。

我认为政治学实际上并不是在讲如何治理政府部门，从广义上讲它对我有帮助，让我懂得了人们是如何作决策的。我认为政治学就是一门作决策的科学。

不过，我曾接触过不同的教育体系，也许这方面的经历对我成为一名大学校长大有裨益。我先是接触了早稻田大学的教育体系，随后又先后前往美国乔治城大学、弗吉尼亚大学以及俄亥俄州立大学，接触到了美国高等教育机构。在回到早稻田大学之前，我曾在日本的大学中任教三年。因此，我体验过不同的大学和教育体系，并学会了如何作决策。这些方面的因素共同促进了我的领导力发展。

访谈者：也就是说，您在高等教育体系中的经历对您的领导力培养至关重要。

校长：是的。

访谈者：在您的团队旦，有人关注大学的绩效，有人关注大学的运营，还有人关注创新，那么，您如何平衡您的团队？

校长：实际上，我在团队中强调科研。科研对早稻田大学而言十分重要。在早稻田大学，所有教授都应该严肃对待科研。但并不是说每个人都要完全献身于科研，而是应该重视科研的价值。学术研究固然重要，但是在大学中教育教学也同样重要。每个教授都应该做好科研工作，然后将科研成果体现在教学当中。教授的教学应该从自身的科研中获益。

大学里既有管理者，也有教授，我不好说谁更重要，但是我们必须掌握好平衡。教授要知道如何做科研、如何教学。管理者不直接参与教学或科研，但是他们知道如何运作和管理大学。教授和管理者应该携起手来，加强沟通，以实现共同的目标，分享共同的价值观，使早稻田大学成为世界顶尖大学，培养青出于蓝而胜于蓝的学生。从这个意义上来说，也许管理者和教授应该携手合作。

要达到平衡十分困难。教授应该将工作重心放在科研和教学方面，但同时也要听取管理者的意见；同理，管理者也应该倾听教授的意见，以便更好地进行管理。我的回答也许跟您问的问题并不直接相关，但这就是我想要达到的平衡状态。

访谈者：实际上我自己对这个问题的理解也不是很透彻。我认为您的回答很重要。无论是哪一类人员，他们都应该知道，高质量的科研才是大学的关注重点。大家为了共同的目的而努力，路径可能不同，但共同的目的地都是"罗马"。

校长：是的，每个人都有且扮演着自己的角色，但是他们也应该相互沟通、相互理解。

访谈者：大学的主要使命是科研。

校长：对，他们都在为共同的使命而奋斗。

访谈者：下一个问题是关于内外部控制与不确定性之间的平衡。作为大学校长，您需要处理诸多学校内部事务，承受各方压力。您能控制一些事务和资源，但有时也会超出掌控，那么您如何平衡呢？

校长：当我们遇到危机时，比如发生了意外事件，我们就必须进行风险管理，而不是恐慌。我们应该未雨绸缪。我经常思考一件事情，那就是透明度。不管发生了怎样的不可控事件或不确定事件，我们在应对中，都应该让决策过程更加透明，只有这样，人们才理解我们采取了怎样的决策，这是一个方面。另一方面，如果我们具有相同的愿景，即对大学使命有同样的理解，那么我们就不会轻易改变我们的想法。我们应该保持相同的立场，肩负共同的使命，在确保优质科研和良好决策的基础上，为学生提供高水平的教育教学。

所有作决策的人都应具有相同的价值观和使命，这样我们就能作出正确的判断，这是控制不确定性的最好办法。无论是面对财政上的不确定性，还是学生相关的意外事件，又或者是任何大学里的潜在危机，我们都会思考："基于学生需求，大学能采取的最好决策是什么？对学生而言，什么是最好的？"我们不会轻易改变自己的政策，我们在应对每一个危机事件时，都会坚定地持有相同的立场。

访谈者：您的意思是，掌控不确定性的关键在于有共同的价值观和治理措施。谢谢！有哪些重要的文化和传统对您的大学而言至关重要？我对这个问题也很感兴趣。

校长：早稻田大学是日本顶尖私立大学，能吸引大量优质生源。我们大部分学生，包括校友、毕业生，都愿意服务社会、服务他人、参与志愿工作。我们的很多在校生都是志愿者，在约5万人的在校学生中，本科生约4万人，每年约1万名本科生注册参加志愿者活动。换言之，有1/4的本科生参加志愿活动。这是我们学校的传统。

访谈者：这是一种服务社会的精神。

校长：是的，服务精神。

访谈者：贵校有哪些特别的行动计划？

校长：自从去年11月就任早稻田大学校长一职以来，我一直在倡导两件事。一是培养学生的"挫商"（resilient intellect）。所谓"挫商"，指的是学生应该敢于面对新问题，面对那些人类未解之谜。当前，人类面临的很多问题，尚无正确的答案，如全球变暖、地区冲突、国家两极分化等。许多事情没有现成的答案，但是学生应当思考新的解决方案作为自己的假设，并用证据去验证这些假设。

如果验证结果不理想，学生就需要重新开始考虑新的解决方案。这是一个方面——培养学生的挫商。另一方面是培养学生的"灵活感受力"（flexible sensibility），"灵活感受力"指的是我们的学生应该去理解其他国家的人民，不仅是日本人。要去了解其他国家人民是如何理解这个世界的，了解具有不同价值观、语言、文化和宗教信仰的其他国家的人民。如果学生能做到这一点，那么他们提出的问题解决方案对全人类而言将会更加具有说服力。因此，我们学校的特别行动计划有两点：培养学生的挫商和灵活感受力。

访谈者：这太令人印象深刻了。您认为，贵校目前面临着什么样的重大的变革？比如体制变革？

校长：我想，全球化是最大的变革。自 1882 年建校以来，参与全球化一直是早稻田大学的传统。接着在 1905 年，在建校仅仅几年之后，早稻田大学创建了汉语学院。它不仅吸引中国学生，还吸引了韩国和亚洲其他国家的学生，从 1905 年开始，许多亚洲学生来早稻田大学学习。这一趋势持续了十多年。接着，日本参加第二次世界大战，我们不得不停止招生。第二次世界大战之后，我们的国际化程度不高，但从 20 世纪 90 年代起，我们再次回归传统，如今早稻田成了日本全球化程度最高的大学。去年，我们共招收了约 8000 名留学生，并派遣了 4600 名早稻田大学学生前往国外交流学习。这些都是变革。

我们将来计划每年招收 1 万名留学生，也就是说，留学生人数将占学生总人数的 1/5。并且每年派遣 6000 名日本本土学生到国外学习。每个日本本土学生都应该走出日本，去世界各地交流学习。

访谈者：这可太令人印象深刻了。

校长：从外部世界看日本。这是我们所面临的最大变革，我们正努力实现这一变革。

访谈者：您认为贵校作出了哪些社会贡献？

校长：也许是教会日本人接纳多样性。日本一直以来都是一个同质化的国家，人们思维和视野比较狭隘。但早稻田大学一直包容多样性。第二次世界大战之前，早稻田大学在 10 年期间共招收了 3000 名亚洲留学生，且大部分为中国学生。现在，早稻田大学每年招收超过 4700 名中国留学生，共计约 8000 名留学生。通过这一做法，向日本人传达接纳多样性的重要性。

访谈者：下一个问题是有关清华大学的。清华大学最令您感兴趣的地方在哪里？

校长：据我所知，清华大学成立于 1911 年，随后在哲学、历史及文化研究等各个领域表现都很突出。1949 年之后，也许是响应国家政策的号召，清华大学在自然科学和工程学领域也十分闻名，有"东方麻省理工学院"（东方 MIT）之称。

清华大学过去就好比中国的 MIT，但现在是全能型的，在每个领域都表现得很卓越。我曾问邱校长："这一转型是什么时候发生的？"他回答，是 20 世纪 80 年代初。因此，在 20 世纪 80 年代，清华大学从"东方（中国）MIT"转变成了世界领先的综合性大学，包括在政治学和公共政策等方面都很优秀，这样的转型实际上很有意思。

访谈者：在您看来，清华大学如何才能为全球高等教育作出应有的贡献？您能从政策或实践方面给出一些意见或建议吗？谢谢。

校长：清华大学已经在为全球高等教育贡献力量了。你们也许可以分享一下你们的模式。清华大学在很短的时间内，就从自然科学和工程学强校摇身一变，成为中国顶尖的综合性大学。清华大学应该有十分清晰的规划和宏伟的愿景，也有十分优秀的模式和充足的经费。

你们从全世界获得捐赠，我想可以为世界上其他大学展示你们的模式。

访谈者：您认为清华大学拓展自身学科领域的模式是个很好的模式，是这所大学背后的创新引擎。

校长：是的。

访谈者：您认为清华大学未来会面临哪些挑战？全球化是其中之一吗？

校长：目前，清华大学面临的挑战是：如何从世界各地招募杰出教授。关键问题在于，清华大学招募的教授能否促使学生变得和他们一样优秀。清华大学的学生很聪明，如果来自剑桥大学、MIT 或者斯坦福大学的教授来清华大学任教的话，那么清华大学的学生将来就会比这些来自英、美、法等国家的教授更优秀。中国学生跟随这些教授学习后，应该会青出于蓝而胜于蓝。如果清华大学能做到这一点，将会更加卓越，发展前景也会一片光明。这是关键问题。早稻田大学也面临同样的问题，就是我们所培养的学生将来能否超越我们。

访谈者：我十分同意您的观点。接下来想问您对中国高等教育的印象如何？

校长：我认为中国的高等教育很不错。因为我的研究生项目组里招了几名中国留学生，他们虽然不是来自清华大学、复旦大学这样的中国名校，但他们很聪慧。他们虽然不是来自中国顶级名校，可能来自中国中等水平的院校，但是我指导的那些学生在研究生阶段表现非常突出。因此，我认为中国拥有优秀的高等教育体系，能够提供优质的教育。

访谈者：关于全球高等教育，我想再问您一个问题。请问您如何评论全球高等教育？

校长：全球高等院校，无论是清华大学，还是早稻田大学，都必须教育学生、教育年轻人。这些学生应该对世界作出贡献，有更广阔的视野，这是我们共同的使命。高等院校，例如中国的清华大学、日本的早稻田大学，都有同样的愿景，那就是教育年轻人，引导他们更好地了解世界，为世界作出贡献。这是我的观点。

第十三章

美国芝加哥大学校长
司马博教授访谈

【关键词】

★ 大学校长

★ 全球领导力

★ 清华大学

★ 芝加哥大学

★ 美国

【访谈背景】

芝加哥大学校长司马博（Robert J. Zimmer）于 2019 年 11 月访问清华大学，出席公共管理学院全球学术顾问委员会成立大会暨第一次会议。2019 年 11 月 2 日，清华大学教育研究院副研究员谢喆平对罗伯特校长进行了访谈。

司马博，男，美国人，1947 年生，数学家，博士毕业于哈佛大学。他从 2006 年起担任芝加哥大学校长。在担任校长前，他曾于美国海军学院、芝加哥大学、加州大学伯克利分校担任教职，并于 2002 年至 2006 年担任布朗大学教务长。此外，他曾任职于美国国家研究委员会的数学科学委员会、总统国家科学奖章委员会、美国国家科学委员会。司马博校长于 2011 年获得清华大学荣誉博士学位，并于 2017 年获得美国校董和校友协会颁发的菲利普·梅里尔博雅教育杰出贡献奖。

芝加哥大学（The University of Chicago）创建于 1890 年，位于美国伊利诺伊州芝加哥市。芝加哥大学是美国大学协会的创始成员之一，一所享誉全球的美国顶尖私立研究型大学，在 QS、泰晤士、

ARWU 等多项世界大学排名中均常年位列全球前十，法学、经济学、物理学等领域水平位居全球前列，"芝加哥学派"更是举世闻名。2018 年，基于长期的合作基础，清华大学与芝加哥大学成立"清华大学—芝加哥大学经济与金融联合研究中心"，共同推进经济领域的理论研究和人才培养。

【访谈要点】

访谈涉及校长及其个人背景、领导团队、校长所在大学、清华大学、中国高等教育和全球高等教育等层面。要点包括：

·首先将精力放在学校的战略制定和实施方面，如规划新开办的工学院、进一步改进本科学院、学校全球化战略等。

·在平时的工作中要花费大量时间寻找副校长、院长的恰当人选，因为这些人要承担大量的工作。

·要确保相互间保持充分的交流，使大学形成一个整体，而不是像一个松散的控股公司。

·数据是有意义的，但是每个排名基本上都是由公式的任意性决定的，换句话说，排名有一定价值，但是我们更需要理解排名背后真正的随意性有多大。

·我喜欢看到人们探索和关注他们想要做的事，并能热情投入其中，因为这必然将为学校发展增加新的思想，带来更多价值。

【访谈记录】

访谈者：芝加哥大学是现代历史上一所一流的新型大学。我们对芝加哥大学印象深刻，不仅是其发展历史，还有其对高等教育事业产生卓越贡献的教育理念，像过去一位老校长——

校长：赫钦斯校长？

访谈者：是的，正是赫钦斯校长。赫钦斯校长的专著《美国高等教育》，已经由一位资深学者翻译并在中国出版。这本译著20年前在中国出版，拥有众多的读者——包括我。但此书至今尚未再版。

我想问一下，您作为校长面临的主要挑战是什么？

校长：如您所言，芝加哥大学有着特别的历史，拥有自己特定而有力、始终贯穿其中的价值体系。从办学伊始，芝加哥大学就以学术与学问研究严谨而著称。这种对严谨求索、挑战假设、提出新范式、多角度观察、自由表达、持续争论的承诺，已经成为一种文化，深深植根于我们这所大学之中。

我认为，围绕这个方面，我们面临两项挑战：第一，目前在高等院校中这是一种非常独特且有分量的观点或视角。保持并发扬这一观点或视角非常重要，但也有多种势力促使人不去追求并保持那种严谨探索的学术环境——而我们则承诺要保持这种严谨求索的环境。

第二，在办学进程中，如何以新形式体现此种办学风格。我们一方面要有一套恒久的价值理念和视角。另一方面，实践中具体的方式则可以顺时而变，以适应新问题，学科在变，会出现新问题、新学科、新的伙伴关系等。所以我们需要不断思考，如何以崭新有力的方式实现这些恒久的价值体系。

访谈者：有些事从来不变，但有些事情总是在不断变化。

校长：这样的话，分清哪些是不变的、哪些是变化的十分重要。

访谈者：非常感谢。我注意到，您的第一学位是从布兰迪斯大学获得的，而不是芝加哥大学。

校长：对。

访谈者：芝加哥大学选择自己的校领导是否有某种传统？赫钦斯校长来自耶鲁，而您是来自——

校长：是的，很多芝加哥大学的校长并不是芝加哥大学的校友。在我之前的四位芝加哥大学校长都不是芝加哥大学校友。但是再之前那位校长，Edward H. Levi，则是芝加哥大学校友。

从本校人员中选择领导有长处也有短处。长处是人们相信这些人熟悉本校情况，对本校理解深刻，知其事体轻重，理解价值理念。短处是有时无法引入局外人的视野，而这一点至关重要。我们谁也不能认为自己的做法毫无瑕疵。所以，我认为，对芝加哥大学而言，重中之重就是：所遴选的芝加哥大学校长，应该既认同本校的恒久价值理念，又愿意思考如何以新的方式去实现这些价值理念。我认为这就是我们要走的道路，我们也是这么走过来的。

访谈者：作为校领导，一般您将主要的精力放在哪里？

校长：主要有几个地方。首先是学校的高端战略方面，即学校需要完成哪些重大事项。这包括我校首次创办工学院，也包括考虑在一所著名的研究型大学中本科生学院应该怎么办下去、应该处在什么位置的问题。这些一直是我们认真思考的内容。还有我们学校的全球化战略，等等。这些是我需要关注的高层次的事项。第二，我要花费大量时间，寻找副校长、院长的恰当人选，因为这些人要承担大量的工作。另外，我要确保他/她们齐心协力地工作，相互间保持充分的交流，使大学形成一个整体，而不是像一个松散的控股公司。

访谈者：是的。第二个我想问的问题是，您的学科背景是数学专业，那么您认为专业背景对形成您的领导风格有什么影响？

校长：对拥有数学背景的人来说，十分有趣的是，面对不同种类的现象，我们总想搞清楚隐藏在这些现象背后的是什么。比如，如何利用一个较大的结构，把一些看起来不同但实际上又有很多共同之处的东西整合在一起？这就是数学家的思维模式。我认为这种思维模式对我来说，把大学作为一种结构来考量，非常有用：看上去有很多迥异的事情在发生，而实际上，如何条理分明地去理解和对待这些事情？这就是我们的思维方式。

访谈者：作为大学领导人，您有没有什么好的方式去平衡那些分别对业绩、选择、创新感兴趣的人？

校长：芝加哥大学和其他很多大学一样，如我前面所说的，有一种伞形文化，非常强大。大学里有很多不同部门，但是各部门又有自己思考问题的方式，非常不同，这是好事。我的意思是，我们要人们用不同的方式思考和关注各种各样不同的东西，事实上，在大学的大文化中，存在着各种不同观点和大家看法不一的各种事物。所以，我喜欢看到人们探索和关注他们想要做的事情，并能热情地投入其中。另外，我也喜欢看到他们相互交流，从而能理解其他人在做的事情，并由此而呈现某种整体性。这就必然会激发新思想，添加新价值。

访谈者：赫钦斯校长在他的书里说过一句话：如果一个人在他的任期结束后明白当大学校长意味着什么，但仍然想当校长，这几乎是不可想象的。您同意吗？

校长：是的。

访谈者：如果您已经知道当校长的挑战，您还想再当校长吗？还想接受这个职务吗？

校长：绝对还是会。校长这一职务是一份很有趣的工作。如果它适合你的性格，适合你的个性，那它就是一份很棒的工作，如果反之，那就不太妙了。所以，对我来说，我觉得担任校长这一职务具有挑战性，也很有意义。总有很多不同的事情需要考虑。我不断学到新东西，遇到各种各样的人，听到他们的各种想法。我喜欢这样。

访谈者：您喜欢当校长。我注意到，原因可能是您是在 20 世纪 60 年代接受的高等教育，获得学士学位。正是在那个年代，出现了一批伟大的校长，像赫钦斯还有克拉克·科尔。加州大学洛杉矶分校科尔校长创造了一个非常流行的术语，除了叫"大学"（university）之外，还叫作"多校区大学"（multiversity）。您还同意这种概念吗？或者对此还有某种解释？

校长：这个 multiversity 我不清楚。大学的确已经变得更加复杂了，个中原因是大学对世界产生了巨大的影响，因而各种各样的人对大学就有了各种各样的期待。这可以理解。但我认为，务必要保持清晰的认识，作为一个办学机构，自己到底是谁，使命是什么，回应对大学的所有要求如何较为一致地反映学校的基本使命、价值观和目标。一旦当你开始琢磨，"哦，我要做的事情太多了，我只要把它们平衡一下就行了"，那你就大错特错了。所以我不确定 multiversity 这一概念。我确实挺喜欢大学（university）这个词。因为这个词体现了整体内在这种关系，我认为这极为重要，需要时刻谨记。

访谈者：我同意您的观点。事实上，对研究者而言，不管是科尔校长还是赫钦斯校长，他们都是英雄人物，但他们也是激进人物。他们为大学做出了一些激进的改革。您如何看待赫钦斯校长为今日芝加哥大学留下的遗产？

校长：说实话，我认为赫钦斯最伟大的遗产，也是他最了不起的地方，是他对教育目的严肃性的绝对承诺，包括在非常复杂的环境中对言论自由的保护。赫钦斯有非常明确的价值观。而且我认为，他的言行以一种复杂的方式让芝加哥大学不断受益。他是不是一个伟大的行政领导，他作出的各种决定对错如何，有很多争论。但我认为，赫钦斯特别正向的遗产，就是他明确承诺，教育要教人们如何思考，这就是我们大学的使命，这一使命异常艰巨，富有挑战性。

访谈者：是的，非常感谢。我认为，在未来，您也会留下很多思想供人研究。当我们研究大学历史的时候，您的教育思想也会呈现在资料里。对于现在的大学来说，他们在意全球地位。您对大学排行榜的看法是什么？

校长：对排名，我有一个非常简单的看法。就是您必须看看排名是怎么排的。排名的基础是一组标准参数。有的排名参数选得少，有的选得很多。而了解具体所采用的参数是关键。一般而言，您要知道这些参数，要关注这些参数，并非全部，但要关注多数被采用的参数是什么。接着就是排名是怎么使用那些参数的，也就是有关机构的人士设立一个公式，将那些参数用此公式运算并产生排名。考虑各种排名、数据固然有意义，但每种排名从根本上说都是由公式所反映的任意性决定的。所以，排名有一定的价值，但我们需要了解各种排名所采用的标准有多么武断。

另外，这么说吧，搞排名的机构和人士对他们的排名结果如何是有兴趣甚至利益的。

访谈者：是的。对局外人来说是这样。芝加哥大学在研究与教学结合方面做得比较好，我们对此很佩服。通常情况下，作为一所大学，平衡教学与研究非常困难。把科研和教学结合在一起，您的战略方针是什么？

　　校长：好的。我从两个方面谈：第一，关于教学的本质。假设教学就是教师站在那里传递信息，我们都清楚，这种教学显然有点枯燥、无聊。反之，如果您在教学过程中引入认真的智识讨论，让聪明的学生使你自己感受到挑战，同时你也挑战他们并让他们相互挑战，那么教学就有趣得多。而且，实际上这种教学方式从根本上更接近于研究性环境。所以，我觉得，很大程度上取决于如何看待教学和课堂内的挑战性，以及在多大程度上教学是教师们乐意所为而不是另一件不得不做的苦差事。教学由此而变得令人兴奋。要做到这一点，我们需要真正优秀的学生，但我们的学生的确优秀，所以可以两全其美。我们正在做的第二件事，有点新颖，就是我们正在尝试让我们所有的学院，包括商学院、公共政策学院、法学院，与本科生项目连接起来。并不是每位教师都教本科，但是在专业方面要形成相互联系。

　　访谈者：不同学院的教师相互关联在一起？

　　校长：是这样。这既可以让本科生接触到更多的教师，又让过去不参与本科教学的学院的老师也能享受本科生教学，毕竟我们的本科生这么优秀，可以使教学场所成为一个充满挑战的环境。所以我们的主要任务就是保持现有的的课堂、课目，让教学工作确实是一种智识挑战，但对每个人来说都是一种满足。

　　访谈者：最后一个问题是，您对贵校教师和学生的学习和研究精神怎么看？是不是具有挑战性？

　　校长：是的。我想你知道，这里整个地方的氛围精神就是相互挑战、不断挑战。经济学领域的研修班和工作坊是很有意义的样本，有以下特点：芝加哥大学有很多诺贝尔经济学奖得主——每个人，包括诺贝尔奖得主，都期望不断得到有挑战性的提问。研究生向诺贝尔奖得主提出有挑战性的问题很正常，诺贝尔奖得主也会努力应答，而不会拿身份压人："我是诺贝尔奖得主，你是谁?"回答问题得有论点，所以，每个人都处在这个具有智识挑战性的环境中，相互在挑战中受益。

访谈者：所以，您认为他们在互相激励。

校长：正是这种感觉。

访谈者：是很棒，也很有趣。给学生一个 C+，或 D−、D，或 F、不及格，以前的学生不管老师给什么成绩都得拿着。现在年轻一代学生以自我为中心，他们会觉得："我已经够好了。教授，为什么您给我的是 C 而不是 B ?"对此，您遇到过类似的问题吗?

校长：我们不会让任何人逃脱责任。在他们所处的环境中，学生根本不会那么讲。感觉如何不是理由。

访谈者：好吧。让我们回到要问的问题。您是第一次还是第二次来清华大学?

校长：来过多次了。

访谈者：那您对清华大学最感兴趣的是什么呢?

校长：有意思的是，我对清华大学最感兴趣的地方也是我对中国最感兴趣的地方——就是那种巨大的雄心壮志，想要实在、快速地完成某种事业。这是一种令人振奋的环境，有感染力。

访谈者：谢谢。是的，清华大学常常这样说：行胜于言。

校长：是的。

访谈者：您认为，清华大学怎样为全球高等教育作出贡献?

校长：全球高等教育? 我认为，要能让更多的人有在中国的经历，这非常重要。当然，尤其非常重要的是，应当让更多的美国人来中国。我的意思是，美国社会对中国的了解和认识水平很低。我们一直积极地在北京和香港设立中心，其中部分原因，就是要鼓励学生和老师来中国，这不仅有宏观层面的价值，也对他们的工作有重要意义，能使他们实际了解中国正在发生什么。

访谈者：这是不是说，您建议清华大学了解芝加哥大学在巴黎、北京、德里设立中心，芝加哥大学布斯商学院还在香港和伦敦设立校区的逻辑？

校长：是的。很明显，这里有两件事。一是把人带过来，二是把人送出去。两者都重要。

访谈者：是这样。谢谢您！我对你们海外机构做了一个小调查。你们在北京的中心非常成功。

校长：这很有意义。众所周知，因为很多成功的美国大学问过这样的问题：既然我们的大学这么好，为什么我们要把学生送到国外去？

事实是，有一段时间，我们也有过那样的想法。但我们已经有了很大改观。我觉得，如今我们是实实在在地不断推进国际化理念，经过努力，这一理念目前已经在芝加哥大学扎了根。我认为，推进国际化非常重要；美国和中国都是大国，都有很强的内在文化，所以我认为，国际化的理念对这样的国家来说，尤其重要。如果您看看欧洲，走不了几步路就来到另一个具有不同文化的国家了，因此欧洲人对各种各样的事情，各种各样的人，各种各样的思想、文化、语言和历史都习以为常。而在美国和中国，人们很容易一开口就是"我们"，"我们就是故事的主人"。所以，我觉得，尤其在那些大国，有条件就应该有意识地努力把人们请进来和送出去，这是健康有益的。

访谈者：这是最后一个问题。从您的观点来看，未来清华大学会受到什么样的挑战？

校长：我认为，中国以如此惊人的速度发展——快速是好事，快速发展也很了不起——快速发展总是会产生一些事情需要处理。这并不意味着不要快速发展，而是意味着要注意到，速度快了，不可能把事情百分百做对。这就是现实，需要边发展、边调整。

访谈者：您认为来自外部的最大挑战是什么？

校长：清华大学是一所正在经历巨大且迅速进步的大学。我上面这个说法仅仅只是一个抽象陈述。因为您也知道，在过去的十年，芝加哥大学也在努力快速发展。我们也发现，先前有些事情我们没有百分之百做好，需要做些修正。

第十四章
韩国延世大学校长
金永和教授访谈

【关键词】

★ 大学校长

★ 全球领导力

★ 清华大学

★ 延世大学

★ 韩国

【访谈背景】

延世大学原校长金永和（Yong-Hak Kim）于 2019 年 11 月访问清华大学，出席公共管理学院全球学术顾问委员会成立大会暨第一次会议，以及由清华大学全球可持续发展研究院主办的"2018 相预未来：新文明城市与可持续发展论坛"。2019 年 11 月 2 日，清华大学谢梦雨博士对金永和校长进行了访谈。

金永和，男，韩国人，1952 年生，社会学家，博士毕业于芝加哥大学。2016—2020 年间担任延世大学校长。在担任校长之前，他曾先后担任延世大学规划副主任、招生主任、大学学院院长、社会科学院院长和公共管理研究生院院长。他曾获延世大学学术卓越奖、盖洛普杰出论文奖（Gallup Outstanding Paper Award）、美国国家科学院杰出出版物奖（National Academy of Sciences Outstanding Publication Award）。担任校长期间，他提出"未来挑战 10 到 20"（Future Challenges 10 by 20）战略，通过拟定在 2020 年前需完成的十项政策任务为该校的百年发展做准备。

延世大学（Yonsei University）创建于 1885 年，主校区坐落于韩国首尔市。延世大学是韩国第一所现代大学和世界顶尖研究型大学，是环太平洋大学、亚洲大学等联盟的成员，在培养韩国经济发展和工业化所需的人才方面发挥了关键作用。延世大学在 2020 年 CWUR 排名中位列韩国综合大学第 2 名，2020 年 QS 世界大学排名中位列全球第 85 名，且工商管理学院在全球享有盛名。延世大学与国际许多著名高校开展广泛合作，与清华大学、北京大学、中国人民大学等二十余所中国高校具有合作关系。

【访谈要点】

访谈涉及校长及其个人背景、领导团队、校长所在大学、清华大学、中国高等教育和全球高等教育等层面。要点包括：

·我认为清华大学有很多具有创新思想的人，他们做了许多对社会有影响的创造性研究。

·在未来，创造性思维尤为重要，而不同种类的知识反而变得不那么重要了。

·公共政策的基本目标是解决公共产品问题，因为公共产品是分配给每一个人，包容所有人，普惠所有人的。

·人必须有人性、有爱心，关心他人，帮助有需要的人，把拥有的东西分享给别人，如果清华大学能够产生这种"分享价值"思维，那么清华大学将成为真正的世界领袖。

·在就职演说中，我说我会改变延世大学未来发展方向"0.5 度"，也就是预测未来、明确发展方向。

【访谈记录】

访谈者：以一个校长的角度来看，您觉得清华大学最吸引您的是什么？

校长：实话实说，我认为清华大学的发展在世界范围内都算是最快的。20 年前我来这里时，街上到处都是自行车。那时的清华大学十分安静，开展活动的范围很小。然而之后我再来到清华大学，每次都能感受到巨大的变化。当然您知道，韩国的发展也很迅猛，但即使经历了韩国的发展速度，我仍对清华大学的发展速度感到惊讶。例如，清华大学有很多在特殊领域取得了卓越成就的顶尖学者，甚至几乎每个领域都有这样的学者。在某些领域的高引用率论文里，至少能找到一篇出自清华大学的学者。作为一位校长，我认为这很了不起。

访谈者：您认为清华大学是如何对全球高等教育作出贡献的？

校长：我认为清华大学拥有很多具有创新思想的人。他们做了许多对社会有影响的创造性研究，例如基因编辑，就是对社会有直接影响的研究，在这方面我认为清华大学在可见的未来里领先全球。然而我希望清华大学还能引领其他领域的发展。首先是创造性思维。在未来，简单记忆多种知识将变得不再那么重要，而是需要我们有创造性的头脑，与此同时不断积累知识并保持敏捷的思维。再者是我在延世大学经常强调的一点，必须做一个热心的人。像防水（waterproof）手表一样，未来需要防人工智能（AI-proof）的人，这些是暂时无法模仿的人。昨天马云说"人有心，而人工智能没有"。我不知道有没有一天会出现有心的人工智能，但在这之前，人类必须要有人性、有爱心，懂得帮助有需要的人，能够把拥有的东西分享给别人。如果清华大学能够孕育这种心灵，我也称它为"共同价值"，那么清华大学将真正成为世界的领袖。

访谈者：这样的愿景也是对公共政策的一个挑战？

校长：正是。公共政策的基本目标是解决公共产品问题。为什么要解决公共产品的问题？因为公共产品几乎是分配给每一个人的，包容所有人、普惠所有人。例如，市场未能提供公共产品，对社会来说就是一种欠佳现象。人们无法仅凭创造性思维解决这一问题。但是，如果您有一颗温暖的心，那么您会看到别人看不到的东西。您会发现新的兴趣领域。

访谈者：这个有点难度。您认为清华大学、延世大学还有其他大学未来会面临怎样的挑战？

校长：回答这个问题有点难度，我以我作为校长的经验尝试作答。如果向世人介绍清华大学，他们脑海中会立刻联想的词是什么？当你听到"清华"这个词的时候，你会联想到什么词？这个词就是清华大学具有的独特价值。对于延世大学来说，如果人们听到"延世"二字，他们就会联想到自由，这可能是因为我们有着悠久的自由文化传统。

我并不判断这是好事或坏事，但如果清华大学想要在世界大学中独树一帜，那么可能需要成为具有象征意义的标杆。

访谈者：您有着区别于其他大学校长的很强的社会科学专业背景，作为一名大学校长、领导者，您会把您的精力主要投入在哪些方面？

校长：在我的就职演说中我说过，我会改变延世大学未来发展方向"0.5度"。这需要预测未来——看清我们现在所处的位置，并明确之后要前往的路径——然后我来负责扭转发展的方向。到目前为止，我一直努力沿着这个方向走下去。举一个简单的例子，让我问您一个问题："您想成为什么样的人？"如果我问我的学生这个问题，几乎所有人都会说："我想成为一名律师。我想成为一个音乐家。我想成为一名财务经理。"他们都用关于职业的选择来作答。但这些职业又会持续多久呢？他们树立的目标很可能在未来已经不存在了，对吧？人工智能会取代很多东西。

如果我接着问"为什么你想成为一名律师"，一个现实的回答可能是"为了赚钱"。但是当律师有什么意义呢？那就是一种认同，我将它称为"个体存在的合法性"。我认为这一点非常重要，但是人们几乎不会谈论这些。或许有时会谈论，但我们的教育体系都强调职业性工作。我引用哲学家杜波依斯的一句话："教育的目的不是把人变成木匠，而是把木匠变成人。"到目前为止，大学还未实现这一理念。我并不是说对教育而言专业知识不重要，而是我们必须改变办学的方向、愿景和使命不断完善教育。一直以来我们都瞄错靶子了。或许在人工智能出现之前，或在达到目前的技术发展水平之前，这种路子还行得通。

访谈者：您认为5年或10年后中国会发展成什么样子？也许不仅仅关于中国。中国高等教育和中国的公共政策会有什么变化？

校长：社会需要信任，所以人们信任政府，信任政治机构，信任大学。但是，所有这些信任正在迅速下降。在韩国，人们已经不太信任政府，不信任教堂和宗教机构。人们的信任度正在降低。那么，社会会瓦解吗？不会的，我们不会解体，但我们应该找出如何解决这些问题的答案，而这正是公共政策的作用。

访谈者：这是高等教育公共政策的最初目标。教育最初是为了某些事务而培训专业的官员。

校长：这我同意。但是，我们面临的敌人是技术——互联网。互联网正在使我们的基础变得非常不稳定，因为如果在政府或大学里稍微出现一些不当行为，信息就会迅速散播至整个社会，人们会议论纷纷。即使是个体欺诈事件也会让人们觉得整个政府都蔓延着腐败。大学也面临着类似的情况。报纸和记者往往在没有核实事实的情况下散布一些谣言。这就是我所说的"故事之战"。有很多不同类型的故事之战。人们只想听各种各样有趣的故事，比如电视剧。因此，信任度每年、每月、每天都在下降。

访谈者：您如何看待技术政策，或者其他类型的政策？

校长：当你读报纸的时候，你可能会注意到社会上到处都是坏事，但你也应该记住，社会上也有好事发生。到底是谁在讲这些故事？我们正因为不好的内容而输掉这场"故事之战"。

第十五章

哈萨克斯坦纳扎尔巴耶夫大学校长
胜茂夫博士访谈

【关键词】

★ 大学校长

★ 全球领导力

★ 清华大学

★ 纳扎尔巴耶夫大学

★ 哈萨克斯坦

【访谈背景】

纳扎尔巴耶夫大学校长胜茂夫（Shigeo Katsu）于 2019 年 11 月访问清华大学，出席清华大学公共管理学院全球学术顾问委员会成立大会暨第一次会议。2019 年 11 月 2 日，清华大学教育研究院博士后刘路对胜茂夫校长进行了访谈。

胜茂夫，男，日本人，1958 年生，国际关系学者、经济学家，博士毕业于东京大学。他有 30 年的世界银行工作经历，曾于 1999—2009 年先后担任世界银行欧洲和中亚地区的总监和副总裁。在 2011—2015 年期间，他是东盟与中日韩宏观经济研究办公室（Asean+3 Macro-economic Research Office）顾问小组成员。2010—2011 年期间，他曾担任亚洲开发银行和世界银行顾问，并同政府和非营利组织开展合作。从 2010 年起，他担任纳扎尔巴耶夫大学校长，并作为哈萨克斯坦现代化国家委员会的成员，担任国际和双边发展机构的顾问。

纳扎尔巴耶夫大学（Nazarbayev University）创建于 2009 年，坐落于哈萨克斯坦努尔苏丹市，是亚洲大学联盟成员之一。该校在哈萨克斯坦总统纳扎尔巴耶夫个人倡议下创建，也是该国第一所拥有机构自治权的高校。纳扎尔巴耶夫大学现有工程学院、科学技术学院、社会人文学院、医学院。纳扎尔巴耶夫大学的教学制度依照国际教育标准拟定，意在促进哈萨克斯坦科教体系快速发展并早日与国际接轨。从建成之初，纳扎尔巴耶夫大学就肩负着为哈萨克斯坦高等教育和高校改革树立先进典范的使命。2016 年 9 月，纳扎尔巴耶夫大学胜茂夫校长与清华大学校长邱勇进行会谈，希望双方依托亚洲大学联盟平台进一步深化合作。

【访谈要点】

访谈涉及校长及其个人背景、领导团队、校长所在大学、清华大学、中国高等教育和全球高等教育等层面。要点包括：

·我们最在乎的事情是杜绝一切腐败或丑闻的发生，任何人通过托关系、贿赂等方式取得入学资格是绝对不允许的，学生只有达到我们的录取标准，并且德才兼备，才能被录取。

·从 2018 年秋季新学年开始，我们决定引入通识核心课程。无论是工程、科学、人文科学还是社会科学专业，大一、大二本科生有将近四分之三的课程是共同修读的，我们希望能通过这一方式训练他们的思维。

·我们必须给年轻人机会，让他们自下而上地发展，我们也需要培养一种为学生、教授、临床医生等人员服务的心态，必须让他们处于中心地位。

·我们在学术和研究方面国际化程度均很高，而行政和财务方面则是国内员工占主导，如何把这些人融合在一起是一项很大的挑战，必须让他们经常联络沟通。

【访谈记录】

访谈者：作为大学校长，您目前是如何分配精力的？

校长：纳扎尔巴耶夫大学创校只有九年半。我们从 2010 年开始招生，最初开设的项目是为期一年的基础项目。在哈萨克斯坦，实行的是 K–11 教育制度，而不是通常的 K–12 制度。因而，我们认为大学对年轻的高中毕业生来说有点难，那些只有 16—17 岁的高中毕业生难以马上全身心地投入以英语为教学语言的研究型大学学习。这也是为什么基础项目是必要的。于是，我们邀请伦敦大学学院在阿斯塔纳①为国际学生开设基础课程，学生规模逐步扩大至五倍。自 2011 年起，我们开始招收本科生，2015 年第一批本科生毕业。随着时间的推移，我们将开设研究生院。2010—2015 年是奠定基础的几年。

我的精力倾注在努力保障学校在初创时期就能有非常突出的学术成果上。与此同时，我们也建立了良好的治理和管理体系。我们的首要和核心关注点是学校不能有任何腐败现象或丑闻发生。在学术方面，我们还需要向公众表明，任何人都不能够通过托关系、贿赂等方式取得入学资格。学生只有达到我们的录取标准，并且德才兼备，才能被录取。这对哈萨克斯坦来说是项新事物，我们花了大约三年的时间才得到公众的理解。在那之前，我们经受了来自各方的巨大压力。我们当时四处招募学生。2015 年，我们才有了第一批毕业生。从一开始，我们就招募了国内最优秀的高中毕业生，师资队伍也很优秀。

①　阿斯塔纳自 1997 年开始取代阿拉木图成为哈萨克斯坦新首都，2019 年 3 月 20 日更名为努尔苏丹。

所以理论上来说，学生毕业后，应该有能力去往较好的就业单位。因此，我们开始越来越注重科研和创新，还建立了医学部。同时，我们也有一项职责，那就是与国内其他大学分享我们的办学经验。为什么？因为我们是根据一项特殊的纳扎尔巴耶夫大学法律来运作的，这标志着在哈萨克斯坦，学术自由和大学自治第一次得到法律保障。所以，我们有很多其他大学所没有的特权，我们不用向教育和科学部汇报，我们有自己的治理体系。近年来我们的董事会也非常强大。

然而，在成立九年半之后，我们从去年年底、今年年初开始，启动了一项重大的改革，涵盖了大学体系的各个方面。我们需要重新致力于大学最初的使命和愿景，要彻底改革大学的管理、财务、采购、人力资源等各个体系，因为最初的体系是仓促建立的，难免有瑕疵。九年后，这些体系无法帮助我们实现第二个十年的宏伟目标。因此，我们在管理、财务等方面正处于巨大的变革之中。在医疗方面，在美国战略伙伴的协助下，我们正在改革医院体系。在学术方面，从去年秋季新学年开始，我们已经改革了我们的课程，决定引入通识核心课程。无论是工程、科学、人文科学还是社会科学专业，大一、大二本科生有将近四分之三的课程是共同修读的，我们希望能通过这一方式训练他们全面的思维能力。

所以，工程和科学专业的学生必须学习道德哲学或伦理、历史等科目，以培养批判性思维。而人文社科专业的学生，要对定量分析方法有基本的了解，这就涉及数学、计算机科学、编程。此外，我们还为每名学生推出了创业课程。以上就是我投入精力最多的地方。

访谈者：第二个问题是关于您的学科背景。

校长：不，我不是一个学者。我过去常常在世界各地的大学发表演讲，但也仅限于演讲，因为我的背景是世界银行。我在世界银行工作了三十多年，在那里工作一段时间后，我晋升了管理岗位，成为一个地区的副行长。基本上是负责欧洲、苏联，包括中亚和巴尔干半岛还有土耳其这部分地区的业务。所以，从某种程度上而言，世界银行是个非常多元化的国际组织。而且，那里到处都是自认为非常聪明的人。银行业是个知识密集型行业，因此，你必须形成某种管理风格，才能确保部下跟随你的脚步。

在某种程度上，我对建立这所新大学也有类似的看法。所以，我也试着告诉那些采取自上而下管理方式的国内同事，那是老一套做法了。请不要再采取自上而下的管理方式了。我们必须给年轻人机会，让他们自下而上地发展。我之所以要进行这一重大的制度改革，是因为我想改变学校整体的氛围。我们需要培养一种为学生、教授、临床医生等人员服务的氛围，必须让他们处于中心地位。我们必须全力支持他们，并且必须发展这种"基因"，无论是行政管理、财务领域，还是在专业领域都是如此。

所以，我现在经常告诉员工，我希望你们每一个人——无论是从事人力资源、财务预算工作，还是从事行政管理方面的工作，我希望外面的人跟我说："胜茂夫先生，我的公司在预算方面出了问题。您能帮忙吗？"我说："当然。你从我的员工名单上随意挑选一个，都可以帮你们解决这个问题。他们是专业的，能帮到你。"我告诉我的员工："我希望你们成为这类的专业人士，那样的话你就不用担心自己的工作岌岌可危了。你总可以去别的地方找到工作，同时还能在职业中获得满足感。"这些是我的管理哲学。

访谈者：应该有一个专业的领导团队来帮助您处理日常事务，尤其是大学管理或治理问题。那么按照您的领导理念，您认为在对绩效感兴趣的人和对创新感兴趣的人之间取得怎样的平衡是最重要的？

校长：我认为，领导团队在很多方面与处理婚姻问题有类似之处。

你必须认识到，你是把完全不同、具有不同专业文化背景的人聚集在一起的。拿我们大学来说，我们在学术和研究方面国际化程度均很高，行政和财务方面则是国内员工占主导，如何把这些人融合在一起是一项很大的挑战，因此必须让他们经常联络沟通。所以，我们每周至少召开一次高级管理层会议。此外，我们还有各种各样的委员会会议，几乎每个人都会出席。值得感谢的是，我们大学有了一位新上任的副校长，负责行政财务工作。他虽然是哈萨克斯坦人，但是非常包容，心里总是考虑到学生。他想着如何团结大家。

这很棒，所以我们试图创造一种让管理层中的国内外人士融合在一起的氛围。由于国内人士是在旧体制下成长起来的，这是一个非常大的挑战。

而我们的国际学者和科研人员则没有这方面的束缚。所以我才说领导团队就像一场婚姻，我必须把双方结合在一起。

访谈者：领导团队的工作在多大程度上着重于内部或外部事务，或者说控制不确定性？

校长：以前我们会说控制，但是我试着不再用这个词。要知道，在俄语中，当你说"财政管控"的时候，他们倾向于把它翻译成"控制"，于是就有了完全不同的内涵。所以，我试着不再用"控制"这个词。你在监管，但目的是为了学习，而不是惩罚。

从某种程度上而言，领导团队在很多方面都是对外的，我必须与政府部门、总统、国际赞助商打交道。教务长则全权负责学术研究方面的工作。

我们的执行副校长，他的时间更多地投入内部行政方面，但是，考虑到这种国内、国际二分法对我们没有好处，我们现在也逐渐地以某种方式将行政国际化。所以我们任命的副校长当中，一位专门负责医学部工作，一位负责创新工作，还有一位负责学生事务。

访谈者：有哪些特定的文化和传统对您的大学很重要？

校长：从一开始，我们就告诉每个人，第一，学术诚信非常重要。所以，我们从一开始，就对作弊、剽窃等行为进行非常严厉的打击，这也是新的举措。我们开除了作弊和剽窃的学生，然后他们跑到学校抗议。他们的父母申诉说："我的孩子只不过是参与作弊罢了。"我想他们不明白。我告诉他们，总统先生委托我们，要办成一所世界级的研究型大学。作为一所世界级的研究型大学，无论是对最年轻的学生还是对资深教授来说，学术诚信都是摆在第一位的。所以我们提倡学术诚信，这与英才教育紧密相连，是以品行为基础的。

我们还有些奠基性的举措，比如，我们很早就决定打造英语交流环境。当然哈萨克语也是我们要强制教授的，否则我们便无法在公共服务部门工作。我们还与国际顶尖大学建立了强有力的战略伙伴关系。因此，我们很早就引入了本科生教学与科研体系。从本科阶段开始，我们就建立了一个非常完善的质量提升框架，从而努力把重点放在质量保障上。我们也非常注重价值观的培养，比如学术诚信。我们对毕业生有期待，希望他们成为包容、为他人着想的人，他们也都接受过领导力培训。

访谈者：关于贵校的未来发展，您有什么具体的战略计划吗？

校长：我们确实有一个"2030 战略规划"，是由我们的董事会于去年 12 月批准的，跟我们的改革同步进行。

我们制定了很多雄心勃勃的目标。我们想设立卓越研究的关键绩效指标，还想进一步推动学生发展的国际化。

其中一个目标是在未来几年内完成我们所有的项目认证。此外，我们希望确保我们能够响应当局的重大要求，除了常规研究，还有人工智能、数字科学、人工智能，这些领域也越来越受到关注。我们将大规模地建立或扩大研究所，开发全国性的平台。我们也被要求帮助政府和工业界为未来发展打下基础，使行业更加多样化。也就是说，要逐步摆脱对培养天然气和矿业等传统行业人才的路径依赖，为国家未来的经济增长培养出多样化的人才作出贡献。所以，我们多次被要求培养未来的领导者以及高级公务员，我们做的所有事情都围绕着这个目标。目前我们是按照一项特殊的纳扎尔巴耶夫大学法律运作的，所以我们是哈萨克斯坦唯一一所拥有学术自由和机构自治权的大学。

关于大学体系的其他部分，到 2025 年，我们希望确保我们能成为一个更好的学术中心，拥有更大的话语权，加强和所有重点大学在科研和教学等方面的交流合作，互相分享和借鉴经验。到 2030 年，我们所憧憬的局面是，我们不仅仅是在某个领域占主导地位，更是要成为强大的大学链中的一环，成为建立大学网络的必要元素。那时候，我们就可以共同迈向强大，国际参与度也得到提升。这就是我们的 2030 年规划。

访谈者：那么在大学的发展过程中，您认为大学在未来几年将面临什么样的挑战？

校长：从很多方面来说，这就是我们进行这种改革的原因所在。

一方面，就像昨天和今天会议的主题提到的，如何面对科技给大学治理和教育带来的影响。这两天，我们深入讨论了该如何向世界分享中国的发展经验，以及如何讲好中国故事，让世界了解中国。特殊政策管理的角色也让我产生了很大的共鸣，因为我们也有学习公共政策专业的研究生，我们有时会讨论类似的事情。

过去和现在，我们所面临的一个真正挑战是，我们是一所非常国际化的大学。我们的教授来自 56—57 个国家。我们就像一个"小联合国"，国际员工人数占 75%，拥有西方大学博士学位，这也是我们招聘他们从事教学和研究工作的原因。但是我们的行政管理部门又非常本土化，许多人具有政府工作背景，他们不想冒险，或者说他们不想受到指责，所以不敢冒险。这就好比试图把一个圆楔子扎进一个方孔。所以，这始终是一个巨大的将会持续下去的挑战。但希望这种情况会逐渐变得更好，这也是我们要改革、要改变观念的原因所在。

另一个巨大挑战，也即每个国家现在都在尝试推进的，那就是打造研究型大学，致力于科技探索并投入到商业应用中。这是一个全球性的竞争，每个国家都想实现这个目标。这意味着我们必须争夺人才。我们知道，我们的学生很有天赋，但是从某个方面来讲，他们也是被"洗脑"了才来到我们学校的。但我们也越来越多地看到，韩国和中国香港，有时还有中国、欧洲的大学，他们发现我们国家的留学生非常优秀。所以，有人提出我们可以试着直接从国内招收一些高中毕业生。所以，我们一方面需要招收国内的顶尖人才，另一方面，也需要争夺国际优秀人才，让他们来我们大学当教员、做博士后。因此，竞争非常激烈，我们必须确保为国际人才创造良好的条件。尤其是要考虑技术成本，所以我们必须说服政府。

我得告诉他们：这是你想要我们做的事，是需要你花钱的。

还有我们的政治氛围。我们必须说服他们，强调哈萨克斯坦必须对研究保持开放态度，不能故步自封，否则会对哈萨克斯坦的发展非常不利。因为哈萨克斯坦只有1800万人口，不可与拥有14亿人口的中国相提并论。1800万人口的规模太小，无法扩展，所以我们依赖于国际人才引进。这将是一个巨大的挑战，因为我们的大学现在还不太有名气。所以我们仍然需要建立我们的品牌，让人们明白，他们来到这里后可以接受高质量的教育、从事高质量的科研。

还有另一个巨大的挑战，那就是最初的九年半，尤其是对那些从建校时就开始和我一起工作的人而言，建设一所大学就像跑一场马拉松。但是我们一直在以百米冲刺的速度跑马拉松。所以，同事的职业倦怠是我非常关注的问题，我需要不断地激励他们，给他们新的挑战，轮换他们的岗位，让他们尝试新事物，让他们逃离舒适区。这些都是巨大的挑战。

访谈者：您的大学在服务社区方面有何创新举措呢？

校长：事实上，在学生层面，我们首先鼓励他们不仅需要具备创办商业或营利公司的企业家精神，还要具备社会企业家精神，我们对此非常自豪。我们会宣传这些类型的学生活动和成功案例。我们有学生经营小餐馆，我们给他们提供场地，他们会雇佣和培训残疾人、精神残疾患者。我们要把他们解脱出来、训练他们，这样社会就不会对他们有偏见或者污名化他们。还有学生创办了学校，招收自闭症儿童。这项事业的领导者是一名人文社科类的本科生，她招收了200名学生。在教学中，她意识到自己也需要一些理论做指导。因此，她到我们的教育学院研究生部就读，获得了硕士学位，现在正在剑桥大学攻读博士学位。还有人创办了孤儿院，他们为孤儿院和儿童募捐。我为他们感到骄傲，我告诉其他人请加入这个行列。此外，我们还为公民开办公开讲座。

访谈者：您对中国高等教育的主要印象是什么？

校长：首先要申明的是，我算不上中国教育方面的专家，所以只能凭印象陈述观点，我也只是通过阅读了解亚洲大学联盟所做的事情。亚洲大学联盟成员都是精英大学，不是吗？

但是精英大学不是处于真空状态，而是从幼儿园到小学、中学教育，有一套完整的生态体系做支撑，在这个生态系统中，你可能拥有顶尖的研究型大学，但是你还必须在教学型大学以及职业技校之间保持良好的平衡。职业技校就好比你们所谓的美国社区大学，在那里会教授更多的实用技能。在亚洲，学生和家长都非常注重目标为导向。工程专业的地位一直比律师和经济学家高。但是结果就是，在精英大学里，人文社会科学教育往往不被重视。这是我的印象。因此，我认为，学科平衡发展很重要。

实际上很多迅速增长的产业都会涉及创造力，例如创造力和创意产业，数字化产品。我认为，在全球范围内，我们看到了一个关键问题，这也是西方发达经济体的一些问题，那就是信任危机。信任危机不仅在政治领域存在，而且也存在于机构中。

右翼政客也导致人们丧失了对科学的信任。所以今天很多教授谈到，人们对科学失去信任，社会上还有一些反对接种疫苗的人，这是一个严重的威胁。

因而，全球教育必须集思广益，思考如何在中学层面重建对大学的信任。我们应该试着从学生年纪尚轻时便教导他们如何独立思考。

因此我们说批判性思维很重要，只有这样，他们才能真正思考并开始辨别什么是事实、什么是假消息，提升相应的能力。另一个越来越重要的方面是，要能够讲故事，就像昨天会议上提到的，该如何讲好中国故事，向全世界介绍自身发展的成功经验。无论是学生、教师，还是大学领导，都必须加强交流能力，讲有意义的故事，让外界的人理解，所以交流能力将会越来越重要。

第十六章

比利时鲁汶大学校长
吕克·塞尔斯教授访谈

【关键词】

★ 大学校长

★ 全球领导力

★ 清华大学

★ 鲁汶大学

★ 比利时

【访谈背景】

　　鲁汶大学校长吕克·塞尔斯（Luc Sels）于 2019 年 11 月访问清华大学，就进一步推进两校合作与清华大学党委书记陈旭进行了交流。2019 年 11 月 19 日，清华大学教育研究院教授寇海明对吕克校长进行了访谈。

　　吕克·塞尔斯，男，比利时人，1967 年生，社会学家，博士毕业于鲁汶大学。他从 2017 年起担任鲁汶大学的校长。在担任鲁汶大学校长前，他曾先后担任罗彻斯特大学西蒙商学院的兼职教授、鲁汶大学经济与商业学院的教授和院长，并被卡迪夫大学的卡迪夫商学院聘为名誉教授。此外，他曾任职比利时就业高级委员会，担任联邦就业部部长代表、工作与社会经济政策研究中心主任，并在《潮流》（Trends）杂志担任专栏作家。

　　鲁汶大学（KU Leuven）创建于 1425 年，主校区坐落于比利时鲁汶市。鲁汶大学是欧洲研究型大学联盟的联合创始高校，作为欧洲十大名校之一和全球知名的一流研究型大学，该校在各项世界大学排名中均列全球前列，例如在 2021 年泰晤士高等教育世界大学排名中为第45位，在2021年QS世界大学排名中位列第84名，且在经济学、心理学、法学、计算机、电气工程等领域均享有世界盛名。鲁汶大学与我国多所顶尖高校具有广泛合作。2007年，该校与清华大学签署了6项合作框架协议，旨在加强人才培养与交流、科研合作等层面的深入合作。

【访谈要点】

访谈涉及校长及其个人背景、领导团队、校长所在大学、清华大学、中国高等教育和全球高等教育等层面。要点包括：

·现在正在建设多个鲁汶研究所，具有跨学科性质，并且和15个学院学科有重叠。

·要确保战略规划不仅是个有待实际生效的文本，而是被大家完好接受，在大学学术层面得到贯彻实施；战略规划不是只存在于大学核心层面，而是要在整个学校的学术系统内实施。

·在组建管理团队和选择副校长方面，首先考虑性别平衡，这在今天的学术界非常重要。我们有四位女副校长和四位男副校长。在执行委员会中，所有学科都有代表也很重要。说到底，大学是一个自下而上的机构，有自上而下的决策。

【访谈记录】

访谈者：作为校领导，您能谈谈您是如何支配时间的吗？您是如何分配一周或一个月的时间的？

校长：这很难回答。时间的分配几乎每天都在变化。但考虑到我们这所大学的复杂性，我在大学里的工作主要分成三部分。第一，我们是一所综合性大学，有 15 个学院，所有的学科都设在鲁汶大学内。第二，我们还有一个很大的学术型医院，实际上是欧洲大陆最大的医院。第三，我们在技术转让方面也很有声望，所以我们设立了一个技术转让办公室，规模在欧洲排第二位，仅次于帝国理工学院。这就是为什么我们处于领先地位——连续四年被路透社评为最具创新力的大学。这三部分被称为鲁汶大学的三足鼎立，也使我的工作变得极其艰巨和复杂，因为管理一家医院与领导大学各院系以及学校学术系统是完全不同的事情。处理复杂事务，就要确保所有人员能够充分做好他们自己的工作。我认为这就是我最重要的责任。

其次，在比利时，校长（rector）类似于美国大学管理体制中的校长和常务副校长的结合体。校长的职能包括宏观管理和实际管理的内部职能，也有大学形象管理的外部职能，所以大学对外代表工作也是我工作中非常重要的一部分。这包括与比利时、欧洲、欧盟委员会的机构以及领导人对话，让他们了解学术研究的重要性以及学术研究如何能影响社会。此外，筹款也是我工作中的重要一部分，我要参加各种各样的典礼。可以说，管理、财务和对外代表的工作占据了我的三分之二时间。对外交流也非常重要。建设国际化大学是我们目前的首要任务，所以我至少需要花一周或一个月的时间与其他大学校长交流，或者访问其他大学。

访谈者：您是指到比利时以外或者欧洲以外地区进行交流访问？

校长：是的，到比利时以外或者欧洲以外的地方。这就是我为什么之前在日本待了整整一周。今年，我还在韩国、印度和中国台湾待了一个星期，去了日本两次，现在我在中国大陆。

访谈者：您上任后有没有建立新的学校战略规划？还是您到任前

学校就已有战略规划？

　　校长：实际上，战略规划大部分都是我自己起草的。这不仅仅是执行委员会的工作，实际上也是我自己的考量。整个规划共分五章，关乎鲁汶大学如何成为一所真正的国际化大学。其中有一章讲面向未来的教育；第三章讲的是数字化、投入学习分析以及微观管理，我们现在已经在实践这一步；第四章是跨学科方面，我们正在建立一些校级跨学科平台；第五章是关于可持续性发展。到今天，大约90%的战略规划已经通过学术委员会和理事会的批准，正在进入全面实施的阶段，一切进展顺利。

　　访谈者：过去两年中，您的工作有什么变化吗？我猜想，最初刚上任的时候可能比较容易发生变化，像您说的，每天都会有新的意外或机会出现。

　　校长：我听到其他校长也说过，成为校长的奇特之处在于：首先，熟知校长工作的过程并不简单。我现在的工作效率比两年前高多了。与此同时，工作会占用我越来越多的时间，现在我一周的工作时间需要从清晨到深夜，整整七天。这是因为我的社交网络不断扩展，越来越多的人需要我的时间或者特别关注。政府也开始更了解我，采纳我的建议，等等。所以一周的时间变得越来越紧张，会议时长变得越来越短，我认为，利用好时间才能使效率最大化。

　　访谈者：我想问一下，在这种情况下，您是如何分配时间的？各种事件在什么情况下拒绝，在什么情况下推迟，在什么情况下推进？

　　校长：首先，战略规划是我的行动指南。其次是有关外部政治事务。我们是私立高校，但由政府资助。所以我们是一个混合的系统。这意味着我不仅要关注我们的战略规划如何被院系所接受，还要关注外部监管是如何变化的，以及我们如何去影响这些变化。因此，演说是我的工作中非常重要的一部分。因为我在领导一所大规模的研究密集型大学，不仅仅要在比利时演说，还要扩展到欧洲，这也是复杂之处。这里我需要说一下欧洲的维度，因为靠近布鲁塞尔，我不仅在欧洲范围内代表我们的大学，也代表欧洲研究型大学联盟。欧洲研究型大学联盟的办公室就在鲁汶大学校园内。我没有直接回答您的问题，但简单地给出了一个理念，那就是，大学治理既有内部又有外部。固然我对学术型医院并没有直接责任，但我对大学负有完全的直接责任。诸如和院长、系主任打交道，确认他们的工作与预算吻合、与学校总体战略规划保持一致也是极为重要的。

同时，还要时常调整大学内部组织结构。我们这所大学已有近600年的历史，继续维持这样的状态是一项重要的优先工作。这是工作的另外一个维度。举个例子，我们正在建设多个具有跨学科性质的鲁汶研究所，包括15个学院的学科。这项改革一开始并没有被大多数学院所接受。现在大家开始认识到，这项改革是为未来做好准备。战略计划当然非常重要，同时，优化管理系统也要优先考虑。我需要和院长讨论，参加教师评议会会议。所以我的工作重心非常深入基层。我要确保战略规划不仅是纸面的文字，而是能够实际生效，被大家所接受，在大学学术层面得到贯彻实施；战略规划不是存在于大学核心层面，而是要在整个大学学术系统范围内实施。

访谈者：刚刚您提到这个战略计划最初并没有得到各个学院的广泛接受。如果是这样的话，对于这些有争议的事情，有什么学术许可和机构许可？

校长：战略计划除了跨学科的部分以外都受到了广泛欢迎，因为跨学科对大学组织结构有重要影响。那些愿意参与改革的教授拥有双重身份：一方面，他们可以保持本学院、本系的教师身份；同时，还可以成为本校研究所的一员，由此可获得大量资助。这使这些教授获得了两种领导力，体现了他们的重要性。教授不得不开始与来自完全不同学科的人交流。例如，我们创立了鲁汶大学脑科学研究所，包含了在鲁汶大学专门研究脑科的教授和研究大脑成像的工程师，还有来自医学院、药学院的教授，以及心理学、精神病学专家，等等。鲁汶大学人工智能研究所也是如此。这里包括了 15 个学院中至少 10 个学院的专家，这就是变化。教授会展现全新的面貌，这就是我们创造新兴技术和改变世界的方式。我们不是唯一实施此类计划的大学。我们与伦敦大学学院有着非常密切的合作，虽然不是校际合作，但两位校长之间不断进行信息交流，我们同时在朝着更加跨学科的方向发展。我们这两所大学所采取的方式几乎完全相同。

访谈者：还有两个关于领导方面的问题。刚刚您已经谈了一些关于大学的情况。您的学术背景是怎样的？您认为，这种学术背景对您的工作产生了怎样的影响？

校长：是的，学术背景在很大程度上影响到我的工作。我是社会学背景，后来转到经济学和人事经济学。这些学科非常接近管理学科。我是一个组织科学家，这对我的工作非常有帮助。我在经济学院和商业学院担任过 9 年的院长，这使得我非常熟悉预算、财务、一般财会原理、风险管理，以及如何应对投资政策、基础设施建设，如何提供资金等事务。毫无疑问，上述这些都帮助我决策应办事项的轻重缓急以及如何应对。这些还帮助我决定所要表达的语言，以及高度重视在整个大学变化中的组织结构的重要性。这些不仅关乎操作机构的问题，还有组织结构的重要性。这些事务会影响到我们与执行部门的相互协作，会产生强烈的影响。

访谈者：您的领导团队表现怎么样？您是如何构建或组织这个团队的？您如何恰当地平衡您的团队中各种成员，比如性格内向的、外向的、保守的、有创造性的人员以及管理人员等这些不同角色和不同性格的人？

校长：我有一个比较庞大的校级管理团队，有八位副校长。

访谈者：的确很庞大。

校长：是的，之后是大学总经理（managing director），这是非常重要的角色。同时他还领导技术转让办公室。

访谈者：是不是相当于首席运营官或首席财务官角色？

校长：是相当于首席运营官或首席财务官类型的角色，但也是和我一样的学术人员。我们在同一天开始职业生涯，在同一个领域里工作，所以我们关系紧密。我总是在大学里讲，我们这个大学是由两个人领导的——不仅是校长，还有总经理。这一点大家都非常认同。

访谈者：还有运营、资金、人事。

校长：是的，这些人把学术决策、基本建设以及资金结合到一起。

在组建管理团队和选择副校长方面，我首先考虑的是性别平衡。这在今天的学术界非常重要，我们有四位女副校长和四位男副校长。学科代表性也很重要。因为大学是自下而上驱动自上而下的决策。为此，需要达到某种程度上的一致性。就鲁汶大学而言，我们有22000名员工、60000名学生，至少要在较大的学院中保持平衡，比如工学院、医学院、经济学院和商学院，这种平衡极为重要。我从这些学院中挑选了一些副校长，并在不同学科背景的人选之间取得了很好的平衡。少数人在美国获得博士学位，其他人在欧洲获得博士学位，因此让不同类型学术背景的人、熟悉不同体系的人参与进来，也是非常重要的。

访谈者：他们是被内部任命的吗？

校长：团队成员的合作关系对我来说至关重要。所以我特意挑选了几位彼此非常了解的人，这样我们可以马上建立起强大的团队凝聚力。我们的领导层是选举产生的，每四年由全体师生和行政人员选举产生。有几位也是在我选举期间的竞选委员会成员，可以说我们是伙伴。但是，我们从一开始就做出了一个非常明确的决定：我们的核心理念始终是为了大学，而不是为某个团队的政治观点或者为某个集团在大学内对抗其他组织或联盟。我认为，我们今天对大多数学院，可以说对所有学院，都有一种非常强烈的忠诚感。我想这是因为团队成员都是经过精心筛选的，让他们能够独立判断和发挥作用也是非常重要的原则。所以，我只在某些特殊情况下介入，比如我认为那个决定错了，或者我确实不能同意，或者这项决定不符合战略计划。除此之外，在这个规模庞大的机构，需要给人们一些空间和一些自主权，在实践中把责任转给学术界和鲁汶大学。

访谈者：让我们把话题从领导团队转向大学。考虑到时间有限，在当前改革的基础上，您希望在 10 年内取得哪些特别进展？取得什么样的成果？

校长：保持我们大学目前的地位，争取有所提升，抱歉，排名也还是很重要的。我不认为排名能够说明我们在竞争中表现如何——这与中国的情况是一样的。由于我们有着非常好的排名，教授队伍一直排在前 50 名，在欧洲大陆排在前 5 至 6 名，全球前 50 强，尤其在技术转让和创新方面实力雄厚，我们有能力与世界上最好的大学站在同一梯队上。我们与麻省理工学院、东京大学等众多顶尖大学有着紧密的合作关系。我们还要继续努力。

访谈者：您认为在未来十年里，这些大学排名的评价内容会发生变化吗？您想朝着这些评价目标努力吗？

校长：欧洲的大学正面临排名的压力。我们目前做得很好。我们的世界大学排名中从第 48 名提升到了第 45 名。如果看看新加坡、中国，可以很快发现亚洲的情况变化很快。日本，也许还包括澳大利亚，似乎对世界正在发生的变化处于迷失的状态。加拿大还有一些其他国家做得不错。

我们确实需要努力确保欧洲大陆在学术界保持领先地位，这一点非常重要。在此基础上进一步发展也极为重要。所以我们需要在财务方面有所进步，保持整个系统平稳运行。鲁汶大学的特点在于所有的操作都集成在一个同一的法定实体内。例如，医院是大学的一部分，并非一个附属教学医院。它是大学系统内的一个完整部分。当然，在学术事务和医院事务之间我们设有一道强大的财务屏障，让医院维持在一个系统中是非常重要的。大学的常规运作对大学的未来来说也极为重要。我们的大学总是与鲁汶这个城市联系在一起。但是，鲁汶大学在比利时十个城有校区。这意味着我们必须与十个不同的市议会打交道，尤其在像比利时这样一个复杂的国家里，有不同的社区、不同类型的政府。为此，我要确保财务各方面的可行性都处于良好状态。总的来说，保持大学排名靠前，保持整个大学系统整体运行，财务可行性，这三件事都很重要。

维持大学的本质也极为重要。这就需要把追求卓越与学术自由相结合，与基础研究相结合，与没有任何直接的物质目标的高风险相结合，与高水平创新以及向社会与行业界转让相结合。所以，努力去平衡大学中所有这些不同方面是我的各项工作的重中之重。还需强调的是，平衡这些特定要素非常重要。这是第四点。第五是向外部世界宣传大学的重要性。在世界上很多地方，学术界正面临压力。因为学术界会在社会中发出强烈的批判的声音，却并不总是被公众所接受。为此，加强合法性对我来说排在第五位，确保在 10 年、15 年里，我们仍然会以今天的方式谈论大学，在社会中发出独特的声音，保护过去，同时培育新的未来。这种结合极其重要。

访谈者：这非常好。让我们谈谈有关中国和清华大学的一些问题，最后一个问题是关于高等教育一般性的问题。您认为清华大学未来会面临哪些挑战？

校长：我认为，清华大学在国际化方面的成功对学校的未来发展非常重要。清华大学做得非常好，也是非常著名的大学。清华大学排名为中国第一或第二，在大多数情况下排名第一。我们设想这里大多数教授仍然是中国人，学生是中国人。在我看来这是第一个挑战，即确保学校能获得顶尖人才，不仅来自国内，也要来自国外。

第二个挑战可能是在研究的卓越性和对社会各阶层的开放之间找到一个良好的平衡点。例如，我们在鲁汶大学有一个开放入学政策，我们不能拒绝任何学生。只要学生想尝试，我们就表示欢迎。而在清华大学这所中国的顶尖学府，只有非常优秀的学生会被录取。对我来说，这是一个悬而未决的问题，即这是否是一种长期可持续的模式。如果想把科学带给社会，让科学对社会有用，必须确保科学成果不仅仅被顶尖的精英熟悉。我总是拿鲁汶大学——作为排名前 50 的大学和 6 万名学生——的情况来做比较，这个规模和美国 8 所常青藤联盟大学的本科生总人数相等。换言之，问题在于是通过排他的方式还是通过的包容方式来录取学生，在这两者之间找到平衡，对中国大学来说也非常重要。

访谈者：最后一个问题。您认为，综合研究型大学应该在教育方面做出什么样的改革，以确保大学对社会做出最大的贡献？我们可以做些什么来提高世界上综合研究型大学的贡献？

校长：是就教育而言，还是指通过教育影响社会？

访谈者：针对教育，而不是指研究的功能。

校长：我认为，首先要维系对研究型教育理念的忠实性，即忠于当前实际情况。科学、科研对我们来说非常重要。因为这是大学的一个独特优势。其次重要的是需要更活跃的、与主动学习相结合的教育形式。三是要与专业领域的变化保持联系，不惧怕被社会专业领域变化所引导。这不仅仅关乎研究或是教学，社会需求也有驱动作用。所有学科的专业需求不尽相同，但这些学科在专业和学术领域都高度相关，如医学、牙医学、工程学。所以，这三个方面对我来说非常重要。第四点，要把研究基础与教学有力地结合在一起。此外，像德国人所说的，加强大学以人为本理念，总是将人的技能和能力与社会取向相关联。为未来社会培养负责任的优秀公民，这一点在当今社会尤为重要。

第十七章

新加坡管理大学校长
江莉莉教授访谈

【关键词】

★ 大学校长

★ 全球领导力

★ 清华大学

★ 新加坡管理大学

★ 新加坡

【访谈背景】

新加坡管理大学校长江莉莉（Lily Kong）于 2019 年 11 月访问清华大学，就推进校际交流、深化多领域合作与清华大学副校长彭刚进行探讨。2019 年 11 月 25 日，清华大学教育研究院教授寇海明对江莉莉校长进行了访谈。

江莉莉，女，新加坡人，1965 年生，地理学家，博士毕业于伦敦大学学院。她从 2019 年起担任新加坡管理大学的校长。此前，她曾在新加坡管理大学担任教务长以及李光前社会科学讲座教授；曾任新加坡国立大学副教务长、副校长、人文与社会科学院院长和亚洲研究所所长等，并在其地理系任教近 25 年。作为知名的社会文化及城市地理学家，她的研究重心是亚洲城市社会及文化变迁。她曾经获得美国地理学家协会颁发的罗伯特·斯托达德奖、新加坡公共行政奖章（银）、新加坡公共服务之星奖章和富布莱特学者奖学金等。同时，在斯坦福大学 2020 年公布的一项针对全球顶尖学者排名的研究中，江莉莉位列全球前 1%学者（地理学科领域）。

新加坡管理大学（Singapore Management University）创建于

2000 年。该校是新加坡第三所公立大学，在 2020 年 QS 世界专业性大学排名中位列全球第 11 位。新加坡管理大学设有会计学院、李光前商学院、经济学院、信息系统学院、法律学院与社会科学学院共六所学院，拥有超一万名学生以及近四百名教师。2013 年，新加坡管理大学与清华大学签署了谅解备忘录，双方建立学术合作关系。清华大学经济管理学院和新加坡管理大学会计学院、经济学院以及李光前商学院每年都进行学生交换，以加强双方的学术教育合作。此外，两校也联合开设了首席财务官会计硕士双学位的项目。

【访谈要点】

访谈涉及校长及其个人背景、领导团队、校长所在大学、清华大学、中国高等教育和全球高等教育等层面。要点包括：

·我们要确保学术和行政管理岗位上都有合适的人才，因此不仅需要找到合适的人，让他们觉得自己有上升发展通道，还要对他们加以指导和培养。

·大学的真正强大之处在于拥有各类人才，我会在招募人才方面花很多时间。

·我需要确保大学有足够的经费，这意味着我需要花时间筹款和搞清楚大学的财务模式，这样我的同事就没有后顾之忧了，他们可以把精力放在科研或教育创新中去。

·大学的教育和科研项目要加强与行业的合作。

·我需要站在不同的学科背景立场上看待事情，需要将它们汇集在一起，理解不同的认识论和本体论。

【访谈记录】

访谈者：您是一名地理学家，您认为您的学科背景对您作为大学校长有何影响？

校长：我思考过这个问题。退一步来看，地理学已经在这些年产生了很大的蜕变。当我还是一名高中生的时候，我所知道的地理知识主要是关于山脉和河流，人们会问我"会下雨吗？"诸如此类的问题。这些年来，地理学经过演变，已经与以前大相径庭。地理学是非常综合的一门学科。它覆盖的范围很广，如城市规划、人类与环境的相互影响、气候变化问题等，它所涉及之广以至于被批评者称为"帝国学科"，因为这就好比地理学对其他学科进行殖民统治。人们对地理学褒贬不一，但是，我选择以非常积极的态度看待它。地理学是一门综合性很强的学科，从不同的数据源可以得出不同的结论。它可以接受不同的概念、不同的哲学传统，这也是这门学科的优势所在，它能够将不同的观点融合在一起。

我作为大学校长，从地理学里设论、对立、综合的辩证方法中获益良多，因为我需要站在不同的学科背景立场上看待事情，需要把它们汇集起来，理解不同的认识论和本体论。我觉得自己的学科训练对我帮助很大，我注意到世界各地的大学校长实际上有许多位都具有地理学的背景。例如之前我在和清华大学校领导会面时提到的多伦多大学，它的校长梅里克·格特勒教授就是一名地理学家。我认为这并不让人意外，而是跟他接受过的专业训练息息相关。

访谈者：就像您所说的，地理学涉及范围很广。那么，您是哪一类地理学家？

校长：我是一位城市社会地理学家。我研究城市变迁也研究过移民现象。例如，在全球化的情况下移民对人们身份认同的影响。这只是其中一个部分，可以说我主要从事社会和城市转型方面的研究，侧重于新加坡和亚洲其他国家的城市转型。这些研究背景对我是非常有帮助的，因为作为一名大学校长，我现在很想让我们的学生更多地了解亚洲的其他国家。部分原因是出自我对亚洲国家的认知和兴趣。

访谈者：作为一名大学校长，您是如何分配工作时间的？比如每周或者每个月的时间分配。

校长：我在今年年初发表就职演说时，就有人问我，有什么事情会让我晚上无法入眠？我认为有两个方面：一方面是人才，另一方面是经费。我在这两件事上花了很多时间。就人才而言，我们要确保每个岗位都有合适的人才，无论是学术人才，还是行政管理人才。找到合适的人选，确保他们感觉到自己有上升发展的路径，然后给予他们指导和培养。因为大学该做什么，想法主要来自他们，不能是我一个人说了算。我当然可以有自己的想法，但大学的真正强大之处在于它拥有各类人才。因此我会在招募人才方面花上很多时间。

第二个方面，是确保大学有足够的经费。这意味着我需要花时间筹集资金并搞清楚大学的财务模式，这样我的同事才能没有后顾之忧，从而把精力用在从事科研或教育创新上。我需要确保他们有充足的资源来从事科研和教育创新工作。宽泛地讲，我的时间主要用于这两个关键方面。当然，若是具体化到每天日程的话，我还有更多的事情要处理，比如与同事一起制定适当的政策来支持他们的工作，我也花了大量的时间在这上面。但从根本上来讲，主要是人才和资源两个方面。

访谈者：能不能更具体一些，比如说，在一周时间内，您在这两个方面投入的时间是怎样的？

校长：具体来说，我会在校园里与不同类别的人进行定期交流，无论是教师、员工、学生、校友、董事会、咨询委员会，还是行业合作伙伴。我担任大学校长快满一年了，我一直在做的一件事，就是和我的助手坐下来说："我们要确保和不同的群体进行沟通。"

我会跟学生们见面，一年大约有八次我倡导的正式会面。除此之外，学生们还会邀请我参加由个别组织举办的活动，但我会确保自己在这八个不同场合会见不同的学生群体。

对于教师，我会在午餐时间，与不同的教师群体会面。可能是新教师、获得晋升的教师，或是从事我感兴趣的研究的教师。这样我就可以了解他们的工作，并提供相应的支持。

举个例子，我遇到了一个团体，他们的研究兴趣点在于城市的不同维度。包括来自社会学、地理学、信息系统、法律、金融等领域的教授都参与到城市问题研究当中。我会把各个学院里的人汇聚起来开展对话，包括教职员工和校友。我认为这一点院长是不太可能做的，因为他们只管理自己学院里的工作，而我却能适当地去做。我每两个月都以小组形式与校友见一次面，并确保能覆盖每个学院。每当我像现在这样在国外的时候，都会安排与当地的校友见面。昨晚，我们便邀请了在北京的校友共进晚餐。

这些都属于我刚才提到的人才方面。当然，我还会花很多时间听取我下属团队的直接汇报，不过目前向我汇报工作的人太多了。我正打算作出改变，聘用一位高级行政管理者来协助我监督各部门的日常运作。

访谈者：您的领导团队共有多少人？

校长：目前，教务长那边约有 15 位下属直接向他汇报。

访谈者：教务长的职责是什么？

校长：教务长是首席学术官。所有的学术事务，包括教育和研究项目，都归他管辖。我在当校长之前就担任过教务长一职。

访谈者：是管理博士项目，还是硕士项目？

校长：博士、硕士、本科、研究所、研究中心都在他分管的范围之内。

访谈者：大学所有的研究和教育项目？

校长：是的。此外，我们还有继续教育项目。然后，大学的另一面，是所有的专业服务人员，如人力资源、金融、信息技术、校园基础设施建设、安保、企业关系、营销等部门，他们现在都间接向我汇报，我将聘请某个人来协助我监督大部分事务。但有些仍会直接向我汇报。我想在未来的三到六个月，我和作为首席学术官的教务长，以及负责行政工作的资深副校长，会成为大学的三位主要领导。然后，还会有副教务长、各学院的院长等。

访谈者：您花了一年时间来建立领导团队吗？

校长：我开始有这个想法是因为在当大学校长之前，我当了三年多的教务长，因此对大学学术方面的内部运作已有了深刻的认识。当校长后，我想对大学的行政管理方面有一个很好的直接了解。我花了半年时间去作深入了解，现在依然在进行，但约在四个月前，我便开始物色一位副手。我想当我从国际间的大学找到这位副手并等到他上任时，可能会用掉一年的时间，在这期间，我就已深入了解大学的行政管理了。我发现从教务长这一职位升任校长，对我非常有好处，因为我已充分了解学术方面的程序和要求，我非常清楚研究工作的紧迫性和雄心。我希望对大学的行政管理也能有很好的了解，然后我便可以让其他人来帮我处理这方面的事情。

访谈者：这么说，基本上有两个部门直接向您汇报，或者可能四个？

校长：不，会有更多。

访谈者：是人力资源或类似的部门吧？

校长：会有两个常规部门，另外还有几个非常规的部门。还有几件事我会直接处理。例如，我会直接处理法务部的事务，因为它是董事会的秘书处，而我与董事会常有接触。

访谈者：关于领导团队架构，您每周召开领导小组会议时，只有三到四人吗？我想人数应该不止这些。

校长：是的。现在是我和教务长。在适当的时候，将会是教务长、我，还有一名资深的行政管理者，但是我们经常见面。我现在每个月都会听取部门主管的集体汇报，但我也会单独跟他们会面。只有这样，我才能对一切事务了如指掌。在那之后，我想我可以稍微抽离，把更多精力投入对外事务当中。新加坡管理大学是在宾夕法尼亚大学沃顿商学院的协助下建立的，因此，我们采用了一套非常美式的架构和方法。大学校长扮演着重要的对外角色，这也是我日后需要更侧重的转向。

访谈者：您上任的第一年专注于大学内部事务。但是您接下来会开始处理大学与政府、商业或国际的关系吗？

校长：对，这三方面都会。我已经在做这方面的工作了，像这次对贵校的拜访，就属于国际事务。但我还需要加强大学与企业以及工业界的关系。不仅在新加坡，在其他地方也是如此。在这方面我很有优势，因为我是新加坡公共服务委员会的成员。

访谈者：那是什么部门？

校长：公共服务委员会基本脱离于政府部门，它的主要职责是任命和擢升高级公务员。也就是说，我对公共行政部门有较多的了解，公共行政部门的领导人我也比较熟悉，不用花太多时间去建立联系，这是我的一大优势。多年来，我一直是不同政府机构咨询委员会和理事会的成员，这方面得益于我的研究专长。我觉得在我需要建立的三个层面的关系中（即政府、商业和海外大学），我对新加坡的政府已有深刻的了解。

说到与海外大学建立关系，我之前在新加坡国立大学工作了25年，其中的7年，我参与到全球关系网络建设中，与海外大学建立了良好的关系；虽然随着时间的推移，形势发生了很大的变化，但我仍然打下了良好的基础。我认为，作为一所管理类大学的校长，我应该花更多时间来接触商业和工业领域。举例来说，下个月我会邀请新加坡所有的商会来新加坡管理大学，与他们分享我们的计划。其中就包括澳大利亚商会、新加坡国际商会、英国商会等。我想我会花更多时间和他们打交道。

访谈者：也许在未来会有您所寻求的特定领域的倡议或发展。现在，您已经有了自己的管理经验。接下来您会如何做？您会通过咨询的方式来进行下一步的工作吗？或者政府、董事局会给您指引一些方向？

校长：这是从教务长晋升到校长所具备的优势。在我担任校长之前，在教务长任期最后几个月时间里，我就开始进行咨询，我接触了大学里不同的群体，成立焦点小组，了解他们的抱负和所碰到的挫折。在我担任校长的最初几个月里也继续这么做。我还成立了几个委员会，我把它们称为"构思座谈会"（ideation tables），成员包括大学里的同事和外部的相关利益团体以及来自工商业与政府机构的人士，围绕我在就职演说中确认和阐述的四大关键领域进行构思。我已经通过刚才提到的焦点小组确定了这四个领域，分别是：第一，我们的教育和科研项目要深化与业界的合作；第二，聚焦创新和创业，尽管重点更多的是倾向于创新，因为创新可以衍生出创业，只是所做的具体事情有所改变而已；第三是国际化；第四是整合，既包括大学内部的整合，也须与我们所处的城市整合。从行业层面而言，我们已在校园里与教职员（还未让学生参与）展开了一系列的讨论，探讨行业的未来走向。

访谈者： 发展目标是放眼于新加坡、亚洲，还是东南亚？

校长： 首先是新加坡，再是东南亚，然后是亚洲。我们根据政府的规划机构确定关注的课题。在新加坡，有一个由副总理主导的未来经济委员会。他们关注的问题有：工业的未来发展方向是什么？对新加坡而言，工业4.0意味着什么？新加坡真正能在哪些经济领域有所作为，扮演怎样的角色？我们在大学内部进行的讨论是，大学在支持（如果还谈不上领导的话）其中某些领域时能发挥什么作用？这是一方面。我们希望做的是将我们特别关注的领域具体化，投资于研究和教育，并将自己打造成为这些领域提供解决方案的首选大学。

访谈者： 在新加坡的高等院校中吗？还是范围更广？

校长： 肯定是在新加坡高等院校中，也在东南亚，还有亚洲。

但我们也发现了一点，新加坡国内经济有70%来自服务业。服务业涉及的范围很广，从金融服务到医疗、航运、贸易都包括在内。但是我们不涉及制造业，因为我们大学里没有工程学院。我们也未涉及医学、建筑，建设环境工程（建筑学术语）。服务业占新加坡经济总量的 70%，它与我们大学所开设的学科有着十分密切的关系。我们还观察东南亚国家的经济现况，并计算出这些国家的服务业在国民经济中所占的比重。在许多东南亚国家，这一比例介于 40% 到 60% 之间，而且还在增长。我认为我们可以通过培训、教育、研究和思想领导力这几方面，在服务业领域有所作为，不仅在新加坡，而且在整个东南亚地区。

访谈者：新加坡管理大学招收留学生吗？怎么招生？他们要付学费吗？

校长：招收，会收学费。在本科阶段，大多数留学生会得到新加坡政府提供的津贴，虽然津贴力度没有新加坡学生那么大，但还是有补贴。也有学生选择不接受津贴，自己支付全部学费。不同之处在于，学生如果接受津贴的话，在毕业后就必须留在新加坡工作三年，无论是在新加坡当地，还是在世界其他地方的新加坡注册的公司工作。而支付全额学费的学生则不必履行这项义务。

访谈者：在世界上任何一家新加坡公司工作都可以吗？

校长：对。世界上任何一家新加坡公司。我们的本科生中，留学生占 10%。这一比例本来可能会高出很多，但我们受到政府政策的限制，需要保持这个比例——最多 10%。这么做的目的，是为了确保我们能满足新加坡人的（升学）需求。在研究生的层面，包括硕士和博士，则没有限制。在硕士生层面，留学生所占比重大约是 70%，很多学生来自中国，当然也不仅仅是中国。

访谈者：您刚才说的提升服务行业技能培训，是通过硕士项目完成的吗？

校长：是的，但本科也行。

访谈者：招收对象是付费的印度尼西亚或者泰国学员？

校长：没错，但印度的也有，其他亚洲国家的也有。除了硕士以外，我们还提供面向不需要硕士学位的中层经理级人士，提升他们的技能。新加坡政府推行了一项称为"技能创前程"（SkillsFuture）的全国性计划，针对那些年龄在四十至五十岁之间、需要提升职场技能和学习新技能的国人。新加坡政府投入了大量资源。每一位成年的新加坡人可获得500新元的课程津贴，这笔资助可用来报读任何课程。同时，政府还为大学提供津贴，鼓励大学开办短期课程。如果大学需要开设课程，那么政府也会提供可观的补助。为此，我们设立了一所称为"新大专业进修学院"的机构。截至今年年中，累计已有约两万人参加过我们的短期课程。

访谈者：这是继续教育的一部分？

校长：是的。他们可能前来学习区块链的课程，而在他们念大学的时候还没有这些学科，又或者是金融技术、数据分析、人力资源开发等科技与金融类的课程。

访谈者：您是如何选择这些领域的课程的？

校长：我们已做了一些前期的准备工作。一是明确大学自身的优势，二是评估市场的需求。我们根据市场需求来开办课程。我们大学向来以金融学著称，是一所管理类大学，我们认为，这是我们真正能够大力推动的地方——我们确实这样做了——而且发展势头良好，那些想学习金融和技术交叉学科的人数呈现爆发式的增长。比如金融科技、区块链，它们是如何应用的，等等。我们发现需求最大的，恰恰就是在信息技术和商业之间的交叉项目。

访谈者：这些都是线下的课程，而不是线上的课程？

校长：目前都还是线下误程。我们也尝试推行一些线上课程，但我们不会完全切换到线上教学的模式。最好是两者兼具。相信这就是我们大学的 DNA，也就是从本科生开始，提供更个性化的教育方式。我们要确保不同型的课程都有这种 DNA。

访谈者：是否也考虑向区域开放这类课程，还是目前只对新加坡人开放？这是否是技能创前程（Skills Future）的一部分？

校长：我们有雄心勃勃的想法。我们觉得这类课程在东南亚肯定是大有可为的。

访谈者：您会因为这样而调高课程的价位吗？

校长：我们会进行相应的定价。价格可能会上升，也可能会下降，我们会根据不同的市场需求作出调整。当我拜访本区域的其他大学和工商业时，我发现它们对这类课程有着强烈的需求。

访谈者：这些课程并不提供硕士学位，是吗？

校长：我们会给他们颁发证书和研究生文凭，这些证书可以叠加在一起。您既可以选修个别课程，也可以参加多门课程，累积学分拿到一张证书。

访谈者：一张证书可能相当于四分之一个硕士学位，而专业技术文凭（Diploma）则算是半个硕士学位？

校长：我不记得准确的需要累积多少学分了，但确实是这样的。这是硕士学位的一部分。然后，您可以把证书叠加起来换成研究生文凭。如果您选修了更多项课程，那么就可以叠加成一个硕士学位。我们发现人们对单独课程和证书很有兴趣，而对研究生文凭的兴趣没有那么浓厚。至于人们是否会回来继续深造，如今还言之过早。

访谈者：您指的是新加坡人还是……

校长：对，现阶段只是新加坡人。

访谈者：新加坡人。

校长：是的。在本区域，我们也开始提供一些课程，但规模并不大；目前新加坡的市场需求极为强劲，我们主要就是为迎合这种需求，然后再做市场调研以决定我们日后要朝哪个方向发展。

访谈者：请谈谈新加坡管理大学面临的巨大挑战。

校长：不仅是新加坡管理大学，新加坡所有的大学都面临巨大的挑战。这是因为新加坡的国民生育率一直在下降，所以大学生人数也在减少。我们的总生育率非常低，只有1.1%。这意味着随着时间的推移，大学生人数将会逐渐减少。由于政府限制念大学本科的国际学生人数，这意味着本科生的整体人数也会下滑。

访谈者：这种现象可能会改变吗?

校长：或许会，这取决于政府的政策。

访谈者：许多政府的政策，就是建造更多的大楼，聘请更多的教师，创造更多的营收。新加坡所采取的却是不同的方式。

校长：澳大利亚就做得很好。我认为，跟其他地方一样，这是个政治挑战。在美国，您会看到州政府对来自其他州的学生人数存在限制。在新加坡，政府也会限制留学生的人数。背后的原因，跟亚洲其他国家一样，大学教育在新加坡极受重视。新加坡家长的看法是，如果大学有能力招收更多的学生，那为什么要将进入大学的升学率限于40%呢?这恰恰是现今的情况。如果当局说"你们可再多招收两千名国际学生"，那就最好不过了。

访谈者：为什么新加坡政府会在当今人才发展市场上设置这样的障碍？也许放在 30 年前很多家庭的条件还相对困难的那段日子还说得过去。

校长：对。实际上我赞同政府的做法。我不肯定门槛应该设置成40%还是 50%，但我同意如果我们扩大范围，就会有过多的毕业生涌入就业市场，那么学位的价值也会降低。例如，银行出纳员可能都拥有大学学位，或者将来甚至不会有银行出纳这样的职位，因为这份工作将会被自动化所取代。对新加坡而言，假如我们说"来吧，每个人都能拿到大学学位"，那其实是避重就轻的做法。这样做的话，大家的就业志向也会水涨船高，且集中在某几类职业上。

访谈者：政府设置障碍是为了保持劳动力市场的分层，保证有人可以去从事层次较低的工作。

校长：的确。这是根据经济需求来进行细分，并提供适当的教育。我明白分层的意义所在。当然，谁说得清楚那个神奇的数字应是多少才合适？ 40%、30%，或者是 50%？

访谈者：这个数据是根据对劳动力市场的预测和研究得出的？

校长：是的。

访谈者：基本上，大学会被告知要采取什么做法才能满足这一需求，可是它并没有考虑到许多新加坡人会出行和到海外去工作这一事实。

校长：是的。确实需要考虑新加坡人出国的情况。因此，在公费资助大学生的比例被限定在 40% 的情况下，这意味着如果我们再招收 10% 到 20% 的本科留学生，那么新加坡的学生家长就会说："既然新加坡国内大学有学额，我为什么要花这么多钱送孩子到昂贵的海外大学深造呢？"

访谈者：这个 10% 是固定人数，还是指占学生总人数的比重是 10%？

校长：指的是一个固定人数。

访谈者：如果大学有空余名额，可以招收更多的留学生？

校长：不能。每所大学都被告知："这是你们每年招收新加坡学生的配额。然后，你们可在此基数上招收 10% 的留学生，不能超过此比例。"

访谈者：填满学额对你们应该不是问题吧？所以新加坡籍学生的人数总是足够的？

校长：不，因为随着人口绝对基数的下降，再加上公费资助大学生的比例固定在 40%，新加坡籍学生的人数将会下降。

访谈者：你们会考虑将人才从职业领域中挑选出来，然后送入大学吗？

校长：不能，本科教育是新加坡唯一可以提前预判的行业，因为我知道国家现今的生育率，所以就能预判 18 年后的学生人数。

访谈者：新加坡政府是否会为了将大学生人数保持在稳定水平，而从外地引进更多的人从事低端工作？

校长：从国外引进人力也是一个挑战。2011 年的新加坡大选是个分水岭，当时人们投票反对让大量外国人涌入新加坡。我想，政府正努力维持一种微妙的平衡。因此，对我们大学而言，我们期望的是增加研究生人数、硕士生人数和接受继续教育的人数。

访谈者：博士生人数也受到监管或面对更大的约束吗？是通过研

究基金和相关途径来监管的吗？

校长：是的，博士生人数也受到监管。硕士生的招收是唯一不受监管的。博士生人数最近也受到了限制，每所大学的博士学生人数都设有上限。原因在于过去十年左右的时间里，博士生的人数大幅增长。政府认为留学生所占比重极高，而他们所获的研究奖学金是由新加坡纳税人资助的。

访谈者：都去海外工作有什么意义？

校长：是的。为什么这么做？因此，政府就对博士生的招生人数和比例都作了规定，博士留学生人数占65%，新加坡籍博士生人数占35%。即使新加坡籍的博士生人数没有达标，也不能多招收海外的博士生。

访谈者：明白。他们是不同的群体。我的下一个问题是关于社会贡献的。在我看来，新加坡试图把国家建设放在中心位置，然后让监管较为宽松的硕士生为当地服务。你们实际上不能让本科生或者博士生来为当地服务，而是要通过硕士生或研究项目来完成。

校长：是的，还有继续教育。

访谈者：为了利润？

校长：是的，为了利润。

访谈者：职业继续发展教育？

校长：是的。高管课程教育、技术培训以及新大专业进修学院。

访谈者：我们接下来谈谈清华大学。您对清华大学最感兴趣的地方是什么？

校长：一直以来，清华大学在工程学领域的实力都是有目共睹的。这些年来，我看到清华大学对艺术、人文学科的关注度日益提高。清华大学以前合并了一所艺术学院，我现在想不起名字了。

访谈者：您指的是清华大学美术学院？

校长：对。它的前身是一个独立的学院（前身是中央工艺美术学院——编者），后来并入了清华大学。

中国是个大国，清华大学全面发展，吸引了全中国最优秀的学生，办学质量极高，令人印象深刻。这次访问清华大学，我们有特殊的任务。我们愿和清华大学法学院在法律和科技交叉的领域建立合作。此外，还有我的同事在人口老龄化方面从事的研究，双方也可以在特定的领域进行合作。我们和清华大学共同开办的首席财务官领导力硕士双学位项目，这是具体的课程合作项目，但从笼统的角度说，我们欣赏的是清华大学的办学质量和承诺，还有它与行业的深度互动与接触。这是我们希望大力发展的领域，清华大学在这方面的经验，值得我们借鉴和学习。

访谈者：您认为哪些挑战会塑造清华大学的未来？

校长：这是个好问题。规模和传统是一把双刃剑。我从以前所在的大学里了解到这一点。规模庞大的大学更难掌控和改变，而像新加坡管理大学这种规模较小的大学，就显得灵活得多，没有那么多的层级。至于规模和传统，传统是一大优势。一所大学如果拥有悠久历史和办学传统，那么人们就会说，这是一所声誉卓著的老牌大学。传统也很难改变。在高等教育行业，有时需要作出迅速反应，这一点是不容小觑的。

访谈者：您对中国高等教育的主要印象是什么？更广泛地讲，是整个高等教育体系。

校长：首先，这些年来，中国高等教育的普及程度，以及大学培养出如此众多的毕业生都令人瞠目结舌。这虽有助于推动经济发展，但同时也带来了一些社会难题，北京的"蚁族"便是个例子。一些毕业生没有找到好的就业机会，生活条件差，所以他们被称为"蚁族"，就像在狭小空间里成群结队的蚂蚁。

访谈者：事实上，有些人可能也住在地下室。

校长：是的。中国高等教育的普及程度令人震惊，它既为社会作出贡献，同时也产生了挑战。中国为一些大学投入大量资源。我在中国有研究合作伙伴，我知道他们通常经费充足。我还想到了什么？还有全球范围内的目标。要在 SCI、SSCI 期刊发表论文，确实给大学体系带来不少压力。我也有来自中国的博士生试图重新融入中国的高校体系中，他们为了得到工作，付出了巨大努力。这些是我观察到的现象。许多大学的长远目标都是以充足的资源作为支撑点的。

访谈者：您认为，到 2050 年时，中国的高等教育会怎么样？

校长：我认为，在可预见的未来，中国的一些大学将会成为世界顶级大学。许多中国教授的最大优势在于，他们要么广泛参与国际活动，要么是从海外留学归来。这意味着他们拥有比英美国家的教授更强的双语能力。他们能更好地融入国际环境。在过去的五十年中，当我们说"国际"的时候，我们基本上是指以英语为主导的世界。真正的国际化环境，要比这个更为多样化。中国教授将能更好地驾驭这一切。我看到许多中国教授出现在国际会议上。在中国国内，各类会议和学术研讨会也开展得如火如荼。我看到中国的一些学者专家能够驾驭国内外两种环境，这在美国或其他地方是见不到的。我认为 30 年后，一些世界最佳的大学将会在中国产生。

访谈者：您认为，高等教育在此期间应该作出什么贡献？或者说对世界的贡献。就研究型大学而言，您认为它们的角色会改变吗？

校长：是的。我最近在《泰晤士报高等教育增刊》上读到一份报告，他们做了一项调查，采访了全世界大约200位大学校长，问他们大学将来的变化以及大学对世界的贡献。如果我参与这项调查，我也认同的一个观点就是大学将会更多地与实践接轨，无论是行业还是公共政策，这也会增强大学本身的生存能力，因为政府和公共部门向大学投入资源，期望大学产生社会与经济效益。大学如果不能产生社会和经济效益，那么就将失去尊严和社会地位。大学不能成为一座"象牙塔"，而是要与工业、商业、政府部门紧密合作，为社会和经济作出贡献，这一点非常重要。报告中提到的让我感到悲哀的一件事，是科学、技术、工程、数学（STEM）迅猛发展，而人文学科正在进一步衰落。我认为这种做法大错特错。因为随着工业4.0时代的来临，自动化、人工智能等新技术应运而生，由此创造的新工作岗位需要人工干预，机器则做不到。这意味着我们需要理解人类的心理、理解人性。人文学科如果不研究人性的话，那其存在还有什么意义呢？我并不是说我们应该开始培养大量历史和文学等专业的毕业生，而是在培养工程师、科学家、计算机科学家、医生的时候，也必须对人类或人类个体有深刻的认识。我希望大学能注意到这一点，并在向世人解释这一课题时发挥引导作用。

访谈者：我觉得人文学科是其他具有更专业性质学科的基础。

校长：是的。

访谈者：我想问您最后一个问题。如果您能对本科或博士教育进行一两项改革，您会怎么做？不局限于您现在所在的大学或您的领导角色。

校长：我自己坚信本科层面的两项改革。实际上，在过去的三四年里，我已成功地将它们引入新加坡管理大学并实施。其中一项就是在一所以"管理"命名的大学里，人们认为我们的重点将放在培养专业人才上，如会计师、律师、商业人士等，这是毋庸置疑的，而且会继续做下去。但与此同时，就像我刚才说的那样，我们会引进人文社科领域的核心课程或基础课程。

访谈者：香港大学在本科第一学年已经在这样做了。

校长：他们已经试过了。但我们认为，学生在第一学年学到的东西和他们接下来要做的事情之间可能没有多大关联。许多学生会说，"好吧，让我们早点干完，结束这一切"。因为那些关联没有建立起来。我们试图在课堂上非常有意识地建立起关联。我有一位同事，他在商学专业的课程中运用经典文学作品来教学，并要求学生思考这些作品中的人物的特质，并从中反思商业领导力。我们需建立像这样的关联，使它们不再是教育中毫不相关的部分，而是学生必须掌握的技能。

另一方面，是将学术学习和实践学习结合起来。德国人的学徒制度就做得很成功。将工作和学习结合在一起。我们已经启动了一些勤工俭学项目，在这些项目中，我们的学生在一家公司实习半年，每周共实习四天，剩下的一天则回学校上课。学生在实习的过程中会参与我们所策划的具体项目。举例说，我们已经和谷歌的新加坡分部建立了合作关系。我们大学的教授与谷歌的专业人员联手开发大数据分析课程。然后学生到谷歌的合作伙伴 Grab 或者 Carousell 公司那里去实习。把课堂学习和工作中的学习结合起来。同样，在健康、经济和管理方面，我们也和新加坡最大的医疗与保健服务提供者——新保集团

（Sing Health）进行实习合作。这不是医学方面的合作，也不是为了培训医生或护士，而是给医院培育行政管理的人才。

回到我刚才跟清华大学同事讨论的老龄化研究，我们谈到的全球正迈入老龄化社会，新加坡也不例外。我们需要更多的医务人员。我们往往指的是需要更多的医生、护士、放射治疗师和理疗师。但是，那些知道如何经营医院业务的人，没有获得足够的重视。我们大学引进医疗保健管理，并让学生去那里实习。他们会与医院部门的高管人员一起开会，参加由教授和专业人士组织开设的课程。我认为这种结合非常重要，当然，这不是唯一的方式。长期以来，实习一直是这么做的，但没有建立固定联系。学生只是出去实习，然后回到校园。但是，他们把实习中学到的东西有意识地带回校园里了吗？这就是我们正在努力做的事情。

我们还开设了SMU-X课程，这是一种教学方法，从本质上来说，它是一种咨询活动，也就是让学生组成多学科小组，解决现实中的问题。我们的合作伙伴和客户可能来自公共部门、私人企业、各类机构或志愿福利组织，他们面临特殊的问题或挑战，需要我们提供解决方案。在教授的指导下，我们的学生将在13个星期内提供一套解决方案。

访谈者：这门课有学分吧？

校长：这门课程是提供完整学分的。

访谈者：这项课程在学生的不同阶段都适用，覆盖本科、硕士和博士生？

校长：是的。有些课程标有SMU-X。这些课程可符合课程要求，但它们是以SMU-X风格来授课的。现在，我们在这方面完善了很多，所以学生们不再按照传统做法，仅是去阅读案例研究。

访谈者：商界人士可能会来到大学对我们说，"我遇到了个难题"，然后联系某位教授，之后这位教授会向学生发布信息。

校长：没错。

访谈者：建立能力、学生从中获得经验。总结一下您提到的广泛改革，就是从学士贯穿到博士阶段，要建立起广泛的理论经典思维、专业导向型思维，并应用学术、理论、方法和实践相结合。

校长：确实是这样，我认为这是个非常好的总结。学术学习和实践学习互相结合，虽然是通过不同的平台进行，但殊途同归。

第十八章
加拿大滑铁卢大学校长
费里敦·汉杜拉普教授访谈

【关键词】

★ 大学校长

★ 全球领导力

★ 清华大学

★ 滑铁卢大学

★ 加拿大

【访谈背景】

滑铁卢大学校长费里敦·汉杜拉普（Feridun Hamdullahpur）于2019 年 11 月访问了清华大学，就加强两校科研领域的合作与清华大学校长邱勇、副校长薛其坤展开深入交流。2019 年 11 月 27 日，清华大学教育研究院博士后刘路对费里敦校长进行了访谈。

费里敦·汉杜拉普，男，加拿大人，1953 年生，工程学家，博士毕业于新斯科舍省科技大学。他从 2011 年起担任滑铁卢大学的校长。在担任校长之前，他曾于 2009—2010 年担任滑铁卢大学的教务长和副校长，2006—2009 年担任渥太华卡尔顿大学教务长和副校长。2014 年，他被任命为加拿大工程院院士。2013 年，他因为在教育和创新领域中的卓越贡献被授予伊丽莎白女王二世钻石禧奖章。2018 年，他被任命为加拿大皇家学会的特别研究员。

滑铁卢大学（University of Waterloo）创建于 1957 年，坐落于加拿大安大略省滑铁卢市。滑铁卢大学是加拿大最具创新力的研究型大学之一，在各项大学排名中均位列加拿大大学前 10 位。在 2021年 QS 世界大学排名中位列第 166 名。该校以合作教育（Co-operative

Education）项目著称，是改产学研合作的典范以及区域经济社会发展的重要推动力。滑铁卢大学与清华大学有着长期合作关系，2005年双方签署了校际合作协议和学生交换协议。至今，两校的合作已经覆盖量子计算、数学、环境等多个领域。2018年，两校决定共建微纳米能源环境联合研究中心。

【访谈要点】

访谈涉及校长及其个人背景、领导团队、校长所在大学、清华大学、中国高等教育和全球高等教育等层面。要点包括：

·我的个人理念是尽可能在微观管理上少花时间，同时应该把大部分时间用在学校建设、战略制定和创新上。

·如果我期望从事学生服务、餐饮服务、停车场管理工作的每个人都具备最高水平的专业素养，那么校领导及其办公室就必须树立榜样。

·我们考虑的理念是如何开展教育和研究并将两者结合起来，以及大学作为整个社会的一分子应该如何进步。

·当我们实施了某个计划后没有人会说"我不知道这是个什么计划，事先都没人征求我的意见"，我们问过每一个人，很多人都参与其中，因此，我会说"这是我们的战略计划"，而不说"这是我的战略计划"。

·许多教授满足于工作现状，如何让他们互相交流，如何让他们超越现在的想法，如何营造一个良好环境让教师和学生聚在一起说"我们有一些想法可以和管理部门分享"，这些都是挑战。

【访谈记录】

访谈者：您作为大学校长，是如何分配工作时间的？

校长：我的大部分时间都用于思考、规划和制定战略，即如何让大学变得更卓越，让教职员工和学生从中受益。我每天投入很多时间处理各种事务，这会使得大学变得更好。

访谈者：您有没有在人员管理上投入时间？

校长：有。我的个人理念是，尽可能在管理上少花时间——这里的管理包括微观管理——而应该把大部分时间用在建设、战略制定和创新上。但有时出于各种原因，我花在管理上的时间比我预想的要多。但如果我不这么做的话，我就会为此付出相当大的代价。在理想情况下，如果要给出一个时间分配比例的话，我会把30%的时间用在管理上，70%的时间用在战略、规划和建设上。

访谈者：我们知道您是机械工程专业背景出身，您的专业背景对您的领导力形成有何影响？

校长：是的，我认为每位领导者都有相应的学科背景，而我的专业背景恰好是工程学。我获得了机械工程和化学工程学位。这个（专业背景）对我是有帮助的，作为一名工程师，我能够真正理解问题是什么，或者概念设计是什么。因此，我能够理清复杂的问题和案例，找到前进的道路，并很快达成目标。接下来就是团队合作，你如何为解决某个特定问题建立一个团队，或者如何分配团队成员的各项责任和职能？这些是工程学背景对我在校长工作中的帮助。

访谈者：那么，您如何运用您的专业知识来应对挑战？

校长：尽管我现在仍然活跃在科研一线，有多年的工程师经验，但是我要求自己不要将个人技术知识用于解决全校范围内的问题。我毕竟不是律师、医生或历史学家。大学应该而且必须拥有各种各样的专业人才，我依靠这些人才提供解决方案，无论是建设项目，还是与其他项目有关的，从而弥补我所不熟悉的工程领域的专业知识。大学里应让其他能力更强的人去做这些事情，我们要找的是这些人。

访谈者：我能再问一个有趣的问题吗？当您接触到一些社会科学背景出身的同事时，您有什么发现？他们与自然科学或工程学背景出身的同事有什么不同？

校长：肯定是有区别的，我们从彼此身上学到了很多，当有艺术、人文或社会科学背景的人加入对话时，对话能更加深入地进行下去。他们提供了一些非常重要的视角，至少会开展一段我自己想不到的对话。他们能超越现有概念框架去思考问题，他们会说"假如……会怎样"。他们也能把我们所做的事和其他大事件联系起来。最经典的一个例子是，当我提出一个主题，把人工智能与医学、农业等联系起来，他们就会说，"这里面涉及一些伦理问题"，或者"那么人在其中扮演的角色是什么？"因此，我们提出的倡议不仅仅是由技术或科学驱动的，而是要广泛得多，还涉及政治学、人权、人类行为，等等。这绝对是有必要的，我很高兴我的团队中有这方面的人才。

访谈者：我相信您肯定有一个非常专业的领导团队来帮助您处理一些日常事务。领导团队里的人兴趣点不同，比如有人看重绩效，有人擅长运营，您认为应该怎样实现平衡？

校长：我希望大学每一个层面上发生的事情，都必须在校长办公室这一最高层面上得到体现。如果我期望从事学生服务、餐饮服务、停车场管理工作的每个人都具备最高水平的专业素养，那么我的办公室就必须树立榜样。另外，我还会做很多事情。我会和学生、教职工交谈。我每天都会处理很多事情，如果我不跟进这些事务的话，那么我所做的许多事情将是白费力气。有很多人会提醒我，不要忘记自己说过的话。我手下有一位办公室主任，他是我的得力助手，负责我的行政工作。我们的办事方式非常专业，每次我们都会制作一张工作表，列出要跟进的项目、项目进度，反复检查。还有人严格管理我的日程表，保证当有人想与我见面讨论一些重要事情时，都能够得到及时处理，同时他们能非常高效地管理我的时间。无论是从运营角度还是从专业角度来看，校长办公室都必须树立最好的榜样，让我感到欣慰的是，我们做到了这一点。

访谈者：校长办公室有多少人？

校长：不多，只有五人。

访谈者：领导团队是如何控制协调各种不确定的内部和外部事务的？

校长：即使我的领导团队只有五个人，他们也会与许多内部利益相关者进行协调。他们会确保团队合作。举个例子，假设我要在家里招待一些人吃饭，这些人可能是业内人士，也可能是捐赠者。我的办公室工作人员会掌控我家里发生的事情。他们会确保我手头拿到正确的背景信息，然后让我知道晚餐结束后该达成怎样的结果。这不仅仅是坐下来吃饭那么简单，而是有目的性的活动。这就需要团队合作。他们有时会和内部人士打交道，有时会和外部人士打交道。如果我要去见政府官员，他们会事先和政府工作人员联络，安排好一些事务。我在这里访问也是一样，涉及各方面的协调工作，既有校内人员，也有来自大使馆的外部人员，校长办公室的工作人员都会进行管理。

访谈者：您的大学有哪些重要的校园文化和传统？

校长：我们的大学是创新的代名词。这是我们与其他大学的不同之处，因为我们不受传统思维的束缚。我们能够以不同的方式思考，我们在创建之初就秉承着这样的理念。我们考虑的是如何开展教育和研究，如何将两者结合起来，大学作为整个社会的一部分，应该如何进步。我们的大学就是在这样的背景下创建的。世界上已经有许多大学，不缺传统大学。因此，创新是我们这所大学的 DNA，由工程学起步，然后有了数学、计算机科学，所有这些结合在一起。虽然我们的大学目前很有创新性，但最初它是一所科技大学。而现在，它已成为一所综合性大学，在保持工程学、数学和计算机科学方面的传统优势的同时，还开设了艺术、环境和社会科学专业。

访谈者：您是否有具体举措来确保大学实现创新的目标？

校长：当然，我们称之为战略规划，我们刚刚启动了一项规划。这意味着，大学不能日复一日只做同样的事情。事实上，有人通过建造新的建筑，让教室变得更加现代化，增加更多的课程来实现创新。但对我们来说，更重要的一点是，我们要审视过去，展望未来。回到您之前的问题。我们该如何定义自己？我们是谁？我们应该如何继续把自己定义为一所真正符合其核心使命、具备核心特征的大学？为此，我们咨询了学生、员工、教师、校友以及外界人士，问他们的想法、他们的梦想是什么，他们是如何看待大学的未来的。这个过程持续了一两年。然后我们会制定一个计划，指导未来五年的工作，接着再制定另外一个计划，如此循环往复。这不像是拿着一本战略计划书，翻到第 36 页，看看上面写了什么，而是将每个人的观点、想法、梦想结合在一起，然后说，"这是我们五年后期望看到的大学面貌"

这让我们变得与众不同，我们是一所独特的、非常规的创新型大学。

访谈者：您有没有开展过问卷调查，向学生和校友征求反馈意见？

校长：有做过，但是我们做的还不止这些。我们举办了将近50次公开性会议，参会人数有时候接近50人，有时候超过100人，我们面对面坐在一起，我们向他们介绍一些情况，同时也听取他们的意见。

访谈者：总共有多少学生参加了会议？

校长：大概3000人。我们更多的是进行在线调查，或者让他们发表评论。学生的参与度很高。因此，当我们出台了某个计划后，没有人会说："我不知道这是个什么计划。事先都没人征求我的意见。"不是这样的，我们问过每一个人，参与与否取决于他们，事实上很多人都参与其中。因此，我会说"这是我们的战略计划"，而不说"这是我的战略计划"。

访谈者：您认为滑铁卢大学未来几年将面临哪些制度挑战？

校长：大学普遍遇到的一个挑战，是如何克服惰性，突破舒适区。我们通常会停留在舒适区，不想作出太多改变。因为过去大约1000年里，任何一所大学都或多或少做着相同的事情，即教学和科研，但在这两者之间，有成百上千种可能性和排列组合。最重要的挑战，是如何有意识地做出积极的改变。要让教授们的注意力从日常工作中转移出来。举个例子，在过去20年里，我一直教物理。为什么我不和教脑科学或神经科学的人谈谈，看看会有什么新发现呢？也许我们可以找到不同学科的结合点。这是观念的改变，要让人们走出舒适区。这是一个挑战：如何让人们理解积极变化所产生的价值，有助于他们做得更好，从而产生社会或者经济效益。

访谈者：滑铁卢大学做出过哪些创新性社会贡献？

校长：我们的每个毕业生都对社会作出过贡献。

访谈者：因为合作计划吗？

校长：当然，合作教育发挥着非常重要的作用，但我们的目标是这样的（当然，它不可能100%完成）：我们会告诉学生，如果你来这所大学的目的只是为了获得学位，然后找到一份工作，那么你可能是在削弱或低估自己的潜力。不管你学的是计算机科学、物理还是社会学，你能否把自己看作变革推动者？是否会认为自己是个领导者？你不需要等别人做了某件事，然后跟对方说："我能跟着你做吗？"如果你认为自己上了一所好大学，能为你提供一流教育，比如清华大学或滑铁卢大学，那么为什么你不能成为一名领导者呢？无论是成为一名企业家，还是一名社会活动家，这都是我们对社会作出的最重要贡献。还有许多看得见的事情，比如我们的学生、教职员工以及研究项目，能否为非洲人民提供安全清洁的饮用水，或者确保他们的粮食安全。我们还谈论了如何应对气候变化。我们所做的每一件事，包括在量子信息科学或物理学方面所做的大量工作，都是对社会作出的重大贡献。如果你不建立这种联系，那么你就只能沦为复杂机器中的一个不起眼的零件。

访谈者：是的，我完全同意，因为大学必须这么做。大学跟社会有着非常紧密的联系，所以更像一个组织，而不像一所大学。

校长：如果我们不这样做，那么我们的许多毕业生将会失业。会被自动化、人工智能和机器人取代。

访谈者：您对清华大学以及中国的高等教育的主要印象是什么？

校长：我第一次来中国是在 1987 年，当时去的第一所大学是浙江大学，当时的校园已经不存在了，现在变成了新校区。在我看来，清华大学就是卓越的代名词，不仅仅是在教育领域，而且在学术和科研领域也是如此，它是中国的一所标志性大学。当有人问"中国哪所大学教育和科研十分出色"时，我首先想到的就是清华大学，这也是我多次来清华大学的原因所在。我们两所大学之间建立了科研合作伙伴关系。当然，我们还和中国其他许多大学建立了伙伴关系，但是清华大学无疑具有非常特殊的地位。

访谈者：我认为，在过去的几年里，清华大学一直在努力推动国际化进程。清华大学已经成为中国乃至全世界的一所顶尖大学。在您看来，清华大学如何才能对全球高等教育作出最大贡献？

校长：我在滑铁卢大学学会的一件事是，我们在与非常优秀的国际伙伴合作时非常谨慎，我们的目的是让社会、科技和经济效益大大提升。清华大学无疑就是这样的合作伙伴。我们并不会盯着泰晤士高等教育世界大学排名榜单来选择合作伙伴，我们看重的是，这些合作伙伴将会对我们的学生、研究人员、经济、工业乃至全世界产生什么影响。在我看来，滑铁卢大学是一所很棒的大学，我很荣幸能成为这所大学的校长。清华大学也是如此。我们该如何最大限度地发挥合作优势，如何才能让世界受益更多？我们大学在加拿大安大略省滑铁卢市的所作所为，会给世界带来哪些好处？它对南非人意味着什么？总之，我脑子里有很多类似的想法，我不希望自己或者我的大学将时间浪费在琐事上，而是要作出更大的贡献。要做到这一点，最好的办法就是，让我们的大学变得卓越，无论是科研还是教学，并将二者结合起来，五年后，当我们回头看时，会说："我们已经打下了基础，其他人可以在此基础上继续努力前进。"这是我个人对卓越的理解，我相信清华大学在这方面也做得很好。因此，我们很看重双方所建立的伙伴关系。

访谈者：您认为，清华大学与滑铁卢大学面临类似的挑战吗？如果有的话，是哪些挑战？

校长：我没有掌握详细的信息。但是，在我看来，资金非常重要。大学可以有很多很棒的想法和倡议，但是，假如没有资金和资源的话，那么一切都是空谈，对我们来说，这是一个挑战。对清华大学来说，如果资金是一个大问题的话，那么在制订计划时，必须十分慎重以确保获得必要资金。正如我刚才所说的，这是普遍现象，许多教授满足于工作现状，那么，如何能够让他们之间互相交流，如何能够让他们超越现在的想法，是否能够营造一个良好环境让教师、学生和研究生聚在一起分享想法，这些都是挑战。对我，对清华大学而言，最大的挑战是如何创造一个环境去挑战现状、展望未来。十年后，回顾过去时，就会发现，我们站在了一个更高的位置上。

访谈者：那么中国的高等教育呢？因为在过去几年里，中国的高等教育经历了大规模扩张，您对未来几年中国高等教育的发展尤其是关于高等教育质量有什么建议？

校长：根据我个人的观察，中国的高等教育，无论是大学的数量、大学生的数量还是科研项目的数量，都有大幅增长。科研项目越来越细致、出色。今天的中国高等教育，与我1987年首次来浙江大学时不可同日而语。中国的高等教育这些年来发展迅猛，无论是数量还是质量，都是其他国家所无法比拟的。根据我不太成熟的看法，我认为，中国高等教育缺乏创新的机会，要把中国创造的意识放在首位。当然，这样的改变正在发生，数以千计的中国本科生和研究生令我感到振奋鼓舞。此外，我认为，展望未来，他们在掌握母语的同时，还需要能够流利地说英语和其他语言，这一点非常重要，关乎中国大学能否真正提升到更高水平。

第十九章

德国慕尼黑工业大学校长
托马斯·霍夫曼教授访谈

【关键词】

★ 大学校长

★ 全球领导力

★ 清华大学

★ 慕尼黑工业大学

★ 德国

【访谈背景】

慕尼黑工业大学校长托马斯·霍夫曼（Thomas Hofmann）于2020年10月在线出席了清华大学与慕尼黑工业大学旗舰型合作伙伴关系备忘录签署仪式。2020年11月12日，清华大学教育研究院教授寇海明对霍夫曼校长进行了在线访谈。

托马斯·霍夫曼，男，德国人，1968年生，博士毕业于德国慕尼黑工业大学。2019年10月起担任慕尼黑工业大学校长。他曾先后担任《欧洲食品研究与技术》《分子营养与食品研究》《化学感受感知》《农业与食品化学》等杂志的主编、编辑委员会成员。霍夫曼校长也曾前后获得德国的化学工业奖（FCI）、美国化学学会（ACS）农业和食品化学分会授予的青年科学家奖、美国农业化学和食品化学杂志的2013年度研究论文奖、美国化学学会（ACS）授予的农业和食品化学应用奖等奖项。

慕尼黑工业大学（Technische Universität München，TUM）创建于1868年，是德国TU9联盟、国际科技大学联盟成员之一，也被德国研究联合会（Deutsche Forschungemeinschaft，DFG）评选为首批三所德国精英大学（Elite-Uni）之一。慕尼黑工业大学在各类世界大学排行榜中位居前列，如在 2021 年 QS 世界大学排名中位列第 50 名，在 2021 泰晤士高等教育世界大学排名中位列第 41 名。慕尼黑工业大学培养出了多位诺贝尔奖、莱布尼茨奖等顶尖奖项的得主，在科研、教育和生产等方面与众多欧洲著名核心企业有着紧密的联系，持续为社会输送大量优秀人才。该校倡导国际化，与世界上近百所大学有着良好的科教合作关系。

【访谈要点】

访谈涉及校长及其个人背景、领导团队、校长所在大学、清华大学、中国高等教育和全球高等教育等层面。要点包括：

·主要把时间花在展现大学整体的战略愿景上。同时也会花时间向大学的成员传达我们的未来目标和共同的价值观，尤其是鼓励大学周围的人跳出思维的局限进行思考，把不同院系连贯起来，以应对交叉学科所面临的重大挑战。

·在未来，领先的大学是能为人们——包括学生和科学家——之间的交流提供场所的。尽管未来大学会有更多线上项目，但如果一所大学只有纯线上的项目，没有用来支持互动的实体场所，这样的大学，我认为是不具备领导力的。大学的本质都体现在了实体的互动上，但它需要更多的线上项目来补充和加强。

·目前最大的变化是从传统的以教员为主的院系系统转变成一个以学校为主的体系，学校处于中心，发散开来，并通过综合研究中心交叉连接，构成矩阵结构，这样有利于攻克主要的挑战，比如采取跨学科的方法解决重大的难题等。我们从一个非常僵硬的、互相隔离的独立部门系统变成了学院和综合研究中心交叉连接的矩阵系统。

·在未来，学校机构之间的竞争不是最重要的，竞争将会是生态系统之间、大都市区域之间的竞争。这就是为什么我认为具有全球理想的世界性大学要尽一切努力来产生地方协同效应。

【访谈记录】

访谈者：作为大学校长，您是如何分配您的时间和精力的？

校长：我主要把时间花在大学整体的战略愿景上，比如我们一年半之前刚刚发布的"2030年慕尼黑工业大学议程"，定义了慕尼黑大学的性质和未来；同时我也会花时间向大学的成员传达我们的未来目标和共同的价值观，尤其是鼓励大学周围的人跳出思维的局限进行思考，把不同院系连贯起来，以应对交叉学科所面临的重大挑战。最后，在巴伐利亚州的政策和政治决策方面，代表大学的利益、作为地方联盟的领导代表参与，因为慕尼黑工业大学不仅扎根于本土的生态系统，同时也有国际的学术伙伴和产业合作伙伴。

访谈者：好的，所以大部分时间花在愿景设定和拓展上，既有政治性质的参与，也有合作性质的关系建立，我可以这样理解吗？

校长：对。

访谈者：您可以举一个具体的例子吗？我不太了解今年的典型事件，但是，我们可以回顾昨天。比如，您这周的日记大概会是什么样子的？

校长：日记会以"昨天我们做了某某事"开头。

访谈者：我们可以尽量具体化。否则，每个人都会说"愿景设定"。

校长：最近我们完成了筹款活动。我们刚刚签订了一份拟建研究所的建筑合同，我们将募集 5 千万欧元基金来建设这个新研究所。积极参与筹款活动，以支持大学的战略构想，这是我工作的一部分。例如，想要将人工智能技术融入我们很强的建筑学科，就需要额外的资金支撑。所以这也是我的主要工作之一。

访谈者：您认为您是化学家、化学工程师，或者两者兼而有之呢？

校长：化学家。

访谈者：您觉得这对您的领导能力有什么影响呢？有影响，还是只有特定的影响，或是没有影响？您的学科背景和您做校长有什么关联吗？

校长：你是说，我的学科背景是否会在整体上影响我对大学的战略研究？

访谈者：您的学科背景和您的校长角色之间，有什么关联吗？

校长：不，我看不出有什么真正的关联。唯一重要的是，当我还是一个化学家的时候，我就很享受把自己的专业知识与来自其他领域的科学家们的专业知识交融起来。不仅是化学家之间的合作，还有化学与医学院、生命科学院等的合作，甚至是其他领域的合作。这种跨学科思维方式正是我想带进大学这个集体的，但这并不是因为我是一名化学家。在过去的 15 到 20 年里，我体验过许多这样的跨学科思维方式，所以我更加强烈地尝试在大学里推广这个理念。这与我具体是个化学家、物理学家还是工程师是没有关联的。

访谈者：好的。这很有帮助。一般有两种不同的观点。一种观点是专业背景非常重要。另一种观点，如您所说，认为随着资历加深，通用型领导能力得到提升。您是理工科背景，假如是人文学科背景，您与慕尼黑工业大学的教师交谈起来，可能就是另一种体验了。2020年不同以往，世界各地的情况每天都在变化，我问一些基本的问题。我们在做一项关于世界融合教学改革的项目。在漫长的等待之后，信息技术在2020年终于有所回馈。您说校园是开放的，学生可以参与线上学习，另一些学生可以到校做实验，比如工作室、实验室或临床实验室等，对吗？这是一种融合式教学安排。您能否谈谈这个？

校长：当然。我认为你所说的是完全正确的。这是因为慕尼黑工业大学是一所相当国际化的大学，我们有超过三分之一的学生非德国国籍，这也意味着，由于出行限制，一些学生无法在校内学习。在3—4月，德国第一次封锁期间，很多学生确实在家里，而非在慕尼黑。夏天的时候情况有所好转，很多学生也在这个时候返回德国。我们有很多来自中国的学生，目前在慕尼黑学习。可以说，融合式学习就是在家的远程学习和校内学习两者的结合，在一定程度上来说，我们希望至少能让一部分学生参与在校学习。

这对于一年级新生的第一学期尤其重要。如果学生到校时不认识同学或者其他人，那确实是一个挑战。这就是为什么我们特别想帮助第一学期的学生和转学生，融入大学共同体，这样学生至少能在这学期与同学相处，和教授们也有定期的面谈。然后线上课程对此进行支持和补充。另外，实验课也会在校园内进行，例如化学、生物、工程的实验课。

访谈者：好的，那么哪些应该在校内，哪些应该在线上，这是由教师还是学校来决定的？您是否有决定权呢？

校长：没有。

访谈者：是按天数还是按地点安排？有相关的大学委员会吗？

校长：有。制定卫生规定，讨论开实践课的条件，根据教室的大小来决定一门课程可以容纳多少名学生，等等，这些都是由大学委员会决定的。虽然是集中做决定，但是我们院系也有灵活性。比如我们会优先考虑让第一学期的新生使用校内的设施，坚持实验课要在实体环境下完成，尽管我们也提供了一些线上虚拟实验室课程，但这两者完全不同，很难替代。对于无法线上替代的课程，我们提供线下实体课，而这些是由部门和教授决定的。目前这个决策系统运行良好。我们不会掌控大学的每个角落，告诉每个人应该做什么，这不是我们的风格。我们只是提供一个框架和预期，然后获得反馈，看看这个系统效果如何，如果效果不佳，我们可以改造它。目前这个系统运行得不错。

访谈者：我只知道在柏林，学生不住在校园里，他们住在社区中。

校长：对。

访谈者：所以他们实际上是可以选择进入和离开校园，有人住在社区中，有人住在学生宿舍，不是一个封闭的校园。

校长：的确如此，有人住在校园里，有人住在市中心，这取决于他所在的位置。慕尼黑工业大学是个多校区的大学，我们有五个校区。根据具体位置，有人会乘坐地铁来校园，从慕尼黑到我们的主校区只需十分钟。

访谈者：可以说您是在 3 月制定了这个计划吗？您的计划是有风险的，您必须因为危机将它们进行整合。

校长：三月、四月、五月的时候，学生不允许进入校园。校园实

287

际上几乎关闭了，除了科学实验室还开着。博士生和博士后们可以选择性地去实验室。这两种计划并行实施，是为了确保每个人都保持安全距离。上学期，也就是夏季学期，课程完全是线上的。这个学期，也就是冬季学期，是更加混合的模式，但仍然开设了许多线上课程，这些线上课程将来也会继续运行。这学期和上学期不同的是，课程以线上为主，但到校的学生多了很多。

访谈者：我想通过现在的情况谈谈未来。去年和前年你们学校实施在线学习了吗？

校长：有。

访谈者：在线的形式是有特殊的意义，还是比较边缘化？是有完全线上的课程吗，还是线上线下各一半？

校长：从量化的角度来说，以前大概有 20% 的课程是线上的。这些课程都有实体课程作支撑。学生们可以去校园听教授讲课，然后在家里或任何地方以线上的形式再次学习同一课程，这类课程占 20%。上学期，也就是夏季学期，我们的线上课程率几乎达到了 100%。这是一个很大的努力，我们也通过收集学生的反馈和评价来评估课程。大多数课程都得到了非常好的反馈。特别值得一提的是，我们现在知道了哪种线上模式在教育中更有效。我们现在也利用这个反馈来重新安排冬季学期的工作。

访谈者：这正是我们所期望的发展方向。从 20% 的在线率提升到 100% 的在线率是不得已而为之。我认为应该没有人想 100% 地生活在线上吧。

校长：我也这么认为。

访谈者：您提到想对未来工作进行革新，做一些和过去不同的事。您打算做哪些事？您会改变什么，保留什么？这些决定是如何做出的？对教育和教学有什么影响？您的大部分教员都有过在线教学的经验，但登录 Zoom 与真正做好教学工作是明显不同的，需要一套不同的技能。您打算做些什么呢？您对这一点有清晰的认识吗？或者是由委员会来做决定，以实验的形式看一下冬季学期会有怎样的变化或类似的计划吗？您认为接下来的三年是什么样子的？

校长：我们未来会改变的一点是，大课上线，比如 500 人的大课、第一学期的数学课和二程课。大课可能只会以线上的形式存在，然后我们会设立以挑战为基础的小组项目，用来支持和运用学生在线上课程中学到的知识。我认为，这些大型的课程、讲座，在未来也会以线上的方式进行，然后在校的时间会更多地用于互动，将学生、团队与教授们聚集在一起的互动。这是我们目前采用的策略。

但这样做也有一定的风险，比如我们将来需要这么多的大教室吗？我们有很多可以容纳好几千人的大教室，当然，我们肯定需要一些，但需要这么多吗？我们更需要适合小团队的教室，让团队在一个能共同创造的空间里自由发挥，甚至可以是跨学科的。我们目前正在讨论这些问题。课程的改变也许对大学的基础设施有影响，因为这不仅仅是教学形式的改变，也与未来基础设施的设计有关。

访谈者：与此相关的还有诸如人员需求、人员配置以及在网络和校园内复制的成本考虑。例如，要取代一个教一年级的全职教授，就需要一个人把课程录下来，然后其他职员为学生提供当地的技术支持。您有分析过这些对生产力的影响吗？还是认为现在考虑为时过早？我想您不想重复所有的东西，那样做很昂贵。

校长：是的，我们不想重复所有的东西。我们这样做过，现在的课程版式就是之前的。对于那些大规模的课程，我们今后不会重复建设，因为我们想把时间和空间更多地投入学生小组，将他们聚集在一起，因为空间也是有限的，所以未来的大规模讲座可能只有线上模式。

访谈者：好的。如果您愿意的话，可以重新设计一些教学和社会经验，这会对人员配置产生影响。我不知道德国大学重新安排人员的难度，但可能和大多数学校一样，并不是那么容易。您可以在一段时间内重新培训员工，重新安排他们做不同的事情，给他们更多的研究时间，但是也要考虑基础设施。未来的 12 至 18 个月，您认为慕尼黑工业大学经历的改变会带来怎样的影响？

校长：12 个月的话，从基础设施的变化上来说，我认为 12 个月是非常短的时间。我们现在正处于冬季学期的中期，明年，也就是接下来的 12 个月，甚至是接下来的 2021 年夏季学期，我们希望更多的学生能再次回到校园中。

我仍然百分之百地相信，在未来，领先的大学能为人们、为学生和科学家之间的交流提供场所。尽管未来大学会有更多线上项目，但如果一所大学只有纯线上的项目，没有用来支持互动的实体场所，这样的大学，我认为是不具备领导力的。大学的本质都体现在实体的互动上，但它需要更多的线上项目来补充和加强。

我们不久前启动了一个教育技术实验室，用来开发新的学习技术，我们想把这些新的学习技术引入未来的教育计划中。我认为，正是校园经历给了学生灵感，因为他们不仅结识了教授，向自己的榜样看齐，也体验了不同学科之间的交流。这对于他们的个人成长和未来发展的动力都意义重大，我认为线上课程很难实现这一点。学生需要校园经验，不过将来校园会有更多数字化特点。

访谈者：是的。教育本质上是与人相关的事业。

校长：没错。是的，它也有社会因素。

访谈者：是的，比如在校园里遇到另一半，这是一个格外重要的福利。您刚刚谈到了对高等教育的宏观影响，这也是我的下一个问题。回顾精英大学、著名或全球知名大学，您认为在经历了这些变化后，高等教育面临的挑战和机遇在哪里？如果把注意力集中在所遇到的问题上，那面临的主要问题究竟有哪些？因为大家可能只说了积极的一面。

校长：我认为挑战之一是确保大学能够创造一种团结的社区精神。目前，一些人抱怨说由于长时间在家办公，人们回到校园依旧保持在家工作的状态。虽然在校园里不会有这样的分段式出勤，实际上在家办公也需要团队合作的精神。这对培养团体精神很重要。我们总是说，慕尼黑工业大学是一个大家庭，是我们要为之奋斗的共同家园，我们努力提高大学的整体水平，提高学生的技能和科研成绩，等等。但我认为，从长远来看，这种脱离现实的工作方式，这种线上联结、线下脱离的方式有损团队精神，而团结对全球性大学至关重要。

当然也存在一些积极的因素。例如，我们非常积极地利用应对新冠肺炎与其他大学取得联系，比如洛桑联邦理工学院和帝国理工学院等欧洲的欧盟技术伙伴，我们向他们的学生开放线上课程，他们也为我们的学生开放课程。如果你是慕尼黑工业大学的学生，你在校内学习某些课程的同时，也可以参加在洛桑联邦理工学院或帝国理工学院的讲座。虽然我们的许多课程都是相似的，但是大学之间有一些明显的差异，可能更加吸引学生。

将来也使用这种网上共享的话，可以拓展学生的视野。我认为这绝对是我们应该抓住的机会。这就是你的问题的答案了，积极的和消极的方面。

访谈者：我们来谈谈慕尼黑工业大学的一些具体的方面。从文化和传统的具体角度来说，慕尼黑工业大学最看重什么？

校长：慕尼黑工业大学长期以来看重的精神就是与时俱进，能灵活又快速地响应变化，因为变化无时无刻不在发生。在今天的危机中，我们面临着科学上的挑战，我们不仅要作出反应，而且要利用这些新条件来促进改革，推动一些五年前就应该做的革新。这种创新的心态敦促大学四处寻找机会，并尽一切努力利用这些机会。

同时，我们看重集体和伙伴之间的诚信，这种信任无处不在，从学生到教授，从我们的校友到全球化的校友网络，还有我们的行业合作伙伴。我认为这两点是最重要的。

访谈者：鉴于这种文化和传统，您计划进行哪些具体的改革？在未来的三年到五年内，您有哪些具体的改革措施？

校长：大学目前正处于历史性的转型期。几年前，我们开始全面改革教师招聘，这项改革仍在进行中。我们从八年前开始实施终身教职，这非常有助于吸引来自世界各地的顶尖人才，特别是能帮助我们国际化。我们现在招聘了大约40%甚至50%其他国家的教师，这也使我们的教师和学生大规模地国际化，这种趋势特别明显，与德国其他大学相比尤其如此。

访谈者：与欧洲大学还是欧洲之外的大学相比？

校长：全世界范围。我认为目前最大的变化是从传统的以教师为主的院系系统转变成一个以院系为主的体系，通过综合研究中心交叉连接，构成矩阵结构，采取跨学科的方法集中攻克主要挑战。我们从一个非常僵硬的、互相隔离的独立部门系统变成了学院和综合研究中心交叉连接的矩阵系统。我们正朝着一个好的方向前进。第一批学院、第一个综合研究中心，都已经成立。这一进程将在大约两年半至三年内完成。

访谈者：您的主要动力是来源于财务、战略还是科研？背后的驱动力是什么？您应该是想优化，但这次改革的主要因素是什么？您提到了终身教职、师资和全球招聘。从劳动力和职业以外的角度，您如何看待教师队伍？您愿意招收更多来自不同行业和不同背景的人，而不仅仅是从政府招聘？为了适应不同的模式，劳动力市场正在发生变化，对此您有什么见解？

校长：教师招聘的话，我完全相信我们需要一个有工业背景的团队，尤其是工程专业的人，同时也需要年轻的准终身教授，他们有着强大的新的理论基础、新的方法，把两者结合起来。所以，一方面，我们需要有实践经验的人，另一方面，我们需要能推动顶尖的基础科研的人，把这些人聚集在一起。我认为这是关键。德国以前从工业界招聘了许多教授。如果你问我，我觉得招得太多了。这也是为什么德国的大学与工业界的合作非常紧密，因为这一天然的纽带。这些当然要继续保持，但不能仅仅如此，我们需要科研人员带来新启发，把他们聚集在一起，就不仅仅是把不同的学科聚集在一起，同时还将实践经验、实际需求和新的方法结合在一起。我认为这是我们必须建立的体系。

访谈者：这些重大改革的主要动力是什么呢？

校长：主要动力并不是金钱，你刚才提到了这个因素，但我们的主要的动力不是经济因素。主要为了提高大学的科学性或绩效，以真正发挥我们的学科优势，在跨学科团队中合作，这更像是一种合作创新的方法，我们要明白如何去支持这一点。据我了解，在以往的体系里，将不同院系的人聚在一起挺费力的。在新体系里，跨领域研究的阻碍明显减少，更加方便其他领域的同行们加入新的研究领域。当然还有其他方面的动力，但这可能是最主要的因素了。

访谈者：您曾提到，"这就是我们希望机构做出的贡献"，然后从这个角度倒过来思考，如何用最简单的方法让人们聚在一起解决这些问题或处理这些需求。

校长：不失去学科优势才是重点。我们不希望一般的跨学科主义。我们所希望的是对学科领域有深度了解的人，同时具备跨学科合作的开阔视野。我们需要一种支持交叉性（cross connectivity）的体系。

访谈者：体系的建立涉及管理研究，也涉及教学和毕业生的期望？

校长：是的。教学其实是一样的，现在需要掌握的技能在 10 年、15 年后可能会发生改变。当然，仍然需要具备专业、深入的学科知识，这是毋庸置疑的。但仅有专业知识显然不够，还必须学习跨学科知识，必须掌握与其他学科交流的技能。这是一种新的文化，我们必须教给学生这种合作精神，而这种教学无法在单一、隔离的院系中开展。

访谈者：您认为全球大学的特点是什么？是什么让这些学校脱颖而出？如何区分全球大学和非全球大学？

校长：我认为区别在于大学对世界各地优秀人才的吸引力。学生、教师和全球大学都扎根于当地的生态系统，并借此形成了坚实的基础。这使大学有实力拓展国际业务，并与其他实力雄厚的大学、合作伙伴结成联盟，共展宏图，一起应对全球性的挑战，应对真正重大的国际难题，而不是局限于本地的细碎事物。我认为这一点至关重要。

对我来说，一所世界性的大学应该在全球范围内有很强的吸引力。我们这样的大学在其他国家和地区也有机构，因为这有助于世界性大学吸引来自各地的人才，有利于在业界甚至政府中寻找新的合作伙伴来帮助解决其他国家的问题。这就是我们在美国、巴西、新加坡等地建立联盟的原因之一。

访谈者：您认为能够或应该做些什么来提升大学的科研和创新潜力？您谈到了一些校内体系的建立，这些大学在国际事务中扮演日益重要的角色。您能够分享一下大学生态系统的定义吗？除了依靠政府的政策，大学还应该如何改变这个生态系统？大学自身需要如何进行改革？

校长：我认为在未来，学校机构之间的竞争不是最重要的，这也是我所坚信的一点，竞争将会是生态系统之间、大都市区域之间的竞争。这就是为什么我认为有全球理想的大学要尽一切努力来推动地方协同，可以从与其他大学合作开始。慕尼黑有两所非常优秀的大学，我们和姊妹大学慕尼黑大学（Ludwig-Maximilians-Universität München，LMU），过去一直是我们强大的竞争对手。我们需要这样的竞争，这是我们的动力，我们每天都在努力变得比对方更好，这一点毋庸置疑，但我们也需要战略合作。合作对于产生地方协同效应很重要，在某些领域，比如天体物理学或量子科学，我们两所大学都很强，这使我们可以围绕量子技术建立一个慕尼黑生态系统。这就是为什么在量子技术方面慕尼黑在欧洲排第一，因为我们把我们所有的力量聚集在一起，这就是我们所说的慕尼黑战略。我们把一些核心专业领域的专长聚集在一起，共同成就全球领导力。

我们不仅要汇集学术机构的专业知识，也要凝聚全球企业的专业技术。慕尼黑的主要战略性优势在于，许多全球大型企业都在慕尼黑设有总部。有七家科技公司的总部设在这里，还搬来了其他七家公司。我们有很多 IT、生物技术和汽车移动产业，还有一些其他产业也坐落于此。慕尼黑正在发展成为 B2B 高科技公司和初创企业的中心。慕尼黑工业大学一所学校每年就成立 70—80 家科技创业公司，其中不乏增长迅猛的独角兽企业。把核心科技领域的人才汇聚一堂，打好这些领域的科研基础，这就将创新链条和市场终端紧密联系在了一起。

对于全球大学的未来发展来说，吸引世界各地最优秀的人才来到慕尼黑，同时与其他地方保持密切交流，这是非常重要的。这也是我们最近几年与清华大学达成了旗舰合作关系的原因。尽管清华大学在北京，和深圳不在一地，是一个联合体，再附加制造业和其他一些领域，清华大学是一个凝聚力量的地方。我们可以共同努力，把这些领域做到引领全球的顶尖水平。发挥本地优势的同时，与其他顶尖全球大学交叉合作。

访谈者：再问一个关于全球大学的问题。您刚才说，目前的大学排名指标非常糟糕，既不能帮我们了解运营环境，也不能指导未来。那么如何取代这个排名指标体系呢？在政策方面，您会如何给出具体的量化指标？您刚刚谈到的理念如何体现？是通过衡量地区实力而非大学实力，应该淡化专利而强调贡献和社会引导？如何衡量？

校长：我不太明白你的具体问题？是指如何衡量社区建设成功与否吗？

访谈者：现在大家都认为那些在少数顶级期刊上发表论文的大学就是世界上最好的大学。

校长：哦，我明白你的意思了。

访谈者：二三十年前这样认为问题也不大，但这与您所描述的世界性大学相差甚远。您如何阐释您的世界性大学理念？

校长：我认为仅仅通过出版物数量来衡量大学的成绩也太容易了。毋庸置疑，出版数量是很重要，但目前的排名体系过于关注那些传统的经典参数指标了。大学远远不止这些参数，比如，从工程师的角度上来说，为什么德国的工程行业很强？因为我们培养的是顶尖人才，接受了顶尖教育的人进入了工业领域。所以我们会出现在一些关键的全球排名的榜单中，在全球排名第六。明白这一点很关键。从医生的角度上来说，我们需要顶尖的医学科技，这一点可以反映在论文数量中；但另一方面，比论文数量更重要的是，大学医院是一个真正优秀的外科手术场所，并且具备真正的医疗技艺。这些在排名中都未涉及。

回顾这些参数指标，有一点愈发清晰：单一的论文数指标目光短浅，无法衡量一所大学是否成功或是否具有社会影响力。我认为，衡量一所大学的社会影响力将变得越来越重要。从人才培养、新技术开发和在行业中投入应用上来说，都是如此。新技术如何走出实验室，为人所知，这一点，值得我们重新思考。

访谈者：好的。您说的很有帮助。这也是未来二三十年高等教育研究的方向，感谢您分享的研究议程，非常有理想，意义重大。关于清华大学，您对哪方面最感兴趣？

校长：我感兴趣的首先是清华大学能够在很短时间内跻身世界一流大学之列。其次，我从与清华大学的交流中了解到，整体上，清华大学注重内部的跨学科沟通与合作，很好地处理了局部关系。最后，从大学广泛意义上的社会责任上来说，清华大学在未来可能扮演更重要的角色。从这三方面来说，我认为清华大学正走在一条卓越之道上。

访谈者：谢谢您的回答。您有什么想要补充的观点吗？

校长：那应该是大学的角色，在支持初创企业、建立生态系统以及在科技创业家园里，大学应该扮演怎样的角色？你可以看到各大洲之间的主要文化差异。在德国，过去没有大学会关注创业项目。大学主要是教学和研究，仅此而已。大约 15 年前，慕尼黑工业大学开始建立大量的企业项目，从创业教育到社交网络等，最终，这些庞大的项目见证了慕尼黑工业大学的成功。

虽然这还不够，我们还要继续齐心合力，发表高质量论文。我们肯定需要论文，但不应该仅限于此。我们要把技术更有效地带给社会和企业。我们现在启动了一个新项目，"慕工大风险实验网络"，通过这个网络，构建深层次的技术领域生态系统。通过量子技术风险实验室，我们将行业的新企业和我们的师资聚集在一起。在制造业和能源研究领域，我们也是这样做的，这样的高度集中有利于科学家和学生通过创业来实现他们的理念，同时也能吸引其他国家的新新企业来到这里，因为它们可以从这个专业领域的生态系统中获益。这是我们刚刚起步的最新计划。

访谈者：如何判断这个系统是否有效？通过副产品数量、资金量、工作人数还是建筑面积？

校长：是的，我们通常会统计五年后仍然存活下来的创业公司的数量，然后是他们创造的就业岗位的数量。这对我们很重要。当然，我们也看他们所筹集的资金。但我认为，最重要的还是看就业岗位的数量。

核心见解与未来展望

【关键词】

★ 大学校长

★ 全球领导力

★ 行政团队

★ 中国高等教育

★ 清华大学

★ 全球治理

一个全球性项目的基础步骤

本书是清华大学文科建设"双高"研究课题——"世界一流大学的发展战略及校长领导特质研究"项目的阶段性成果。该项目对全球大学校长日益复杂多变的角色和职能展开了深入探索。本书的亮点在于采用校长自述的方式,既从校长团队视角详细揭示了一系列有关高校治理的见解,也从校长视角深入挖掘了对自身领导者角色以及大学面临核心议题的体悟。

本书内容对高等教育乃至更广阔的全球发展具有独特的价值。现今,教育和知识已经成为一项全球共同利益(联合国教科文组织,2015),在高等教育系统中孕育着诸多领域的未来。因此,我们迫切需要更深入地了解它的现时进程和未来趋向。此外,理解中国的高等教育尤其重要。近年来,中国高等教育不仅在规模上取得了飞跃性发展,而且在对外开放、国际化、为本国和世界创造新的财富等层面产生了日益深远的影响。在当前充满未知和转型的全球背景下,来自不同国家的大学领导者的观点对于理解中国高校的学术伙伴关系至关重要。本书也包括了世界大学校长对中国高等教育的见解和展望。

本书的核心内容是校长自述，本章的目的是从访谈材料中进一步提炼出校长访谈中的关键性主题，作为研究的重要阶段性发现，并在一定程度指引本研究的未来探索方向。

核心主题总结

复杂、比较和变化是校长领导大学的主要特点。持续的研究有助于找到支撑访谈中提及的每个主题的深层结构，借助概念和框架来做出更大的研究贡献。

我们的访谈围绕既定话题相对发散地进行，通常以对于校长领导力的回顾为起始。我们的最新研究中探讨了这一点（Liu, Hong, Wen, Xie & Coates, 2020）。校长们具有多样化的背景，领导力的内涵也十分多元。然而从根本上来说，校长的特点是领导导向、学术卓越、整合式的可迁移能力以及审思发展的能力。校长在履职前需要经历一系列的选拔，其中的关键因素包括职业概况、学术背景、领导经验、政治技能和持续成长的能力。

以下引述呈现了校长职业生涯的某些剪影：

我是一位研究空间科学的专家，主要研究火星、彗星、月球等星球上的岩石。其实我的学科背景有些不寻常。不过，空间探索在本质上是以团队为基础的，并且横跨多个学科专业。在成为大学校长之前，我曾经在美国国家航空和宇宙航行局（NASA）工作，为了完成这里的工作，我需要树立非常远大的目标。如果目标是送人们上火星，只靠一个人是不行的。为了达成某些高远的目标，必须将不同背景和经验的人们聚集在一起。所以我想，我自身的背景使我胜任校长的原因在于我能够得心应手地将不同团队中的人们聚在一起做有挑战性的工作。（美国伍斯特理工学院校长劳瑞·莱森教授）

律师和工程师的共同之处是他们都需要在某种程度上与现实世界接轨。有句名言，据说是尤吉·贝拉说的——也可能他从来没有说过，那就是——"理论上，实践和理论一样。实际上，他们不一样。"所以想要做什么，现实是什么，如何应对这些现实，如何建立程序与制度，如何找到不同的方法来做一件事情……这些都是律师该做的事情，是一种非常实用的取向。我认为学术界中的律师和工程师同时具有理论知识和非常良好的学术品质，他们在一定层面上具有自己的思想，并能将其与现实以及如何让人们一起工作联系起来。我是说，在学界，知名学者之间可能相互合作，但是他们却不能把理论与现实结合起来，而这正是律师、工程师或其他人从不同学科训练中能带来的。（美国莱斯大学校长大卫·利布朗教授）

作为一名国际关系研究者，我非常清楚政策是如何出台的。我的专业领域之一是研究外交政策的失误，包括英国政府的决策是如何出错的。我当时还提出一种称作"结构化决策"的模型。担任校长以后，我意识到管理工作需要广泛的个人关系。

众所周知，大学处理好国际关系的关键是建立良好的工作关系和信任关系，合作双方通过交流相互感兴趣的领域和事情，找到共同的兴趣，然后一起行动。通过学校管理工作，我对国际关系学科的结构有了更深入的了解，并深刻认识到，推进互动、了解差异、获得信誉都很重要，尤其需要懂得如何和政府部长打交道，如果得不到政府信任会遇到很多麻烦。（英国埃克塞特大学校长史蒂夫·史密斯爵士）

对拥有数学背景的人来说，十分有趣的是，面对不同种类的现象，我们总想搞清楚隐藏在这些现象背后的是什么。比如，如何利用一个较大的结构，把一些看起来不同但实际上又有很多共同之处的东西整合在一起？这就是数学家的思维模式。我认为这种思维模式对我来说，把大学作为一种结构来考量，非常有用：看上去有很多迥异的事情在发生，而实际上，如何条理分明地去理解和对待这些事情？这就是我们的思维方式。（美国芝加哥大学校长司马博教授）

……我的背景是世界银行。我在世界银行工作了三十多年，在那里工作一段时间后，我晋升了管理岗位，成为一个地区的副行长。基本上是负责欧洲、苏联，包括中亚和巴尔干半岛还有土耳其这部分地区的业务。所以，从某种程度上而言，世界银行是个非常多元化的国际组织。而且，那里到处都是自认为非常聪明的人。银行业是个知识密集型行业，因此，你必须形成某种管理风格，才能确保部下跟随你的脚步。

在某种程度上，我对建立这所新大学也有类似的看法。所以，我也试着告诉那些采取自上而下管理方式的国内同事，那是老一套做法了。请不要再采取自上而下的管理方式了。我们必须给年轻人机会，让他们自下而上地发展。我之所以要进行这一重大的制度改革，是因为我想改变学校整体的氛围。我们需要培养一种为学生、教授、临床医生等人员服务的氛围，必须让他们处于中心地位。我们必须全力支持他们，并且必须发展这种"基因"，无论是在行政管理、财务领域，还是在专业领域都是如此。（哈萨克斯坦纳扎尔巴耶夫大学校长胜茂夫博士）

（校长）是由选举产生的。一般来说是媒体提议，然后我们采纳媒体的推荐，接下来会有一个审核过程，调查这个候选人的既往。还有一个评审委员会，由大学理事会成员组成。在聘选时要先提交一份申请，然后委员会会推选出三名人选，他们会给出评价意见和优先级，最后把这三个人选推荐给 UGC（大学教育资助委员会）。UGC 就会根据优先级推荐这三个人选，就像邮局盖章一样，是走个程序的事。人选会最后发给斯里兰卡总统确认。

……当时整个体制内部都认为我们应该有权自行选举我们自己的校长，毕竟这个选举系统是全国高校通用的。所以在第三次参选的时候，他们作出了改变。当时是一个非常新的政府班子执政，所以他们就直接把机会给了我。然后，之前的那些班子成员也认识到，交还给我们自行选举的权利更好；对于大学校长甚至政治层面上的部长，他们这次也按照自行选举的方法做了。（斯里兰卡科伦坡大学校长莱克什曼·迪萨纳亚克教授）

在校长管理大学这一复杂的大型机构过程中，领导团队发挥着日益重要的作用。这些团队的规模和构成各不相同，一般而言有 3 至 7

人，他们直接向校长汇报工作。访谈发现，在领导团队中实现各个层面的平衡十分关键。从根本上说，校长在大学领导团队中位居核心地位，负责组建和领导团队。例如：

我们从彼此身上学到了很多，当有艺术、人文或社会科学背景的人加入对话时，对话能更加深入地进行下去。他们提供了一些非常重要的视角，至少会开展一段我自己想不到的对话。他们能超越现有概念框架去思考问题，他们会说"假如……会怎样"。他们也能把我们所做的事和其他大事件联系起来。最经典的一个例子是，当我提出一个主题，把人工智能与医学、农业等联系起来，他们就会说，"这里面涉及一些伦理问题"，或者"那么人在其中扮演的角色是什么？"因此，我们提出的倡议不仅仅是由技术或科学驱动的，而是要广泛得多，还涉及政治学、人权、人类行为，等等。这绝对是有必要的，我很高兴我的团队中有这方面的人才。（加拿大滑铁卢大学校长费里敦·汉杜拉普教授）

我经常用投资组合来打比方。你在投资的时候，各个项目都需要买一点，对吧？……如果你将所有的鸡蛋都放在一个篮子里，短期内，你可能会取得惊人的成功，也可能会以难以置信的方式失败。从长远来看，这是一个可怕的策略。你需要有一个多样化的人才和技能组合。关键是他们一起工作，和睦相处。你希望他们的观点不总是趋同。当我环顾坐在四周的副校长时，我发现有些人偏向于学术，有的人擅长商业化运作，有的人是数字控，也有人专注于其他形式的沟通和参与。

我认为，最重要的特质是，他们作为独立个体，能够与团队成员联系在一起。他们每个人都有自我，但是他们的自我被压抑了。他们实际上愿意将机构及其目标置于个人目标之前。要找到这种组合是很难的。因为你一方面希望人们去推动目标、挑战极限，另一方面也需要团队具备超强的凝聚力。我很幸运。我认为我现在的团队是我合作过的最好的团队之一，我以他们为荣。我认为，将这些团队整合在一起，是任何领导者都需要面对的最大挑战。（加拿大阿尔伯塔大学校长大卫·图宾教授）

从"直升机视野"（Helicopter View）来看，我不是一个微观管理者。我通常会给出一个大致的总体方向，我相信人们会持续跟进工作。很幸运我们拥有一批有能力跟进的人。我校工作的特定体制，不像美国校长那样担任校长时是带着自己的团队来的。在斯泰伦博斯，校长到来之前团队已经形成，而且这个团队已经固化了一定的工作风格。（南非斯泰伦博斯大学校长维姆·德·维利尔斯教授）

团队成员的合作关系对我来说至关重要。所以我特意挑选了几位彼此非常了解的人，这样我们可以马上建立起强大的团队凝聚力。我们的领导层是选举产生的，每四年由全体师生和行政人员选举产生。有几位也是在我选举期间的竞选委员会成员，可以说我们是伙伴。但是，我们从一开始就作出了一个非常明确的决定：我们的核心理念始终是为了大学，而不是为某个团队的政治观点或者为某个集团在大学内对抗其他组织或联盟。我认为，我们今天对大多数学院，可以说对所有学院，都有一种非常强烈的忠诚感。我想这是因为团队成员都是经过精心筛选的。让他们能够独立判断和发挥作用也是非常重要的原则。所以，我只在某些特殊情况下介入，比如我认为那个决定错了，或者我确实不能同意，或者这项决定不符合战略计划。除此之外，在这个规模庞大的机构，需要给人们一些空间和一些自主权，在实践中把责任转给学术界和鲁汶大学。（比利时鲁汶大学校长吕克·塞尔斯教授）

我们的管理机制已经建立起来了，例如校领导、院长及大学评议会等等，我管理所有这些会议，包括院长委员会。

……我们有教务长、财务主管和其他部门的管理者。但我需要保证他们确实做得好。由于我们有大学法案，大学按照大学法案来运作，因此管理者必须要对大学法案的内容了然于心。而且我们也有内部的通报文件，UGC 也会时不时地发布给我们海量的通报文件，我们已经尽力避免了。

……大学是有组织结构的，在这个组织结构里，有校长，还有管理主体。在我们的治理体系中，理事会是管理主体。理事会成员有外部人员，以及内部成员如院长和主任。校长主持理事会会议，院长通常是由学院选举出来的。（斯里兰卡科伦坡大学校长莱克什曼·迪萨纳亚克教授）

在昆士兰大学，我是校长，还有 5 个副校长（包括常务副校长）直接向我汇报工作。我们每个星期开校长副校长联席会议以及一对一的会议。昆士兰大学有 6 个大的院系，每个院系都由一位行政主任领导；有 4 个大的研究机构，每个研究机构由一位院长领导。这

10 位主任和院长向常务副校长汇报工作。另外，每位副校长下面都有一两位高级职员向他们汇报工作。所以，我们有一个 25 人的大学高层管理团队，每个月至少开半天会，讨论重大问题。然后我们再去和全校教职员工单独交流。

所以昆士兰大学采用的是一个分层的治理体系。我们发现，如果你不分享信息的话，那么就做不好事情。我们学到的另一件事是，仅仅直白地告诉下属你想做什么是不够的，因为有时他们可能会误解你，并传达给下面的人和你的想法不同的信息。所以，我们实际上会定期直接向下面两层或三层员工传达信息，每年召开一次全体员工大会，和所有员工沟通和交流。内部沟通对于组织朝着目标共同前进非常重要。在这一点上我们可以做得更好。（澳大利亚昆士兰大学校长彼得·霍伊教授）

我们的高层团队规模很小。一共 10 个人，其中 7 人是学术型领导，包括 3 位同时兼任三个学院院长的副校长、3 位分别负责我们三个目标的政策事务的副校长，以及我的副手。他们都是一流学者，致力于推动学术研究。团队另外 3 位负责运营性事务，包括首席运营官、财务总监和人力资源总监。就团队结构而言，这是一个相当平衡的团队，比许多其他大学高层管理团队而言要小，联系更为紧密。

……团队成员都有自身的核心角色，但同时他们在高层团队里处于平等地位，他们都需要对某些事情表达自己的观点或者意见，即使这些事情在他们的专长领域之外。我不期望理工科的院长只专注于理工科，也不期望生物、医学和卫生的院长只专注于他们的学科。

他们需要成为学校管理的一部分，无论是财务方面还是国际事务方面。这是一个高度分享的领导体制。（英国曼彻斯特大学校长南希·罗斯韦尔教授）

我们分管财务和行政的副校长把注意力更多地放在大学的运转上。分管学校发展的副校长则主要负责融资与对外关系。我们的学术领导者，负责平衡学者内部协作，确保我们不落后于外界的研究趋势。我们经常谈到"平衡"，即平衡短期发展与长期发展、内部事务与外部事务。作为一位领导者，你需要胜任这些平衡工作，并持续地保持平衡状态：我们处于正确的平衡状态中吗？我们是否在这个过程中有所偏向？（美国伍斯特理工大学校长劳瑞·莱森教授）

大部分大学里都有董事会（Board）和评议会（Senate）。我们的体系有点不一样，我们的学术团体被称作"教授委员会"（General Faculties Council）。还有就是评议会，这是个独立的组织，职责有些不同。实际上，我们大学有三个治理机构。

董事会是负责大学财务和运营的管理机构。（他们）有些是外部任命的，也有内部任命的。董事会一共有21名成员，负责预算、财产管理这类事情。还有处理学术事务的教授委员会，我担任教授委员会主席。成员包括副校长和院长，但是大部分是教师和学生。所有学术规划、学术标准、招生等问题都由教授委员会处理。评议会是一个独立的机构，成员主要由外部任命，大约三分之一由内部任命。他们任命名誉校长，提名荣誉学位候选人，同时也维系大学与社区之间的关系。他们不做决策，只提供建议。（加拿大阿尔伯

塔大学校长大卫·图宾教授）

    校长的主要职责之一就是构想和推进大学的未来发展。访谈中揭示了大量有关大学的进步、改革、挑战和战略等方面的信息。对大学地位和定位的讨论层出不穷，这涉及构筑大学的内在实力，并在竞争更为激烈的全球市场中脱颖而出。国际定位尤其重要，不仅是为了接触到顶尖的教员和学生，更是为了在各个层次的社区中作出贡献。在大学内部，出于把握外部时机、应对外部限制或确保激励经费投入到位等动因，多数校长正在着手进行各类有关结构和人事的改革。对"重大挑战"的定义具有关键作用。尽管这些大学实力雄厚、地位卓越，但很少有大学处于固化状态。事实上，校长引导大学处于一种具有高度生产力的"积极的不稳定"状态，这似乎是使得大学迈入崭新的、具有挑战性的新领域的关键要素。

    校长们有关大学改革的主要见解包括：

    在巴政的学校文化建设中有三点是至关重要的。

    第一是所有层次培养中的多学科性。我们认为，跨学科观点很重要，能够让我们的学生去真正地理解世界的复杂性。

    第二是向世界开放。二十年甚至更长时间的国际化，使我们认识到必须向世界上其他地方学习，必须让我们的学生了解外面发生了什么。

    第三是关于文化，是要时时记得进行结合。科学理论要和实践结合起来，因为我们的目标是培养年轻人。他们在未来的五年、十年或二十年后将担任领导者。我们希望他们不仅掌握知识，而且也能够根据知识采取行动。因此，在课堂上，我们尝试综合运用各种方法。授课的人中既有学者，也有从业者。（法国巴黎政治大学校长弗雷德里克·弥雍教授）

我想很多大学都认为这是可有可无的事，是一种边缘扩张。我的观点是，对我们来说，这是剩余价值最高的事情之一，因为我们的规模相对较小。我们现在已经进入莱斯大学的第二个战略计划阶段。在第一个战略计划中，当我们提出如何才能提高我们的影响力和可见度时，答案是增加 30% 学生规模，而且增加的学生大都来自德州以外，是扩大全美国和国际的招生人数。我们的国际学生从每年级 20 名增长到每年级 100 名，就我们的规模而言，增长幅度非常显著。现在，我们在制定最新的战略计划时，我们会环顾世界，实际上有不同的方法来扩大影响，所以，我们把发展在线学位项目作为一个优先事项。例如，我们现在在商学院里就有这样一个项目，第二个项目也将于秋季在计算机科学领域启动。该项目采用完全的在线教学模式，学生们虽然有机会来校园听课，但他们都需要在线上完成所有的教学内容。包括商学院的专业项目在内，两项目的学费都达到或接近住宿项目的学费水平，这源于莱斯大学的教师质量。（美国莱斯大学校长大卫·利布朗教授）

我认为正在改变的另一件事情，当然也是我们现在的运作方式，即我们具有强有力的战略规划。如果要用一个词来概括我们的战略规划的话，那么这个词就是"伙伴关系"，在大学内部学科之间的伙伴关系，在外部与其他大学之间建立的伙伴关系，当然同时也包括大学与政府之间、与行业之间的伙伴关系。

因为根据我的预测，在高等教育领域也会发生改变，比如以往由学者个人进行学术研究并期待产生实际效用的这个观点。现在这一情境正在发生改变，我们必须与大学以外的人合作共同解决面临的问题。一旦我们知道要解决的问题是什么，从大学的层面考虑，我们会说："我们不能解决这个问题，因为我们不具备某些基础知识，所以我们必须做基础研究。"例如在物理学的某些领域，在教育、法律的某个领域。这些学术研究仍然是基础研究，但它受到最终问题解决的启发和激励。最终目标成为学术研究首先要思考的事项。世界上所有待解决的问题中，我们想解决哪一个？是粮食安全问题还是气候变化问题？它们如何相互影响？确定要研究的问题之后，然后再去做基础研究。这就是我们面向未来学术研究的方式。

……

……必须非常仔细地审视之前的教学方式。因为在以往的经验中，学生非常被动，他们坐下来听教授讲课，做笔记，记住教授说的每一句话。而现在，我们正进入这样一种局面：学生有机会通过大学制作的在线课程做大量的预习，然后在学校以团组的形式进行合作学习并解决问题。要想在 21 世纪生存下去，在校生和毕业生必须更有创造力。仅仅重复别人传授的知识是不够的，因为它很快就会过时。

我认为，大学所面临的最大挑战之一，是检验教学方式能否让学生具有创造力。我们的大学正在转型，因为我们认为学生应该富有创造力，以多学科的方式从事工作，而过去的教学方式并不能够做到这一点。我希望我上面所说的能让您对我看待未来的方式有所

了解。(澳大利亚昆士兰大学校长彼得·霍伊教授)

我们极大地提升了对国际交流的关注，启动了好几个相当重要的新的研究领域。几年前我们作出了一个重大改变，就是我们确定了大学的五大重点研究领域。这十分困难，因为开始时我们大约有80个研究领域，每个人都想把自己的领域升格为学校重点研究领域。我们最终将其压缩到5个，这是一个相当大的挑战。我们的工作也改变了学生的学习，给他们提供一种远超出学科范围的学习经历，让他们走出自己的学科界限。此外还有些变化是内部启动的，有些是为了应对外部资金以及整体的挑战或趋势。在过去的10年里，我们经历了比过云多很多的商务参与、创业、衍生产业相关的事务。

......

......新的战略规划将于2020年2月启动。在这个规划期内，我们将保持三个核心目标，即科研、教学、社会责任，尤其是第三点对我们来说非常重要。

我认为其他大学也正在发展这个核心目标。在我看来，这将归结到大学办学目的这一核心问题上。您可以谈论研究和教学，但对我来说，作为一个公共基金支持的组织，大学的最终目标是服务社会。因此，我们所做的事情超出了科研和教学的范围，无论是贫困、气候变化还是药物研发，这些属于其他两个目标之中的工作也体现了社会责任。实际上我们还做了很多关乎社会责任的事。七八年前，有人问我，怎么知道自己什么时候才算成功？我说，有很多方面可以衡量成功，在一个可持续发展目标排行榜上我们世界排名第三。

我希望看到越来越多的学生选择就读曼彻斯特大学是因为社会责任。还有，我希望亲眼看到当地的社区，特别是非常贫困的社区，能够视曼彻斯特大学为社区的一部分。这仍然是战略计划的关键部分。我们加入的三个主题是创新、公民参与以及全球影响。国际化在未来的战略中将更多地体现。商业参与和商业化也会壮大，学生将接受更广泛的教育。我们正在开发一个大的创新区，大概有15亿英镑的项目。这是一个非常庞大的未来校园规划，相对于过去而言，大量跨学科的研究和教学将会出现。（英国曼彻斯特大学校长南希·罗斯韦尔教授）

我刚担任校长时，有一个战略计划刚好进入尾声。在此计划中，我们扩大了学生到国外进行实践的全球项目的规模。现在，我们的目标是实现90%的学生在校外进行项目学习。我们给每一位学生发放奖学金，覆盖他们在国外的花费。比如，去年暑假我们有24名学生在北京完成了项目，在这趟行程中，我也访问了正在日本京都进行项目实践的同学们。我们让每一个学生都有机会进行这样的实践，不让钱成为阻碍，因此我们扩大了奖学金提供的规模。

在我们的战略计划中，我们关注目标驱动型的研究，从政府获得资助来完成研究。过去三年，这一比例提升了60%。

最后，我们希望提高学校"基于项目学习"理念的世界知名度。我们刚成立了伍斯特理工学院项目导向学习中心，同时欢迎其他大学来中心参观并交流学习。通过五十年的项目经验，我们很清楚应该如何把它融入高等课程体系中。在过去的五年里，有130所大学的研究团队加入我们中心的研究。同时，研究中心为 130 万学生提供服务。所以，这是我们在高等教育领域影响到更多学生的途径，我们强烈支持这种学习方式。（美国伍斯特理工学院校长劳瑞·莱森教授）

校长们对大学财务的主要看法包括：

在英国及世界上任何一个国家，大学必须赢得民众信任。仅仅声称自己必须成为世界某一领域的"领头羊"，并不意味着有人愿意提供资金。坦率地说，一切都是资源争夺之战。

……

我希望我能早点认识到运营大学中的残酷经济学。没有人会训练你当大学校长，现在没有此类培训，书架上也没有一本类似《学生抗议的危机》（第一卷）之类的校长手册。校长必须要有洞察力，而主要的洞见来自实际工作。

信任很重要，但信任不会通过培训产生。英国大学联合会是所有英国大学的代表，他们会对新任校长进行培训和指导，我们参加了其中部分领导力项目。但在实践中，校长还需要处理更多的诸如预算等问题，还有刚刚提及的世界范围内竞争的问题。在现在的竞争压力下，做到"还行"已经不够了。比如，如果你是一个水平"还行"的科学家，别人就没有理由资助你。大学领导就是要面对这样很有压力的选择，增加或缩减投入的重要决定。

……

……高等教育领导者有很大一部分压力是应对媒体，可谓如履薄冰。多年以来，埃克塞特大学一直受到很大资助。英国在过去十年里遭遇困难，很多政府部门削减了约30%的经费，而大学经费却大幅增加，我们也得到很多资助，也因此而获得回报。所以媒体上每天都充满了关于大学的内容。除了英国脱欧之外，我们最大的挑战是如何确保埃克塞特大学继续成为在世界舞台上、在英国大学群体中有竞争力的大学。我用一个词：科研力量。这是埃克塞特的准则。

……

……我们每年对研究能力和研究质量进行一次评估，把研究活动强度乘以研究活动质量，就可以对研究经费进行量化并给予补助。这样的评估我们已经持续了7年。英国共有136所大学，但全国85%的研究经费分配给了25所大学，经费倾斜度很高。我刚到埃克塞特大学的时候，埃克塞特的研究能力排在第30位，现在大约是第20位，进步很大，预计再过几年能排到大约第16的位置，这样就可以得到稳定的研究支持了。坦率地说，要达到这一结果，就必须不断把巨额资金投入到非常昂贵的科学研究上。（英国埃克塞特大学校长史蒂夫·史密斯爵士）

我们现在的使命是"成为一所致力于本科教育的顶尖研究型大学"。类似的还有普林斯顿大学。但是，普林斯顿大学的不同之处在于，他们现在有大约250亿美元的捐赠经费，而我们的捐赠经费大约是60亿美元，我们在试图用1/4的捐赠经费去做与普林斯顿类似的事情。其实不该抱怨，这些捐赠经费使我们成为一所相对富裕的大学，捐赠经费平均到每名学生上大概可以排在全国第六或第七

的位置。(美国莱斯大学校长大卫·利布朗教授)

　　……我们非常清楚未来照料老龄人口所需的财政负担过重以至于政府很难获得顶尖大学运转所需的全部资金。因此，我们期待看到的局面是当我们的毕业生取得巨大成功时，他们会对大学说："大学很好地栽培了我，我也取得了很高的成就，现在我想帮助大学继续保持成功。"他们通过慈善事业资助大学，从而形成一个循环——你培养学生，使他们充分发挥自己的潜力，他们取得成功之日，会以直接与间接的方式帮助大学。这就是我想说明的生命周期。(澳大利亚昆士兰大学校长彼得·霍伊教授)

　　从外部来讲，由于高成本，英国高等教育体系在员工养老金方面正面临着巨大挑战。英国出现了全国性的罢工，所有的大学都面临着巨大的困难。我们可能还会再次经历罢工投票，这意味着我们与员工接触和讨论的方式会有所改变，必然引起很多焦虑。由我们内部原因导致的挑战，比如我们从四个学院合并成三个学院。(英国曼彻斯特大学校长南希·罗斯韦尔教授)

　　这届新政府刚刚当选。他们受命在不增加税收的情况下，在四年时间内平衡省级预算。也就是说，一切基金都将被削减。我们不知道会发生什么。我认为，有一群学生领袖在我们身边，并且建立了非常牢固的关系，这对我们大学而言是一件好事。

　　我们的预算每年4月份启动，10月底要削减的预算是针对当前预算年的。我们的预算年已经过了一半了。我们没有写一封信，没有与政府签订一份资助协议。我们在去年3月份提出预算假设，董事会批准了一项预算。但所有的假设都可能是无效的，我们必须尽快处理。在明年2月份，会有另一项省级预算，是针对2020—2021预算年的。我们在这一预算年度的预算可能会有大幅削减。

……

我们每年的预算总额大约是20亿加元。其中大约10亿加元是运营预算。这部分预算用于为员工发放工资、教学等。另外5亿加元用于研究。然后还有附属设施，包括住宅区、停车场等商业投资。就政府拨款而言，在这10亿加元中，大约2/3来自政府拨款，1/3来自学费。平均而言，在加拿大的大学里，政府拨款和学费占一半，运营预算占另外一半。在某种程度上，我们期望政府放松对学费的管制。

政府资金会削减，这已经是很清楚的了。大约一个月前，政府发布了一份报告，介绍了阿尔伯塔省和省内大专院校的财务状况。我们将把资金分配拉回国家平均水平，即减少省里资金额度，增加学生的投入。这是什么意思？是重新分配吗？资金总额保持不变？在这种情况下，你是让学生承担100%的负担，还是减少经费总额？政府会提供补助金作为补偿，以抵消学费上升带来的冲击。那么其他未知因素将会是：我们的招生预期是什么？（加拿大阿尔伯塔大学校长大卫·图宾教授）

一流的大学人事配置是绩效的关键，校长们指出：

……在你不能随便解雇你认为效率低下的人员的大学里，你必须找到让人才最大程度发挥才能的办法。特别是在法学院或是商学院都是差不多的情形。你要做研究的投入很有限，简直像玩笑，对吧？以一个普通教师为例，比如人文学科的教授一年一万美元，这是一大笔。而如果你要招聘一流的纳米科学教授，在美国，一揽子启动资金起价是200万美元。因此，在这方面做出谨慎选择，如何在现有人才资源和新增人才资源之间做出战略规划，是最重要的事情之一。我有时会说，有两种人会来找我，做90%事情要10%支持的人和做10%事情要90%支持的人。通常做10%事情要90%支持的人会说"如果你去找到我需要的90%，我会做10%的事"。我有整整一大学这样的人。我不能给他们资源，但是还有做90%事情要10%支持的人，他们会说，"如果你能帮我找到10%的支持，剩下90%的我来做"。这就是你想要投入的地方。……

……

……特别是在设有终身制和其他制度的大学，如何撬动现有的一切并把它转化为新的战略优势？我认为这是最重要的事情之一，无论是在学院还是在大学层面。当我找到做90%工作要10%支持的人时，每次我都想支持他们，因为这是稀缺的，这是人才。这就又回到联合中心的话题。什么是才能？大学里什么稀缺？归根结底，稀缺的是那些愿意投入时间和精力在学校事业上的人才，他们不仅仅为了自己，而是为了学院和大学的发展。（美国莱斯大学校长大卫·利布朗教授）

我们的所有员工都有机会说"我们认为我们应该这样做，我们应该那样做"。这并不是说他们能够决定我们该做什么，最终决策是我们做的，但是我们集思广益，这样做能改进我们的规划过程，因为好的大学里有很多聪明且能够预测和塑造未来的有能力的人才。你必须明白，有些事情你没有看到但是他们看到了，那么，应该非常尊重他们给你的新启发，并且加以思考。

……

……我们决定在晋升标准上，将教学质量和创新的重要性与科研成就的重要性等同看待——现在要得到晋升，大多数情况下需要在两方面都很出色才行。我很自豪地说，在澳大利亚八所科研密集型大学（我们称之为"八大联盟"）当中，到目前为止，昆士兰大学无疑是学生满意度最高的大学。从这个意义上，昆士兰大学是澳大利亚综合性程度最高的大学，因为我们在几乎所有的学科里，教学和科研都很优秀。

我们刚刚完成了一项员工调查。这是一项每三年进行一次的保密调查，员工需要回答约150个问题。今年有6500名教职工回答了问题。其中一个问题是，教学和学习是否在昆士兰大学受到奖励。与三年前相比，回答"是"的员工数目有显著增长，绝大多数都做了肯定回答。所以当你做某事的时候，必须衡量它的效果。在这个问题上，我们做的事情是有效果的。对我们来说，在10年、20年、30年之后，学生不断提高的满意度将成为大学的救星。因为那时候，我们的一些毕业生将成为成功的社会领袖，他们将制定决策，他们知道我们的大学给了他们好的教育并且与他们的成功密不可分。（澳大利亚昆士兰大学校长彼得·霍伊教授）

……德国工程学教育面临的最大挑战是什么，我们就拿当前的热门话题，比如人工智能来说吧。最大的挑战就是如何招募最好的教授。这是一项全球竞争，我们目前并不是从其他大学招募教授。

……我们是从工业界招募。例如，说起人工智能时，我们就不得不从"谷歌""脸书"这样的公司招募人员。跟我们目前能提供的教授工资水平相比，这类人员的工资实在是太高了。因此，我认为，这对于我们而言确实是一个重大挑战，我们不能总是跟在工业界后面亦步亦趋。

……

……我们很难从业界招募到人工智能领域的教授，因此，我认为必须进一步开发新方式，让他们不需要决定"我是这所大学的教授"还是"公司的职员"。因此，我希望将来能有这样一个体系：你可以在二者之间来回切换，或者你在两个体系里都从事兼职工作，那么你就与工业界关系更加密切，更接近创新前沿，能够更加积极地参与知识向工业应用的转化进程。在德国目前的体系里，大学教授是国家公务员。也就是说，你要100%投身于大学里的工作。（德国亚琛工业大学校长乌尔里希·吕迪格教授）

国际关系正日益成为全球生大学的核心要素，校长们认为：

作为研究国际关系的学者，我会意识到处理好大学的对外关系，不只是涉及上到国家、下到学校这样的社会联系，还要促进人与人之间、社会与社会之间的理解。一所大学不管好与不好，都切切实实存在于国际生态系统中。

英国大学校长一部分二作是在学校里，更重要的是和英国政府、伦敦政府保持联系，以及和来自不同文化的人打交道。现在大学竞争很激烈，我们生活在竞争激烈的国际研究环境中，对师生员工资源、科研突破、设备等的争夺都非常激烈，而我必须参与其中。

......

埃克塞特大学和合作伙伴正在加强专业服务部门的互动，这样做非常明智。如果清华大学的同事和世界各地其他大学的同事看看埃克塞特大学是如何运作的，我们也来看看他们是如何运作的，那双方的连接就不只局限于领导者。如果领导者变了，关注点就会变，但更广泛的联系可以保持合作的稳定性。因此，我们正努力建立更多有机联系，不仅是学术人员和学生，而是整个系统。（英国埃克塞特大学校长史蒂夫·史密斯爵士）

我认为，即使我们两国政府之间有分歧，但是大学在建立合作方面确实具有独特的地位和能力，大学是在创造全球思维模式中发挥独立作用的机构，这种思维模式能使我们一起解决和思考共同的问题，即使州立大学都被认为能在其中独立发挥作用。我确实认为国家出于政治需要有时会对此设置障碍，比如信息传递的障碍，在某些领域合作的障碍，抑或设置人员流动的障碍。这些是我担心的事情。正如我今天早些时候所指出的那样，莱斯大学学生中大约有25%是国际学生，我们的教职工中大约有1/3是国际教师，这还不包括在美国获得本科第一学位的人。因此，我们正逐渐成为国际化的高校。在某种意义上说这是使我们成为我们想成为的卓越高校的生命线。（美国莱斯大学校长大卫·利布朗教授）

去年，我们向 31 个国家派出了 1000 多名学生。他们与当地社区、组织合作应对当地面临的挑战。在这个意义上，我们真正做到了走向世界。我校是一所全球性的大学。基于这些科研项目，今年我们将建立一所"全球学院"，作为我们参与世界事务的新途径。

……

我们在其他国家没有建设实体校园，但我们与许多国家建立了广泛的联系。学生出国学习时，我们的教师也会一起去，所以这就是我们现有的"基础建设"，也就是我们建立的工作关系。作为一位大学校长，我欣赏这样的做法，因为我不希望学校短期内有太多基础建设。对我来说，技术设施和建立的关系更重要。不过我们对于"全球学院"将为我们带来的改变感到兴奋。目前我们有一支学生团队在三四个国家研究交通、健康护理或是可持续发展。现在，我们可以基于这些个体经验，做些整合性的工作。（美国伍斯特理工学院校长劳瑞·莱森教授）

大学与政府之间有着复杂而深刻的联系，校长们指出：

我大部分时间都用在了学校内部事务上，但也花了很多时间与国家委员会成员、政府官员及捐赠者会谈，也会花很多时间接见来自世界各地的大学的访客。……

……

……我认为，大学可以跨越政治。这一点非常重要，因为目前所有的地缘政治变化加剧，但学术就是学术，学术之间的交流不应当受到地缘政治以及国家之间政治分歧的影响，我更关心的是大家在一起做什么。我认为这是大学需要承担的非常重要的社会角色。

……

……大学应当成为政治桥梁，因为大学可以弥合政治分歧并且触及国家所有可能存在困难的领域。大学可以经常合作。例如，我非常喜欢去以色列，也看到以色列的学者与巴勒斯坦的学者自由合作，对他们来说伙伴关系比政治更重要。（英国曼彻斯特大学校长南希·罗斯韦尔教授）

在我看来，校长的角色是要帮助改变外部环境，使外部环境有利于实现大学的使命。这样，随着外部环境的变化，大学也相应会作出改变，从而有助于我们完成使命。我会会见政府官员，无论是地方上、省级、国家级，还是国际政府官员。我还会会见更广泛的社会成员，无论是商界还是工业界人士。同样涉及地方、省、国家和国际各个层面。不管对方是校友，是非营利组织的成员，还是其他利益相关者。我之所以会见他们，部分原因是想让他们了解我们大学的最新情况，了解我们大学正在做哪些特别的事情，并努力争取他们的支持。这就是我对大学校长对内对外角色和责任的看法。（加拿大阿尔伯塔大学校长大卫·图宾教授）

校长们对清华大学和中国高等教育提供的看法非常重要而且很专业。几十年来，清华大学和中国高等教育的学术研究和国际化发展迅速，校长们在访谈中充分肯定了这些，认为清华大学作为一所旗舰大学，在教师工作、学术标准、教育改革、博士项目开设等关键领域的改革方面发挥了引领性作用。校长们还谈到，随着世界范围内民族主义、商业创新和技术边界的不断扩大，清华大学可能面临一些严峻挑战。受访校长具有不同的专业背景与工作经历，与清华大学有不同的关联，他们中有些是清华大学校友，有些与中国打了几十年交道，有些则是第一次访问中国，但是，所有校长都谈到了发展和创新，谈到了顶尖大学持续参与全球事务的必要性。

校长们在访谈中也表达了对于全球高等教育的理解。20 年以前，高等教育与许多领域一样，远未达到当今的全球化水平。通过大学领导力、培养全球范围内的毕业生、全球研究网络和贡献，许多校长在全球化进程中发挥了关键作用。尽管书中的大部分访谈是在 2019 年完成的，但校长们当时已经预见了高等教育中悄然发生的格局调整和逆全球化。因此，大学也将继续见证高等教育在未来发挥更大的作用。

未来展望

我们认为有必要展望大学校长研究的前景，讨论该研究对高等教育的重要价值。

正如校长们所言，大学校长的培养需要更系统化的机制，既涉及正式的培训，也包括隐性的经验和更丰富的素养。在这一过程中，现任的校长可发掘、培训和指导未来的领导者，发挥重要的引领性作用。

当然，对于高等教育中"什么行之有效"的问题，仍然亟待进行跨校、跨国的研究。几乎所有的校长都同意，随着知识生产模式从封闭性、单学科向开放性、跨学科转型，高等教育系统面临着毕业生就业和学术生产模式的重大变革。但除了一些顾问人员之外，校长们开展改革缺乏准确可信的专业指导。对大学校长及其团队如何管理大学开展研究，已经成为一个越来越重要的议题。

校长们肯定了高等教育全球治理的必要性。出版商和排名机构等各类商业公司在这方面确实发挥了作用，但显然还远远不够。庞大的跨国研究和学生流动规模，越来越需要确保学术标准的清晰一致，教学、研究和领导能力的可比性，也需要提升资金、质量和合作网络方面的透明度。

2020 年，全球高等教育因为新冠肺炎的大流行经历了前所未有的挑战。采访者和受访人都高度认同大学校长访谈项目的独特价值，因此我们将继续推进访谈。我们认为，这些访谈有助于构建大学校长共同体、收集独特的专业见解，也有利于促进合作和实施改革。大学校长在访谈中表达的真知灼见，未必能在大学的官方档案与文件中看到。因此，深度访谈是深入理解高等教育的一个重要而独特的手段。

后　记

本书是一项集体工作的成果。项目的立项、联系和沟通受访大学校长办公室及其驻华办事处、按计划开展访谈，均离不开清华大学教育研究院、政策研究室、国际合作与交流处、宣传部、文科处等单位给予的鼎力支持。全书付梓之际，编者对诸位同人谨致深深的谢意。

本书的出版适逢清华大学建校 110 周年。得以在清华大学 110 年校庆的全球大学校长论坛上发布此书，这既是本书难得的机缘，也是项目组全体成员献给校庆的一份礼物。

感谢人民出版社的陈晓燕编辑为本书所做的努力。人民出版社的专业性是本书顺利出版的重要保障。

本书的全部访谈记录经过受访校长本人的审定。文字的粗疏或不当之处，应由编者负责。

寇海明　谢喆平　文雯　谨识

2021 年春于清华园

责任编辑：陈晓燕

封面设计：九五书装

图书在版编目（CIP）数据

世界著名大学校长清华访谈录／清华大学教育研究院组织编写；（澳）寇海明
（Hamish Coates），谢喆平，文雯 主编 . — 北京：人民出版社，2021.4

ISBN 978 - 7 - 01 - 023291 - 1

I.①世…　II.①清…②寇…③谢…④文…　III.①高等学校 - 校长 - 访问记 - 世界 -
现代　IV.① K815.46

中国版本图书馆 CIP 数据核字（2021）第 057666 号

世界著名大学校长清华访谈录

SHIJIE ZHUMING DAXUE XIAOZHANG QINGHUA FANGTANLU

清华大学教育研究院　组编

［澳］寇海明 （Hamish Coates）　谢喆平　文　雯　主编

人民出版社 出版发行

（100706　北京市东城区隆福寺街 99 号）

环球东方(北京)印务有限公司印刷　新华书店经销

2021 年 4 月第 1 版　2021 年 4 月北京第 1 次印刷

开本：710 毫米 × 1000 毫米 1/16　印张：21.25　插页：5

字数：260 千字

ISBN 978 - 7 - 01 - 023291 - 1　定价：68.00 元

邮购地址 100706　北京市东城区隆福寺街 99 号

人民东方图书销售中心　电话（010）65250042　65289539